广州铁路职业技术学院资助出版
高等职业教育技能型人才培养实用教材
校企合作双元开发活页式新形态一体化教材

机械零件数控编程与加工

（活页式）

主　编◎李　华　刘怡飞
副主编◎徐嘉城

西南交通大学出版社
·成　都·

图书在版编目（CIP）数据

机械零件数控编程与加工：活页式/ 李华，刘怡飞主编. --成都：西南交通大学出版社，2023.11

高等职业教育技能型人才培养实用教材 校企合作双元开发活页式新形态一体化教材

ISBN 978-7-5643-9524-7

Ⅰ. ①机… Ⅱ. ①李… ②刘… Ⅲ. ①机械元件 - 数控机床 - 程序设计 - 高等职业教育 - 教材②机械元件 - 数控机床 - 加工 - 高等职业教育 - 教材 Ⅳ. ①TH13 ②TG659

中国国家版本馆 CIP 数据核字（2023）第 201742 号

高等职业教育技能型人才培养实用教材
校企合作双元开发活页式新形态一体化教材

Jixie Lingjian Shukong Biancheng Yu Jiagong（Huoyeshi）

机械零件数控编程与加工（活页式）

主编 李 华 刘怡飞

责任编辑 罗在伟
封面设计 何东琳设计工作室

出版发行 西南交通大学出版社
（四川省成都市金牛区二环路北一段 111 号
西南交通大学创新大厦 21 楼）
邮政编码 610031
营销部电话 028-87600564 028-87600533
网址 http://www.xnjdcbs.com
印刷 四川玖艺呈现印刷有限公司

成品尺寸 185 mm × 260 mm
印张 16
字数 368 千
版次 2023 年 11 月第 1 版
印次 2023 年 11 月第 1 次
定价 48.00 元
书号 ISBN 978-7-5643-9524-7

课件咨询电话：028-81435775
图书如有印装质量问题 本社负责退换

前言

PREFACE

党的二十大报告指出，坚持把发展经济的着力点放在实体经济上，推进新型工业化，加快建设制造强国、质量强国、航天强国、交通强国、网络强国、数字中国。实施产业基础再造工程和重大技术装备攻关工程，支持专精特新企业发展，推动制造业高端化、智能化、绿色化发展。推动战略性新兴产业融合集群发展，构建新一代信息技术、人工智能、生物技术、新能源、新材料、高端装备、绿色环保等一批新的增长引擎。构建优质高效的服务业新体系，推动现代服务业同先进制造业、现代农业深度融合。

数控技术是先进制造技术的核心，是制造业实现自动化、网络化、柔性化、集成化的基础。本书以职业岗位能力分析为依据、培养学生岗位能力为核心、职业实践为主线和数控机床加工典型零件任务作为教学载体，为突出学生职业能力，同时引入“1+X”数控车铣加工职业技能等级（中级）标准，融合了职业技能等级标准对知识和技能的要求，把专业课程内容与职业标准相衔接，知识点紧紧围绕项目任务进行选取。

本书采用项目导向、任务驱动的编写模式，根据学生的认知规律和职业成长规律，将任务按从易到难、从简单到复杂确定内容和顺序。项目任务参照企业的分工制，以企业生产加工零件为案例组织和实施教学，教学内容设有：知识目标、能力目标、学习任务、知识准备、任务实施等环节。以学生为主体、教师为主导的教学理念，通过课堂示范、虚拟仿真、应用实践+拓展、分组+项目合作等教学手段，引导学生自主探究、资料查阅、互相交流，凸显学生的主体地位。采取过程评价与阶段评价相结合的教学评价方式，将理论与实践相结合，重点评价学生的职业能力。

本书力求文字简明扼要，内容选取与深度把握能够突出知识重点、难点，又能培养学生的编程技术应用能力和机床操作技能。

本书由广州铁路职业技术学院李华、刘怡飞担任主编，广州诚创机械有限公司总经理徐嘉城担任副主编，广州铁路职业技术学院郭富钊、黄兆源参编。在编写过程中，参考了有关教材和资料，在此对材料作者一并表示衷心感谢！

由于时间紧迫和编者水平有限，书中难免存在疏漏或不足之处，恳请广大读者批评指正。

编 者

2023 年 3 月

目录
CONTENTS

项目 1 数控机床基础知识

数控机床是数字控制机床（Computer Numerical Control Machine Tools）的简称，是一种装有程序控制系统的自动化机床。该控制系统能够逻辑地处理具有控制编码或其他符号指令规定的程序，并将其译码，用代码化的数字表示，通过信息载体输入数控装置，经运算处理由数控装置发出各种控制信号，控制机床的动作，按图纸要求的形状和尺寸，自动地将零件加工出来。

任务 1　认识数控机床

知识目标

（1）了解数控机床的产生和发展相关基本知识。

（2）了解数控机床的结构、种类及应用。

（3）熟悉数控机床的维护和保养。

能力目标

（1）能按要求对机床进行简单的维护和保养。

（2）能区分各类数控机床。

任务学习

1.1　基本概念

数控：数字控制（Numerical Control），简称数控（NC），它是采用数字化信息实现加工自动化的控制技术。

数控机床：用数字化信号对机床及其加工过程进行控制的机床。

数控装置：将零件程序转化为对机床的控制动作的设备。

零件程序：用数控装置专用编程语言书写的一系列指令组成的加工语句。

1.2　数控机床的产生和发展

1.2.1　数控机床产生的内在根源

数控技术产生的内在动力：市场竞争日趋激烈，产品更新换代加快，大批量产品越来越少，小批量产品生产的比重越来越大，迫切需要一种精度高、柔性好的加工设备来满足上述需求。

数控技术产生的技术基础：电子技术和计算机技术的飞速发展则为数控机床的产生和发展奠定了坚实的技术基础。

数控机床的产生给生产自动化技术带来了全新的概念，推动了加工自动化技术的发展。

1.2.2　数控机床的产生

1952 年，美国 Parsons（派森斯）公司与 MIT（麻省理工学院）合作研制了第一台三坐标数控铣床，它综合了应用电子计算机、自动控制、伺服驱动、精密检测与新型机械结构等多方面的技术成果，是一种新型的机床，可用于加工复杂曲面零件。

1955 年，第一台工业数控铣床由美国 Bendix 公司研发生产。

1959 年，第一台加工中心由美国 K&T 公司研发生产。

1.2.3 数控技术发展的几个主要阶段

数控技术经过了两个阶段和六代的发展。

第一阶段：硬件数控 NC 系统，包括第一代至第三代。

第一代：1952 年，由电子管电路构成的专用数控（NC）。

第二代：1959 年，由晶体管数字电路组成的专用数控（NC）。

第三代：1965 年，由中、小规模集成数字电路组成的小型通用计算机数控（NC）。

第二阶段：软件数控 CNC 系统，包括第四代至第六代。

第四代：1970 年，大规模集成数字电路组成的小型通用计算机数控（CNC）。

第五代：1974 年，采用微处理器和半导体存储器的微型计算机数控（MNC）。

第六代：1990 年，基于工业 PC 的通用 CNC 系统。

1.3 数控机床的工作原理及组成

1.3.1 工作原理

数控机床加工零件时，首先应编制零件的数控加工程序，这是数控机床的工作指令。将数控加工程序输入到数控装置，再由数控装置控制数控机床主运动的变速、启停，进给运动的方向、速度和位移大小，以及其他诸如刀具选择交换、工件夹紧松开和冷却润滑启停等动作，使刀具与工件及其他辅助装置严格地按照数控程序规定的顺序、路程和参数进行工作，从而加工出形状、尺寸与精度符合要求的零件。

1.3.2 数控车床的组成

数控车床主要由机床主体、数控装置、伺服驱动系统和辅助装置四部分组成，如图 1-1-1 所示。

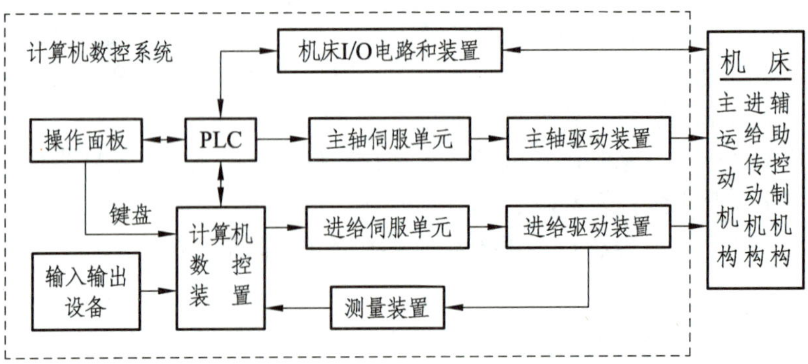

图 1-1-1 数控车床的组成

1. 机床主体

机床主体是数控系统控制的对象，主要由床身、主轴箱、刀架尾座和进给机构等组成。

2. 数控装置

数控装置是数控机床的核心。功能是接收输入的加工信息，经过数控装置的系统软件和逻辑电路进行译码、运算和逻辑处理，向伺服系统发出相应的脉冲，并通过伺服系统控制机床运动部件按加工程序指令运动。它是数控设备的控制指挥中心，通过读入数值、存储、坐标处理、产生控制信息控制机床运动，按确定的顺序和设定的条件规则实施程序控制。

数控装置主要分为硬件和软件两大部分。

硬件包括：I/O 接口、CPU、存储器（RAM：随机读写存储器、EEPROM：可电改写的读写存储器、EPROM：可擦写只读存储器）、PLC 及数字通信接口等。

软件包括：管理软件（管理零件程序的输入、输出、显示零件程序、刀具位置、系统参数及报警）和控制软件（完成译码、刀具补偿、插补坐标、位置控制等）。

3. 伺服驱动系统

伺服驱动系统由伺服电机和伺服驱动装置组成。通常所说的数控系统是指数控装置与伺服驱动系统的集成，伺服驱动系统是数控系统的执行系统。数控装置发出速度和位移指令，控制执行部件按进给速度和进给方向位移。每个进给运动的执行部件都配备一套伺服系统，有的伺服系统还有位置测量装置，直接或间接测量执行部件的实际位移量，并反馈给数控装置对加工的误差进行补偿，这是数控装置与受控设备之间的电传动联系环节。

4. 辅助装置

辅助装置是数控机床的配套部件，主要完成数控加工辅助动作，包括冷却系统、润滑系统、照明系统和自动排屑系统等。

1.4 数控机床的分类

1.4.1 按加工工艺方法分类

1. 金属切削类数控机床

金属切削类数控机床有数控车床、数控铣床、数控钻床、数控镗床、数控磨床、数控镗铣床等。加工中心 MC 是带有刀库和自动换刀装置的数控机床。

2. 特种加工类数控机床

数控特种加工机床有数控线切割机床、数控电火花加工机床、数控激光加工机床等。

3. 成型类数控机床

金属成型类数控机床有数控折弯机、数控弯管机和数控压力机等。

1.4.2 按机械加工的运动轨迹分类

1. 点位控制运动

点位控制运动指刀具相对工件的点定位，一般对刀具运动轨迹无特殊要求，为提高生产效率和保证定位精度，机床设定快速进给，临近终点时自动降速的程序，从而减小运动部件因惯性而引起的定位误差。

2. 直线控制运动

直线控制运动指刀具或工作台以给定的速度按直线运动。

3. 连续控制运动

连续控制运动也称为轮廓控制运动，指刀具或工作台按工件的轮廓轨迹运动，运动轨迹为任意方向的直线、圆弧、抛物线或其他函数关系的曲线。这种数控系统有一个轨迹插补器，根据运动轨迹和速度精确计算并控制各个伺服电机的运转，使刀具或工作台沿轨迹运动。

1.4.3 按控制方式分类（按伺服系统的控制原理分类）

1. 开环控制的数控机床

开环控制的数控机床系统采用步进电机，无位置测量元件，输入数据经过数控系统运算，输出指令脉冲控制步进电机工作，如图 1-1-2 所示。这种控制方式不检测执行机构，无反馈控制信号，因此称之为开环控制系统。

开环控制系统的设备成本低，调试方便，操作简单，但控制精度低，工作速度容易受步进电机的限制。

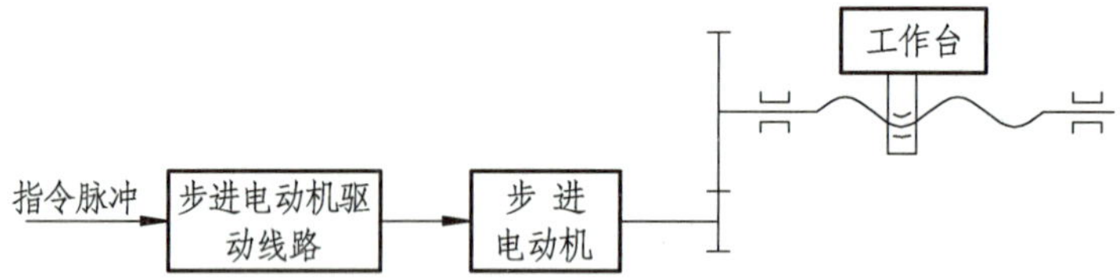

图 1-1-2 开环控制的数控机床工作原理

2. 闭环控制的数控机床

闭环控制的数控机床系统绝大多数采用伺服电机，有位置测量元件和位置比较电路，如图 1-1-3 所示。测量元件安装在工作台上，测出工作台的实际位移值并反馈给数控装置。位置比较电路将测量元件反馈的工作台实际位移值与指令的位移值相比较，用比较的误差值控制伺服电机工作，直至到达实际位置，消除误差值，称之为闭环控制系统。

闭环控制系统的控制精度高，但要求机床的刚性好，对机床的加工、装配要求高，调试较复杂，因此设备的成本高。

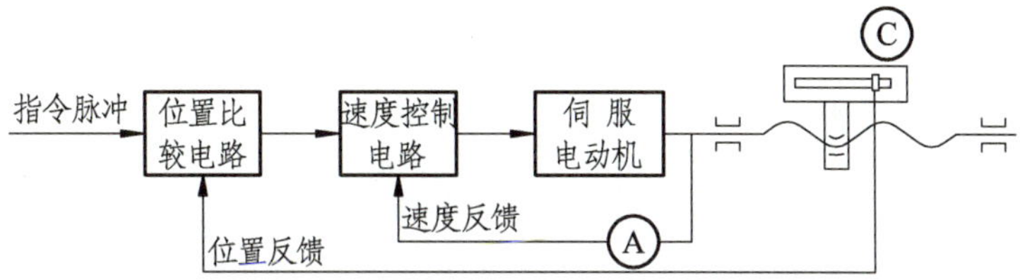

图 1-1-3　闭环控制的数控机床工作原理

3. 半闭环控制的数控机床

半闭环控制的数控机床系统的位置测量元件不是测量工作台的实际位置，而是测量伺服电机的转角，如图 1-1-4 所示。经过推算得出工作台位移值，反馈至位置比较电路，与指令中的位移值相比较，用比较的误差值控制伺服电机工作。这种用推算方法间接测量工作台位移，不能补偿数控机床传动链零件的误差，因此称之为半闭环控制系统。

半闭环控制系统的控制精度高于开环控制系统，调试比闭环控制系统容易，设备的成本介于开环与闭环控制系统之间。

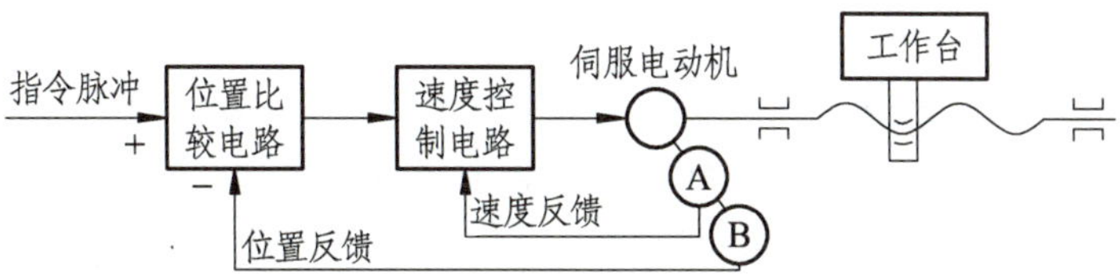

图 1-1-4　半闭环控制的数控机床工作原理

1.4.4　按数控系统的功能水平分类

按数控系统的功能水平，通常把数控系统分为低、中、高档三类。低、中、高三档的界限是相对的，不同时期，划分标准也会不同。就目前的发展水平看，中、高档一般称为全功能数控或标准型数控。经济型数控属于低档数控，主要用于车床、线切割机床以及旧机床改造等。

1.5　数控机床的应用

数控机床是 20 世纪 50 年代发展起来的新型自动化机床，较好地解决了形状复杂、精密、小批量零件的加工问题，具有适应性强、加工精度和生产效率高的优点。数控机床适用于品种变换频繁、批量较小、加工方法差别大且复杂程度较高的零件加工。

1.6　数控机床的日常维护和保养

为了充分发挥数控机床的作用，减少机床故障的发生，延长机床的平均无故障时间，就必须对数控系统进行日常的维护和保养。

1.6.1　选择合适的使用环境

数控机床的使用环境（如温度、湿度、振动、电源电压、频率及干扰等）会影响机床的正常运转，所以在安装机床时应严格做到符合机床说明书规定的安装条件和要求。在经济条件许可的情况下，应将数控机床与普通机械加工设备隔离安装，以便于维修与保养。

1.6.2 配备数控系统编程、操作和维修的专门人员

这些人员应熟悉所用机床的机械部分、数控系统、强电设备、液压、气压等部件及使用环境、加工条件等，并能按机床和系统使用说明书的要求正确使用数控车床。

1. 数控系统中硬件控制部分的维护与保养

每年让有经验的维修电工检测有关的参考电压是否在规定范围内，并清除设备灰尘。如电源模块的各路输出电压、数控单元参考电压等是否正常；检查系统内各电器元件连接是否松动；检查各功能模块使用风扇运转是否正常；检查伺服放大器和主轴放大器使用的外接式再生放电单元的连接是否可靠；检测各功能模块使用的存储器后备电池的电压是否正常，一般应根据厂家的要求定期更换。

2. 机床机械部分的维护与保养

操作者在工作时注意检查排屑器是否正常，以免造成切屑堆积，降低导轨精度，危及滚珠丝杠与导轨的寿命；在工作结束前，应将各伺服轴回归原点后，再停机；在每班加工结束后，应清扫干净散落于拖板、导轨等处的切屑。

3. 机床主轴电机的维护与保养

维修电工应每年检查一次伺服电机和主轴电机。着重检查其运行噪声、温升，若噪声过大，应查明原因，是轴承等机械问题还是与其相配的放大器的参数设置问题，采取相应措施加以解决。对于直流电机，应对其电刷、换向器等进行检查、调整、维修或更换，使其工作状态良好。检查电机端部的冷却风扇运转是否正常并清扫灰尘；检查电机各连接插头是否松动。

4. 机床进给伺服电机的维护与保养

对于数控机床的伺服电动机，要在 10 ~ 12 个月进行一次维护保养，加速或者减速变化频繁的机床要在 2 个月进行一次维护保养。

1.6.3 长期不用数控机床的维护与保养

数控机床不宜长期封存不用，购买数控机床以后要充分利用，尤其是投入使用的第一年，使其容易出故障的薄弱环节尽早暴露，便于在保修期内排除故障。为提高数控系统的利用率和减少数控系统的故障，数控机床应满负荷使用，而不要长期闲置不用。由于某种原因，造成数控系统长期闲置不用时，为了避免数控系统损坏，需进行如下操作：经常给数控系统通电，特别是在环境湿度较大的梅雨季节，在机床锁住不动的情况下和没有加工任务时，数控机床也要定期通电，最好是每周通电 1 ~ 2 次，每次空运行 1 小时左右，以利用机床本身的发热驱走机内潮气来降低机内的湿度，使电子元件不致受潮，同时也能及时发现有无电池报警的情况发生，以防止系统软件、参数的丢失。

任务 2　数控机床编程基础知识

知识目标

（1）掌握机床坐标系的判定方法。
（2）掌握工件坐标系设定方法及原理。
（3）掌握绝对坐标值和相对坐标值的计算方法。

能力目标

（1）会判别数控机床的坐标系。
（2）掌握零件程序的结构。

任务学习

2.1　基本概念

数控编程：从零件图样到制成控制介质的全部过程称为数控编程。
程序：使机床移动的 CNC 指令集合称为程序。

2.2　数控车床编程方法

数控车床编程根据问题复杂程度的不同，数控加工程序可以通过手工编程和自动编程两种方式实现。

手工编程是指从零件图样的分析、工艺处理、数值计算、加工方案、编制程序和程序检验等都是由人工来完成，它要求编程人员不仅要熟悉数控机床的性能、数控指令及编程规则，而且要具备数控车床加工工艺分析能力和计算能力。目前，手工编程是一种普遍的编程方法，也是学习数控编程的一个基本要求，它广泛用于零件轮廓不太复杂、工作量不是很大的情况。

自动编程是借助于计算机或数控系统提供的编程软件辅助编制完成数控程序的一种编程方法，编程人员只需借助软件提供的各种功能对加工零件的几何参数、工艺参数和加工过程进行描述后，由计算机自动完成程序编制的全过程，因此自动编程解决了手工编程难以解决的复杂零件的编程问题，减轻了编程人员的劳动强度，又提高了效率和准确性，在数控加工中应用日益广泛。自动编程辅助软件如 MasterCAM、UG、Pro/E、CAXA 等，这些软件对零件造型后，设置各项参数，通过软件后置处理生成数控加工程序，传输到数控车床后就可加工零件了。

2.3 数控手工编程的内容和步骤

2.3.1 数控编程的步骤

数控编程的步骤包括分析图样、确定加工工艺过程，数值计算，编写零件加工程序，制作控制介质，程序校验和试切削。

2.3.2 零件程序的结构

零件程序的构成如图 1-2-1 所示。

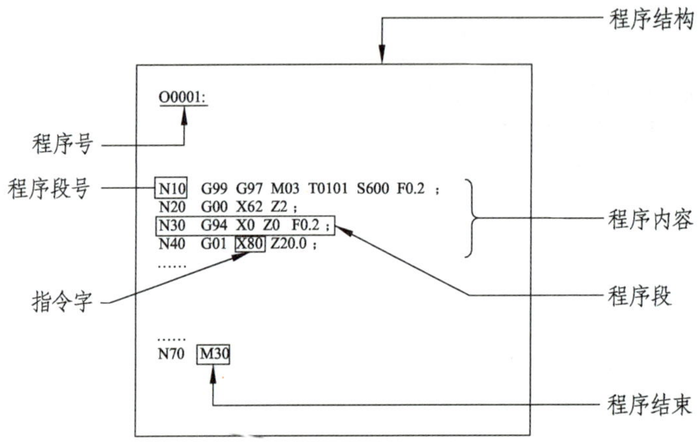

图 1-2-1 程序结构示意图

零件加工程序由程序号和若干个程序段组成。为识别每个程序而编的号叫程序号，每个程序号由程序号地址码和程序的编号组成。

程序段是为了实现一种加工操作的一组指令。“;”为程序段结束符。每个程序段又由程序段号和若干个指令字组成。每个指令字由字母、符号和数字组成，见表 1-2-1。

表 1-2-1 指令字符一览表

机 能	地 址	意 义
零件程序号	O 或%	程序编号
程序段号	N	程序段编号
准备机能	G	指令动作方式（直线、圆弧等）G00-G99
尺寸字	X，Y，Z A，B，C U，V，W	坐标轴的移动命令±99999.999
	R	圆弧的半径，固定循环的参数
	I，J，K	圆心相对于起点的坐标，固定循环的参数
进给速度	F	进给速度的指定 F0～24000
主轴机能	S	主轴旋转速度的指定 S0～9999

续表

机　能	地　址	意　义
刀具机能	T	刀具编号的指定　T0～99
辅助机能	M	机床侧开/关控制的指定　M0～99
补偿号	D	刀具半径补偿号的指定　00～99
暂停	P，X	暂停时间的指定　秒
程序号的指定	P	子程序号的指定　P
重复次数	L	子程序的重复次数，固定循环的重复次数
参数	P，Q，R，U，W，I，K，C，A	车削复合循环参数
倒角控制	C，R	

2.3.3　数值输入

FANUC 数控系统小数点输入数值有两种类型：计算器型小数点输入和标准型小数点输入。具体表现形式见表 1-2-2。本书如无特殊情况，均用计算器型小数点输入数值。

表 1-2-2　小数点输入数值类型示例

程序指令	计算器型小数点输入	标准型小数点输入
X1000 不带小数点的指令值	1000 mm 单位：mm	1 μm 单位：μm（最小设定单位）
X1000.0 带小数点的指令值	1000 mm 单位：mm	1000 mm 单位：mm

2.4　机床坐标系统

数控机床加工时的横向、纵向等进给量都是以坐标数据来进行控制的。数控车床、数控线切割机床等是属于两坐标控制的，数控铣床则是三坐标控制的，还有四坐标轴、五坐标轴甚至更多的坐标轴控制的加工中心机床等。

坐标联动加工是指数控机床的几个坐标轴能够同时进行移动，从而获得平面直线、平面圆弧、空间直线、空间螺旋线等复杂加工轨迹的能力。当然也有一些早期的数控机床尽管具有三个坐标轴，但能够同时进行联动控制的可能只是其中两个坐标轴，那就属于两坐标联动的三坐标机床。像这类机床就不能获得空间直线、空间螺旋线等复杂加工轨迹，要想加工复杂的曲面，只能采用在某平面内进行联动控制，第三轴是单独周期性进给的“两维半”加工方式。

机床坐标系是机床固有的坐标系，如图 1-2-2 所示，机床坐标系的原点称为机床原点或机床零点，是由厂家确定的。在机床经过设计、制造和调整后，这个原点便被确定下来。它是固定的点，由回参考点操作建立起来的，用户一般不可更改。

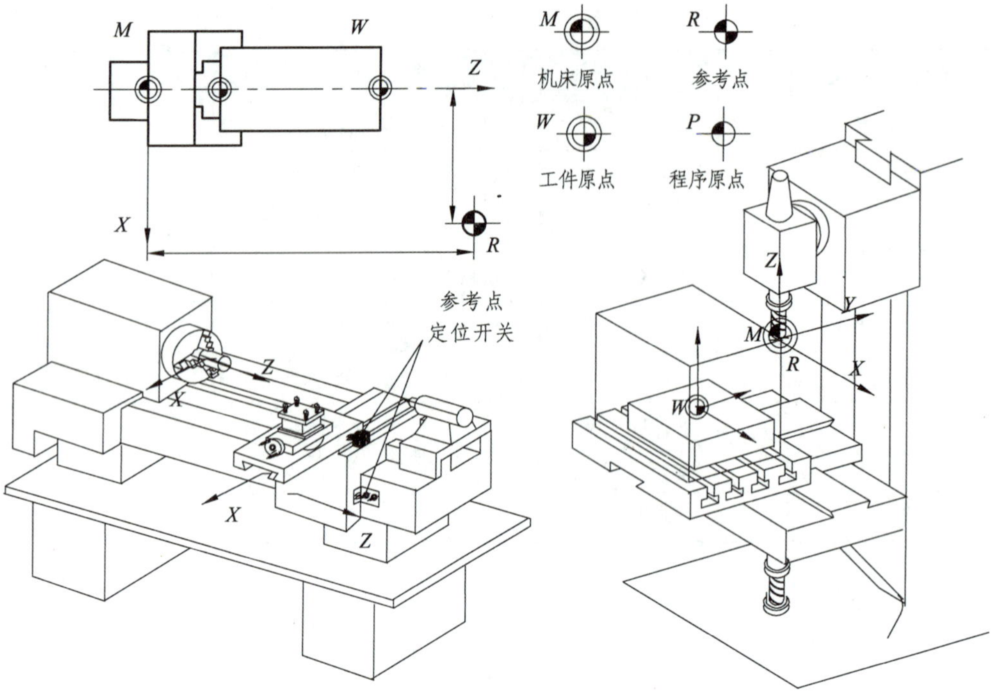

图 1-2-2　机床坐标原点与参考点

机床参考点为机床上一固定点，参考点的位置通常都设在各轴的正向行程极限附近，也有厂家将个别轴设在负向极限附近。很多机床都将参考点和机床原点设为同一点，所以回参考点也叫“回零”。

机床坐标轴是为了简化编程和保证程序的通用性。对机床的坐标轴和方向命名制订了统一的标准，规定直线进给坐标轴用 X、Y、Z 表示，称为基本坐标轴。X、Y、Z 坐标轴的相互关系用右手定则（右手笛卡儿直角坐标系）确定，如图 1-2-3（a）所示，图中大拇指的指向为 X 轴的正方向，食指指向为 Y 轴的正方向，中指指向为 Z 轴的正方向。

机床坐标轴的机械行程是由最大和最小限位开关来限定的。机床坐标轴的有效行程范围是由软件限位来界定的，其值由制造商定义。

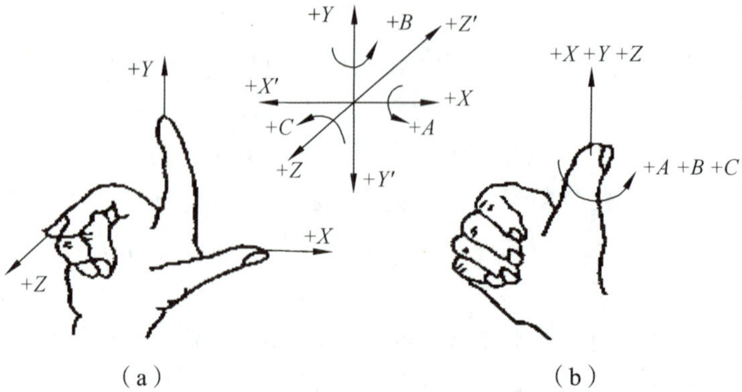

图 1-2-3　右手笛卡儿直角坐标系

围绕 X、Y、Z 轴旋转的圆周进给坐标轴分别用 A、B、C 表示，根据右手螺旋定则如图 1-2-3（b）所示，大拇指指向 $+X$、$+Y$、$+Z$ 方向，则其他四指的旋握指向是圆周进给运动的 $+A$、$+B$、$+C$ 方向。

数控机床的进给运动，有的由主轴带动刀具运动来实现，有的由工作台带着工件运动来实现。上述坐标轴正方向，是假定工件不动，刀具相对于工件做进给运动的方向。如果是工件移动则用加“′”的字母表示，按相对运动的关系，工件运动的正方向恰好与刀具运动的正方向相反，即有：

$+X=-X'$；　$+Y=-Y'$；　$+Z=-Z'$；

$+A=-A'$；　$+B=-B'$；　$+C=-C'$；

同样两者运动的负方向也彼此相反。

机床坐标轴的方向取决于机床的类型和各组成部分的布局，如图 1-2-4 所示。数控机床各坐标轴及其正方向的确定原则是：

（1）先确定 Z 轴。以平行于机床主轴的刀具运动坐标为 Z 轴，Z 轴正方向是使刀具远离工件的方向。如立式铣床，主轴箱的上、下或主轴本身的上、下即可定为 Z 轴，且是向上为正；若主轴不能上下动作，则工作台的上、下便为 Z 轴，此时工作台向下运动的方向定为正向。

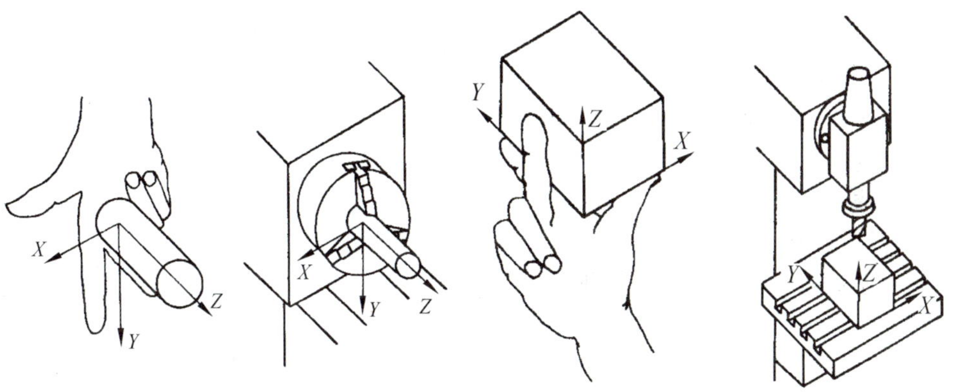

图 1-2-4　机床坐标系示意图

（2）再确定 X 轴。X 轴在水平方向且垂直于 Z 轴，平行于工件的装夹面。对于立铣或立式加工中心，工作台往左（刀具相对向右）移动为 X 正向。对于卧铣或卧式加工中心，工作台往右（刀具相对向左）移动为 X 正向。对于数控车床，视刀架前后放置方式不同，其 X 正向亦不相同，但都是由轴心沿径向朝外的，如图 1-2-5 所示。

（3）最后确定 Y 轴。在确定了 X、Z 轴的正方向后，即可按右手笛卡儿直角坐标系定出 Y 轴正方向。

对于立铣或立式加工中心，工作台往前（刀具相对向后）为 Y 正向。

对于卧铣或卧式加工中心，工作台往前（刀具相对向后）为 Y 正向。

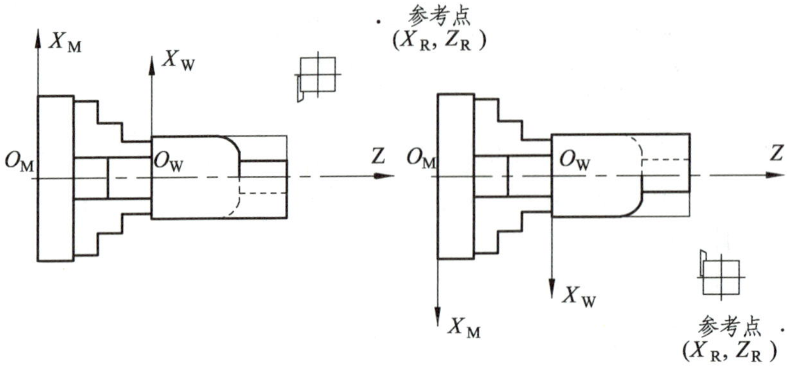

（a）刀架后置式　　（b）刀架前置式

图 1-2-5　车床坐标系统

2.5　工件坐标系（编程坐标系）

编程坐标系是人为设定的坐标系，通过分析既要便于图样尺寸计算，又要便于编程。一般先找出图样上加工基准的要求，在满足工艺和精度要求下，确定编程原点。编程人员选择工件图样上的某一已知点作为原点（也称程序原点），建立一个新的坐标系，称为编程坐标系。

编程坐标系只是在图样上建立，数控车床系统并不认识编程者设定的坐标系，操作者通过对刀等方式将编程坐标系的原点移至数控车床上，此时在数控车床上建立的坐标系称为工件坐标系，其原点一般选择在轴线与工件右端面、左端面或其他位置的交点上，工件坐标系的 Z 轴一般与主轴轴线重合。工件坐标系一旦建立便一直有效，直到被新的工件坐标系所取代。

对刀的目的是确定程序原点在机床坐标系中的位置，将编程坐标系原点转换成机床坐标系的已知点并成为工件坐标系的原点，这个点就称为对刀点。对刀点可与程序原点重合，也可在其他任何便于对刀之处。

起刀点是零件程序加工的起始点，其位置的设定通常以换刀时刀架不受干涉和最接近工件的距离的位置为依据。在零件车削过程中需要自动换刀，为此必须设置一个换刀点，该点应离工件有一定距离，以防止刀架回转换刀时刀具与工件发生碰撞。换刀点通常分为两种类型，即固定换刀点和自定义换刀点。

选择起刀点、换刀点的位置通常要注意：方便数学计算和简化编程；容易找正对刀点；便于加工检查；引起的加工误差小；不能与机床、工件发生碰撞；方便拆卸工件；空行程不要太长。

2.6　绝对坐标与增量坐标（相对坐标）

2.6.1　绝对坐标

绝对坐标指的是所有坐标值均以坐标原点为起点开始计量。绝对坐标常用 X、Y、Z 代码表示。

视频：绝对坐标与相对坐标

2.6.2 增量坐标

增量坐标指的是坐标值的计算以刀具运动上的一点为起点。增量坐标常用 *U*、*V*、*W* 代码表示。

【实例 1-1】坐标表达实例 1，如图 1-2-6 所示，求 *B* 点坐标。

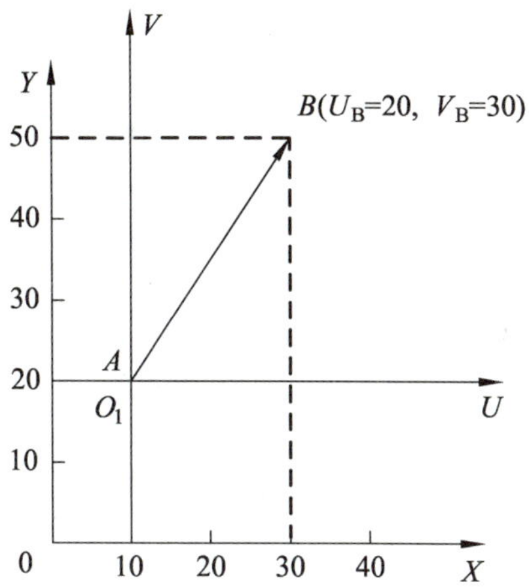

图 1-2-6 坐标表达实例 1

用绝对坐标，表示图中 *B* 点坐标值：

X_B=30，Y_B=50；

用增量坐标，表示图中 *B* 点坐标值为：

U_B=20，V_B=30

【实例 1-2】坐标表达实例 2 的零件，如图 1-2-7 所示，假设刀具按 *ABCDE* 的顺序走刀，求各点的坐标。

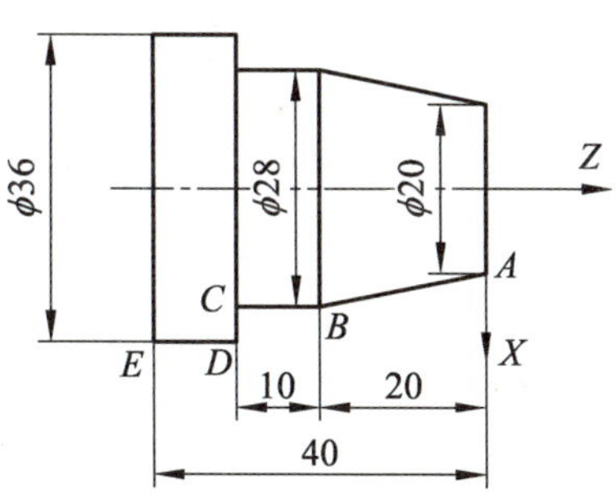

图 1-2-7 坐标表达实例 2

用绝对方式表示的各点坐标为：

A：（*X*20，*Z*0）；　*B*：（*X*28，*Z*−20）；

C：（*X*28，*Z*−30）；*D*：（*X*36，*Z*−30）；

E：（*X*36，*Z*−40）；

用增量坐标表示的各点坐标为（假设刀具从 *A* 点起刀）：

A：（*U*0，*W*0）；　*B*：（*U*8，*W*−20）；

C：（*U*0，*W*−10）；*D*：（*U*8，*W*0）；

E：（*U*0，*W*−10）；

2.6.3 选择绝对坐标与增量坐标的应用特点

（1）采用绝对坐标计算时，各计算坐标点位置间不会产生累积误差，但有些数控系统需进行两种坐标尺寸方式之间的数值换算。

（2）增量坐标运算简便且直接，并与数控装置以增量值进行数字控制的方式相一致，当采用平面解析几何计算法以外的各种常用计算法解得的各基点坐标，可以不经换算而直接用于加工程序段。

任务 3 认识数控编程指令体系

知识目标

（1）掌握数控编程辅助功能指令体系。

（2）了解数控编程准备功能指令体系。

（3）掌握主轴功能 S、进给功能 F 和刀具功能 T 功能字的含义。

能力目标

（1）能正确运用辅助功能字。

（2）能熟练运用 S、F、T 功能字。

任务学习

视频：辅助功能 M 指令

3.1 辅助功能 M 代码

辅助功能由地址字 M 和其后的一位或两位数字组成，主要用于控制零件程序的走向，以及用于控制机床各种功能的接通/关断，靠继电器的通断来实现其控制过程。每个代码用于哪种功能，由机床厂决定。M 代码在一个程序段中只能指令一次。

M 功能有非模态 M 功能和模态 M 功能两种形式。

非模态 M 功能（当段有效代码）：只在书写了该代码的程序段中有效。

模态 M 功能（持续有效代码）：一组可相互注销的 M 功能，这些功能在被同一组的另一个功能注销前一直有效。模态 M 功能组中包含一个缺省功能，系统上电时将被初始化为该功能。

M 功能还可分为前作用 M 功能和后作用 M 功能两类。

前作用 M 功能：在程序段编制的轴运动之前执行。

后作用 M 功能：在程序段编制的轴运动之后执行。

数控装置常用 M 功能指令见表 1-3-1（▶标记者为缺省值）。

表 1-3-1 常用 M 功能指令

代码	模态	功能说明	代码	模态	功能说明
M00	非模态	程序暂停	M06	非模态	换刀
M01	非模态	条件暂停	M08	模态	切削液打开
M02	非模态	程序结束	M09	模态	▶切削液停止
M03	模态	主轴正转起动	M98	非模态	调用子程序
M04	模态	主轴反转起动	M99	非模态	子程序结束
M05	模态	▶主轴停止转动	M30	非模态	程序结束并返回程序起点

M00、M01、M02、M30、M98、M99 用于控制零件程序的走向，是 CNC 内定的辅助功能，不由机床制造商设计决定，也就是说，与 PLC 控制程序无关。

M03、M04、M05、M06、M08、M09 用于机床各种辅助功能的开关动作，其功能不由 CNC 内定，而是由 PLC 控制程序指定，所以有可能因机床制造厂不同而有差异（表内为标准 PLC 指定的功能），请使用者参考机床说明书。

3.1.1 CNC 内定的辅助功能

1. M00 程序暂停（非模态后作用 M 功能）

当 CNC 执行到 M00 指令时，将暂停执行当前程序，以方便操作者进行刀具和工件的尺寸测量、工件调头、手动变速等操作。暂停时，机床的进给停止，而全部现存的模态信息保持不变，若要继续执行后续程序，重按操作面板上的“循环启动”键。

2. M01 条件暂停（非模态后作用 M 功能）

M01 是选择性停止指令，指令功效与 M00 类似。不同的是，M01 只有在预先按下控制面板上“选择结束开关”按钮的情形下，指令才能有效。若不按下“选择结束开关”按钮，程序执行到 M01 时不会暂停，而是继续执行下面的程序。M01 结束之后，重按操作面板上的“循环启动”键可以持续执行后面的程序。该指令主要用于加工工件抽样检查、清理切屑等。

3. M02 程序结束（非模态后作用 M 功能）

M02 一般放在主程序的最后一个程序段中。当 CNC 执行到 M02 指令时，机床的主轴、进给、冷却液全部停止，加工结束。使用 M02 的程序结束后，若要重新执行该程序，就得重新调用该程序。

4. M30 程序结束并返回到零件程序起点

M30 和 M02 功能基本相同，只是 M30 指令还兼有控制返回到零件程序头的作用。使用 M30 的程序结束后，若要重新执行该程序，只需再次按操作面板上的“循环启动”键。

5. M98 子程序调用及 M99 从子程序返回

M98 用来调用子程序。

M99 表示子程序结束，执行 M99 使控制返回到主程序。

3.1.2 PLC 设定的辅助功能

1. 主轴控制指令 M03、M04、M05

M03 启动主轴以程序中编制的主轴速度顺时针方向旋转。

M04 启动主轴以程序中编制的主轴速度逆时针方向旋转。

M05（缺省值）使主轴停止旋转。

M03、M04 为模态前作用 M 功能；M05 为模态后作用 M 功能。

M03、M04、M05 可相互注销。

2. 冷却液打开、停止指令 M08、M09

M08 将打开冷却液管道；M09（缺省值）将关闭冷却液管道。

M08 为模态前作用 M 功能；M09 为模态后作用 M 功能。

3.2 主轴功能 S（模态指令）

主轴功能 S 用于控制带动工件旋转的主轴的转速。其后的数值表示主轴速度，单位为转/每分钟（r/min）。实际加工时的转速，还受到机床面板上的主轴速度修调倍率开关的控制。

公式：N=1 000v_c/πD，可根据某材料查得切削速度 v_c，然后即可求得 N。

【实例 1-3】若要求车直径为 60 mm 的外圆时，切削速度控制到 48 m/min，则换算得：N=250 r/min（转/分钟），则在程序中指令为 S250。

恒线速度功能 S 指定切削线速度时，其后的数值单位为米/分钟（m/min）（G96 恒线速度有效、G97 取消恒线速度）。

3.3 进给速度 F

进给速度 F 表示工件被加工时刀具相对于工件的合成进给速度，F 的单位取决于指令 G98 或 G99。

G98—设定进给方式为每分钟进给，指刀具切削时切削速度的单位为毫米/分钟（mm/min），开机后默认的状态（初态、模态）。

G99—设定进给方式为每转进给，指刀具切削时切削速度的单位为毫米/转（mm/r）。

G98 和 G99 的转化：每分钟进给量=每转进给量 × 转速

在 G01，G02 或 G03 指令控制下，编程的 F 一直有效，直到被新的 F 值取代，而在 G00 指令控制下，快速定位的速度是各轴的最高速度，与 F 值无关。

借助机床控制面板上的倍率开关，F 值可在一定范围内进行倍率修调。当执行攻丝循环，螺纹切削时，倍率开关失效，进给倍率固定在 100%。

3.4 刀具功能 T

T 代码用于选刀，其后的 4 位数字分别表示选择的刀具号和刀具补偿号。执行 T 指令，转动或移动刀架选用指定的刀具，如图 1-3-1 所示。

（a）四方刀架

（b）转塔式刀架

（c）排刀架

图 1-3-1 刀架

【实例 1-4】T0303 表示选择第 3 号刀位上的刀具，调用 3 号刀补。

T0105 表示选择第 1 号刀位上的刀具，调用 5 号刀补。

当一个程序段同时包含 T 代码与刀具移动指令时，先执行 T 代码指令，而后执行刀具移动指令。执行 T 指令的同时调入刀补寄存器中的补偿值。

一般以 1 号刀为基准刀，刀补里的数值以基准刀为偏置，刀具磨损后可以补偿。2 号刀旋转 90°后，其刀尖不与 1 号刀尖重合，存在位置差，位置差即为刀补。

3.5 准备功能 G 代码

准备功能 G 指令由 G 和其后的一位或两位数字组成，它用来规定刀具和工件的相对运动轨迹、机床坐标系、坐标平面、刀具补偿、坐标偏置等多种加工操作。

G 功能根据功能的不同分成若干组，其中 00 组的 G 功能称为非模态 G 功能，其余组的 G 功能称为模态 G 功能。

非模态 G 功能：只在所规定的程序段中有效，程序段结束时被注销。

模态 G 功能：一组可相互注销的 G 功能，这些功能一旦被执行，则一直有效，直到被同一组的 G 功能注销为止。

模态 G 功能组中包含一个缺省 G 功能，上电时将被初始化为该功能。没有共同地址符的不同组 G 代码可以放在同一程序段中，且与顺序无关。

数控装置常用 G 功能指令见表 1-3-2、1-3-3。

表 1-3-2　车削常用 G 功能指令

G 代码	组别	解释	G 代码	组别	解释
G00	01	快速定位	G50	00	修改工件坐标
G01		直线插补	G52		设置局部坐标系
G02		顺时针切圆弧	G53		选择机床坐标系
G03		逆时针切圆弧	G70	00	精加工循环
G04	00	暂停	G71		内外径粗切循环
G09		停于精确的位置	G72		台阶粗切循环
G20	06	英制输入	G73		成形重复循环
G21		公制输入	G74		*Z* 向步进钻削
G22	04	内部行程限位有效	G75		*X* 向切槽
G23		内部行程限位无效	G76		切螺纹循环
G27	00	检查参考点返回	G90	01	（内外直径）切削循环
G28		参考点返回	G92		切螺纹循环
G29		从参考点返回	G94		（台阶）切削循环
G30		回到第二参考点	G96	12	恒线速度控制
G32	01	切螺纹	G97		恒线速度控制取消

续表

G 代码	组别	解释	G 代码	组别	解释
G40	07	取消刀尖半径偏置	G98	10	固定循环返回起始点
G41		刀尖半径偏置（左侧）			
G42		刀尖半径偏置（右侧）			

表 1-3-3　铣削常用 G 功能指令

G 代码	组别	解释	G 代码	组别	解释
*G00	01	快速点定位	G43	10	刀长正补偿
G01		直线插补	G44		刀长负补偿
G02		顺圆插补	*G49		刀长补偿取消
G03		逆圆插补	*G50		缩放关
G33		螺纹切削	G51		缩放开
G04	00	暂停延时	G24		镜象开
G07	00	虚轴指定	*G25		镜象关
*G11		单段允许	G68		旋转变换
G12		单段禁止	*G69		旋转取消
*G17	02	*XY* 加工平面	G52		局部坐标系设定
G18		*ZX* 加工平面	G53		机床坐标系编程
G19		*YZ* 加工平面	*G54	11	工件坐标系 1
G20		英制单位	～G59		～6 选择
*G21		公制单位	G92		工件坐标系设定
G28		回参考点	G73		钻、镗
G29		参考点返回	～G89		循环
*G40	09	刀径补偿取消	G98		回初始平面
G41		刀径左补偿	*G99		回参考平面
G42		刀径右补偿			

项目2 车削类零件的数控加工

数控车床是数控机床中结构较为简单，用途十分广泛的机床之一。主要用于轴类零件或盘类零件的内外圆柱面、任意锥角的内外圆锥面、复杂回转内外曲面和圆柱、圆锥螺纹等切削加工。

任务1　数控车床基本操作

知识目标

（1）了解数控车床的结构及主要部件功能。
（2）了解数控车床的加工特点。
（3）能安全文明生产。

能力目标

（1）掌握数控车床的面板操作。
（2）掌握数控机床面板按键功能。
（3）能操作数控车床。

任务学习

1.1　机床操作面板的功能

机床操作面板主要用于控制机床的运动和选择机床运行状态，由模式选择旋钮、数控程序运行控制开关等多个部分组成。

1.1.1　各按钮、旋钮的功能

各按钮、旋钮的功能如图 2-1-1 所示，因机床而异。

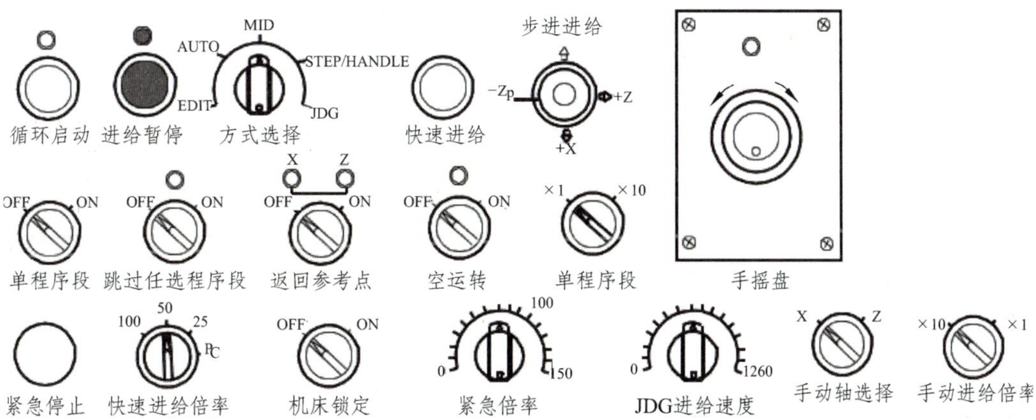

图 2-1-1　数控车床操作面板按钮、旋钮的功能

1.1.2　辅助功能键区快捷图标功能

辅助功能键区快捷图标功能见表 2-1-1。

表 2-1-1　辅助功能键区快捷图标功能

快捷键图标	功能	快捷键图标	功能
	液压启动		主轴降速
	主轴升速		数码显示
	液压尾座		主轴停止
	主轴点动		手动润滑
	超程释放		液压卡盘
	主轴正转		主轴反转
	冷却液		手动选刀

1.1.3　手动控制轴运动键区快捷图标功能

手动控制轴运动键区快捷图标功能见表 2-1-2。

表 2-1-2　手动控制轴运动键区快捷图标功能

快捷键图标	功能	快捷键图标	功能
	*X* 轴参考点指示		*Z* 轴正方向移动
	*X* 轴负方向移动		页面切换
	*Z* 轴参考点指示		*X* 轴正方向移动
	*Z* 轴负方向移动		页面切换
	手动快速		

1.1.4　模式选择键区快捷图标功能

模式选择键区快捷图标功能见表 2-1-3。

表 2-1-3　模式选择键区快捷图标功能

快捷键图标	功能	快捷键图标	功能
	编辑方式		手摇脉冲 0.001 （快速倍率 1%）
	手动数据输入方式		手摇脉冲 0.01 （快速倍率 25%）
	存储程序自动方式		手摇脉冲 0.1 （快速倍率 50%）
	手动进给		手摇脉冲 1 （快速倍率 100%）
	手摇脉冲		空运行
	返回参考点方式		程序段跳步
	*X* 轴手摇脉冲进给选择		单程序段
	*Z* 轴手摇脉冲进给选择		进给保持
	机床锁住		程序保护

1.1.5　开关控制按钮快捷图标功能

开关控制按钮快捷图标功能见表 2-1-4。

表 2-1-4　开关控制按钮快捷图标功能

快捷键图标	功能	快捷键图标	功能
	紧停按钮		NC 启动/停止
	循环启动/进给保持		

1.1.6　MDI 键盘

FANUC 系统的 MDI 面板如图 2-1-2 所示，介绍 MDI 面板中各个按键的功能见表 2-1-5。

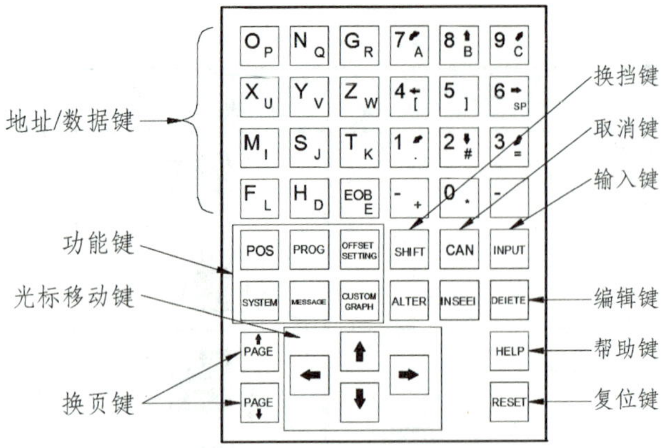

图 2-1-2　FANUC 系统 MDI 键盘

表 2-1-5　MDI 面板中按键的功能

按键名称	功能
复位键（RESET）	可以使 CNC 复位或取消报警等
帮助键（HELP）	帮助键用于获得对 MDI 键操作的帮助
地址/数据键	用于向系统输入地址符和数据。每个键上有两个符号，小字符为上挡，按下 SHIFT 键后这些键为上挡一次
上挡键（SHIFT）	在 MDI 键盘上有些键具有两个功能，按下上挡键【SHIFT】，可以在这两个功能之间进行切换。当一个键右下角的字母可被输入时，就会在屏幕上显示一个特殊的字符
右箭头键（→）	用于将光标向右或向前移动。光标以小的单位向前移动，每按一下这个键光标移动一个字
左箭头键（←）	用于将光标向左或往回移动。光标以小的单位往回移动，每按一下这个键光标移动一个字
下箭头键（↓）	用于将光标向下或向前移动。光标以大的单位向前移动，每按一下这个键光标移动一个程序段
上箭头（↑）	用于将光标向上或往回移动光标以大的单位往回移动，每按一下这个键光标移动一个程序段
换页键（PAGE↓）	当程序长度超过一页时，该键可以使光标向前翻页
换页键（PAGE↑）	当程序长度超过一页时，该键可以使光标向回翻页
输入键（INPUT）	当按下一个字母键或数字键时，再按输入键【INPUT】，数据被输入到缓存区并且显示在屏幕上。如果要将输入缓存区的数据拷贝到偏置寄存器中，按下此键与软键上的【INPUT】键是等效的
取消键（CAN）	按下取消键【CAN】删除最后一个进入输入缓存区的字符或符号

续表

按键名称	功能
换行键（EOB）	用于结束一个程序段。按下该键时，在正在编辑的程序段结尾处加一个分号“;”后光标移到下一行行首
ALTER 键	用于程序编辑中替换程序中的选定字串。在程序编辑中，键入一个字串后按下此键，将用键入的字串替换内存缓冲区中光标所指的字串
INSERT 键	用于程序编辑中的插入字串。按下此键将键入的字串送入内存缓冲区，将键入字串插入内存缓冲区的光标所指字的后边
DELETE 键	用于程序编辑中的删除一个字串。按下此键将删除内存缓冲区中的光标所在的程序字
功能键	切换不同功能的显示屏幕
POS 键	当前位置的显示
PRGRM 键	程序显示屏

1.2 机床操作面板的操作方式

1.2.1 手动操作

1. 手动返回参考点

（1）将方式选择开关置于 JOG 的位置上。

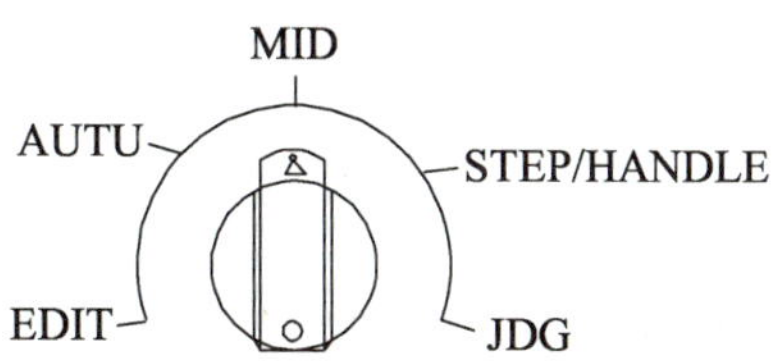

方式选择

（2）将返回参考点的开关置于 ON 状态。

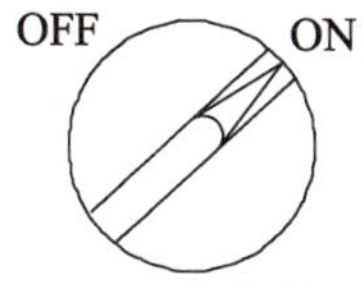

返回参考点

（3）各轴向参考点方向 JOG 进给。

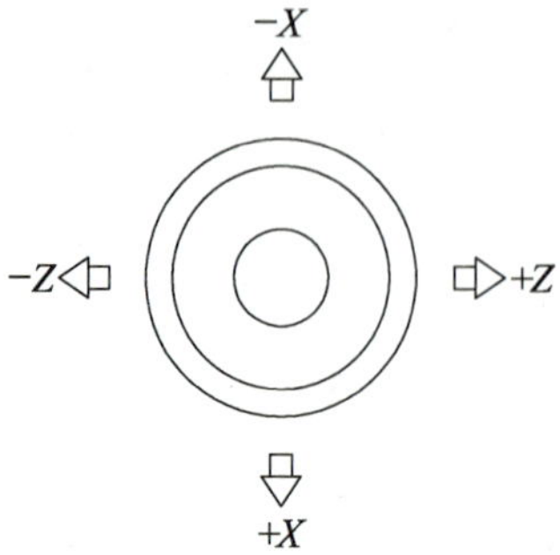

（4）返回参考点之后亮灯。

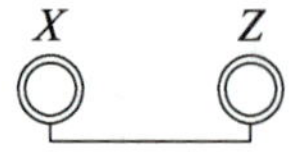

在到达参考点之前，返回参考点开关置于 ON 状态。此时，工作台快速进给到减速点，之后以 FL 速度移向参考点。快速进给期间，快速进给倍率有效。

2. 手动连续进给

用手动操作方式可以连续地移动机床，具体操作步骤如下：

1）常规进给

第 1 步：方式选择开关置于 JOG 的位置。

第 2 步：选择移动轴，机床按选择的轴方向移动。

注意：接通电源，把方式变为 JOG 时，即使预先选择了轴，机床也不移动，需要重新选择新的轴。

2）快速进给

第 1 步：选择 JOG 进给速度。

第 2 步：快速进给。

注意：

（1）用手动快速进给时，还要按快速进给按钮，按此按钮时，刀具按照选择的方向快速进给。

（2）快速进给时的速度、时间常数、加减速方式与程序指令的快速进给（G00 定位）相同。

（3）系统接通电源后，没有返回参考点之前，即使按快速进给按钮，仍不能快速进给，还是按照 JOG 进给。

3）步进（STEP）进给

有的机床设有步进进给按钮，可实现步进移动。

第 1 步：方式选择开关置于 STEP 的位置。

第 2 步：选择移动量见表 2-1-6。

第 3 步：选择移动轴。按下所选轴向开关，相应的轴按选定方向移动，每按一次按钮，刀具移动一步当前进给量。

表 2-1-6　步进进给量

×1	×10	×100	×1 000
0.001 mm	0.01 mm	0.01 mm	1 mm

注意：

（1）直径指定时，*X* 轴的移动量为直径变化。

（2）移动速度与 JOG 进给速度相同。

（3）若按快速进给按钮，变为快速进给，快速进给时，快速进给倍率有效。

4）手脉进给

转动手摇脉冲发生器，可使机床微量进给。

第 1 步：方式选择开关置于 HANDLE 的位置。

第 2 步：选择手脉移动的轴。

第 3 步：转动手脉。

第 4 步：移动量。

注意：

（1）手摇脉冲发生器请以每秒 5 转以下的速度转动。若超过了该速度，即使转动手脉，也不能立刻停止、刻度和移动量不符。

（2）如果选择 ×100 的倍率，过快地转动手轮，刀具以接近于快速进给的速度移动。此时，若突然停止，机床会产生振动。如果带有自动加减速功能，那么手脉移动也应加上自动加减速，这样会减轻机床振动。

1.2.2　自动操作

1. 运转方式

1）存储器运行步骤

第 1 步：预先将程序存入存储器中。

第 2 步：选择要运行的程序。

第 3 步：将方式选择开关置于 AUTO 位置。

第 4 步：按循环启动按钮。

2）MDI 运转步骤

从 CRT/MDI 操作面板输入一个程序段的指令并执行该程序段。

【实例 2-1】执行程序段：X10.5 W200.5。

操作步骤：

第 1 步：将方式选择开关置于 MDI 的位置。

第 2 步：按【PRGRM】按钮。

第 3 步：按【PAGE】按钮，使画面的左上角显示 MDI。

第 4 步：由数据输入键，键入 X10.5。

第 5 步：按【INPUT】键。X10.5 数据被输入并显示。

在按【INPUT】键之前，如果发现键入的数字是错误的，按【CAN】键，可以重新键入 X 及正确的数字。

第 6 步：键入 W200.5。

第 7 步：按【INPUT】键。W200.5 的数据被输入并显示。

第 8 步：如果输入的数字是错误的，与前面同样处理。

第 9 步：按【START】键，或机床操作面板上的启动按钮。

按启动按钮之前，修改已经输入的程序段。

【实例 2-2】把已经输入的程序段 X10.5W200.5 变成 X10.5，取消 W200.5。

操作步骤：

第 1 步：按 W[CAN][INPUT]键。

第 2 步：按[START]键或操作面板的循环启动按钮。

2. 自动运行的起动

第 1 步：存储器运行。

第 2 步：选择 AUTO 方式。

第 3 步：选择程序。

第 4 步：按机床操作面板上的循环启动按钮。

3. 执行自动运行

若自动运行已启动，CNC 的运行情况如下：

第 1 步：从被指定的程序读取 1 个程序段的指令。

第 2 步：对该段程序段译码。

第 3 步：开始执行指令。

第 4 步：读取下一个程序段的指令。

第 5 步：译码下一个程序段的指令，使之变为可执行的代码，该过程称为缓冲。

第 6 步：由于缓冲及前程序执行结束，立刻开始执行下一个程序段。

第 7 步：以后重复执行第 4、5、6 步操作。

4. 启动运转停止

自动运转停止的方法有：预先在程序中需要停止的地方输入停止指令，也可以操作控制面板上的按钮，使其停止。

第 1 步：程序暂停指令（M00）。

第 2 步：选择性停止（M01）。

第 3 步：程序结束（M02，M30）。

第 4 步：进给暂停。程序运行时，按机床操作面板上的进给暂停按钮，可使自动运行暂时停止。若按进给暂停按钮，进给暂停灯亮，而循环启动灯灭。

第 5 步：复位。按下 MDI 键上的复位【RESET】按钮，或输入外部复位信号，自动运行时，移动中的坐标轴减速，然后停止，CNC 系统处于复位状态。

5. 试运行

1）机床锁住

使机床操作面板上的机床锁住开关接通，自动运行加工程序时，机床刀架并不移动，只是在 CRT 上显示各轴的移动位置。该功能可用于加工程序的检查。即使程序中有 G27，G28 指令，机床也不返回参考点，返回参考点指示灯不亮。

2）辅助功能锁住

接通机床操作面板的辅助功能锁住开关后，程序中的 M、S、T 代码指令被锁住不能执行，该功能与机床锁住一起使用，用于程序检测。

注意：使用辅助功能锁住时，辅助指令 M00、M01、M02、M30、M98、M99 都可正常执行。

3）空运转

不装夹工件在自动运行状态下运行加工程序，机床空跑。在操作中，程序指定的进给速度无效，其运行速度由参数设定。

4）单程序段

若将单程序段开关置于 ON，执行一个程序段后，机床停止。随后，每按一次循环启动按钮，则 CNC 执行下一个程序段。

注意：执行指令 G28 时，即使在中间点，单程序段功能也有效。

5）进给暂停后或停止后的再起动

第 1 步：返回所需的工作方式。

第 2 步：按循环启动按钮。

6）在自动运行的中途，插入手动操作

第 1 步：在自动运转中，按进给暂停按钮或将单程序段开关置于接通状态，使自动运行暂停。

第 2 步：观察位置显示，记录停止位置的坐标值。

第 3 步：进行手动操作。

第 4 步：边看位置显示，边返回记录的坐标值（手动操作的起始点）。

第 5 步：为恢复自动运行必须使方式选择开关变为原来的状态（暂停前的状态）。

第 6 步：按循环启动按钮。

7）在自动运行的中途，执行 MDI 指令

第 1 步：使单程序段开关置于 ON，以停止自动运行。

第 2 步：将方式开关置于 MDI，变为 MDI 工作方式。

第 3 步：进行手动数据输入操作。

第 4 步：为恢复自动运行，使方式选择开关返回到原来的状态，按循环启动按钮。

注意：

（1）执行 MDI 操作时，要受到在此之前的自动运行模态数据的影响。

（2）MDI 操作后，由 MDI 指令生成的模态数据，会给后来的自动运行带来影响。

（3）进给暂停时，不能执行 MDI 操作。

8）跳过任选程序段

此功能使程序中含有“/”的程序段无效。

注意：信息从存储器读入缓冲寄存器时，要进行有效性的判断。因此对于已经被读入缓冲寄存器的程序段，此功能无效。

9）进给速度倍率

用进给速度倍率开关，选择程序指令的进给速度的百分比，以改变进给速度（速率）。根据刻度，设置 0 ~ 150%的倍率。

注意：

（1）有的机床进给速度倍率开关和 JOG 进给速度开关是通用的。

（2）螺纹切削中，此开关无效，进给倍率始终为 100%。

10）镜　像

若镜像开关置于 ON，自动运行时 *X* 轴的移动方向完全反向。手动运行及自动运行中途自动返回参考点，该功能无效。此功能用于带双刀架的机床。

11）快速进给倍率

可以将快速进给速度由倍率开关变为 100%、50%、25%或 F 值（由机床厂设定），该功能用于下列情况：

（1）G00 指令的快速进给。

（2）固定循环中的快速进给。

（3）指令 G27、G28 运动时的快速进给。

（4）手动快速进给。

（5）手动返回参考点的快速进给。

6. 安全保护功能

1）紧急停止

按下机床操作面板上的紧急停止按钮，机床立即停止移动。急停按钮按下后，即被锁住。解除的方法一般通过旋转解除。

注意：

（1）紧急停止，切断了电机的电源。

（2）解除紧急停止前，应排除不正常因素。

2）超　程

当刀具超越了机床限位开关限定的行程范围或进入由参数指定的禁止区域时，CRT 显示“超程”报警，且刀具减速停止。此时，用手动操作将刀具移向安全的方向，然后按复位按钮解除报警。

3）行程检测

限位：用参数设定限制范围，限制范围的外侧为禁止区，通常由机床厂家设定。

注意：

（1）只有在接通电源，用手动操作返回参考点，或由 G28 指令返回参考点后限制范围的设定才有效。

（2）接通电源后，返回参考点，存储行程限位有效。当参考点在禁止范围时，机床立刻报警。

（3）在第（2）种情况下，若设定值是错的，改正之后，应重新进行返回参考点操作。

（4）设定禁止范围时，如果两点为同一点，则全部为禁止范围，应引起注意。

（5）进入禁止范围且报警时，工作台只能从相反方向退出。

7. 报警处理

不能正常运转时，请检查以下情况：

1）在 CRT 上显示错误代码时

若显示出错代码，请参照机床操作说明书查找原因。若错误代码有“PS”二字，则是程序或设定数据的错误。请修改程序或设定数据。

2）在 CRT 上没有显示错误代码时

此时可能是由于机床执行了一些故障操作，请参照机床维修手册查原因。

8. 零件程序的存储、编辑

1）程序存储、编辑操作前的准备工作

第 1 步：设置输出输入设备。

第 2 步：设定与输出输入设备有关的数据。

第 3 步：接通数据保护键【KEY】，有的系统无此键。

第 4 步：将操作方式置为 EDIT 方式。

第 5 步：按【PRGRM】键，以显示程序。

2）程序存入存储器

（1）由 MDI 键存储。

第 1 步：选择 EDIT 方式。

第 2 步：按[PRGRM]按钮。

第 3 步：键入地址 O。

第 4 步：键入准备存储的程序号。

第 5 步：按【INSERT】键。

用此操作可以存入程序号，此后可键入各程序字，用[INSERT]键存储。

（2）由 CNC 纸带存储。

第 1 步：选择方式（EDIT 或 AUTO 方式）。

第 2 步：将 CNC 纸带装在纸带阅读机上。

第 3 步：按[PRGRM]按钮，显示程序一览画面。

第 4 步：CNC 纸带中没有程序号或需要改变程序号时，输入程序号（若纸带中有程序号且无需改变程序号，则不需要进行（第 4 步）操作—按地址符 O；键入程序号。

第 5 步：按【IUPUT】键。

3）程序号检索

存储器存入多个程序时，可以检索其中的任何一个。

方法 1：

第 1 步：方式选择（EDIT 或 AUTO 方式）。

第 2 步：按【PRGRM】按钮。

第 3 步：按地址符 O。

第 4 步：键入要检索的程序号。

第 5 步：按【CURSOR↓】。

第 6 步：检索结束时，在 CRT 画面的右上方，显示已检索出的程序号。

方法 2：

第 1 步：方式选择（EDIT 和 AUTO 方式）。

第 2 步：按【PRGRM】按钮。

第 3 步：按地址符 O。

第 4 步：按【CURSOR↓】。选择 EDIT 方式，连续按【CURSOR↓】，被存储的程序会一个一个地被显示。

第 5 步：被存储的程序全部被显示后，返回开头。

4）删除程序

（1）删除存储器中的程序。

第 1 步：选择 EDIT 方式。

第 2 步：按【PRGRM】按钮。

第 3 步：按地址符 O。

第 4 步：键入程序号。

第 5 步：按【DELET】键，该程序被删除。

（2）删除全部程序。

将存储器中存储的程序全部删除。

第 1 步：选择 EDIT 方式。

第 2 步：按【PRGRM】按钮。

第 3 步：按地址符 O。

第 4 步：输入-9999（DELET）。

第 5 步：全部程序被删除。

9. 顺序号（程序号）检索

顺序号检索通常是检索程序内的某一顺序号（程序段号），顺序号检索用于程序的中途启动。由于检索而跳过的程序段对 CNC 无任何影响，故在跳过一些程序段后 CNC 的坐标值，M、S、T 代码和模态值均无变化。

因此，顺序号检索后，在开头的程序段中，应预先输入需要的 M、S、T 代码和设定坐标系。进行顺序号检索，一般是在工序的断点，如果必须对工序中的程序段进行检索并再启动，应查清此时机床的状态，NC 的状态，由 MDI 方式指令控制 M、S、T 代码，G 代码，以及设定坐标系。

检索存储器中程序顺序号的步骤：

第 1 步：选择 AUTO 方式。

第 2 步：按【PRGRM】按钮。

第 3 步：选择要检索的顺序号所属的程序号。在其程序中，有要找的顺序号时，进行（第 4 步）操作，否则，应进行程序号检索选出所需要的程序。

第 4 步：按地址符 N。

第 5 步：键入要检索的顺序号。

第 6 步：按【CURSOR↓】。

第 7 步：检索结束时，在 CRT 的右上方，显示要检索的顺序号。

检索中，不能执行 M98 P××××××（子程序调用指令）。因此，用 AUTO 方式检索时，若从现在被选择的程序中检索子程序的顺序号，会出现（NO.060）报警。

10. 字的插入、变更、删除

该功能用于内存中程序的修改。不允许在程序执行的中途，单段运行或是进给暂停时进行程序的插入，修改和删除，否则程序执行有错误。必须在程序的编辑方式，程序运行的复位状态下进行。

1）字的插入

一个程序段最后的字，可由通过键插入。如：Z100[EOB]或者 Z100[INSERT]。此外，由参数设定，按【INPUT】键可以代替【INSERT】键连续地插入字。但是，段的最后要按【INSERT】或【EOB】键。

2）字的变更

第 1 步：检索/扫描要变更的字。

第 2 步：键入要插入的地址符。

第 3 步：键入数据。

第 4 步：按【ALTER】键。

3）字的删除

第 1 步：检索/扫描要删除的字。

第 2 步：按【DELET】键。

4）删除到 EOB

按下【EOB】和【DELET】键则可删除到程序段的结束（EOB）。光标移到下一个地址符的下面。

5）删除多个程序段

从现在被显示的字，一直删除到指定顺序号的程序段。

第 1 步：键入地址符 N。

第 2 步：键入顺序号 2233。

第 3 步：若按【DELET】键，直到 N2233 的程序段都被删除，光标移到下一个地址符的下面。

6）顺序号的自动插入

在 EDIT 方式中，由 MDI 键编制程序时，可在各程序段自动地插入顺序号。顺序号的增量值，事先由参数设定。具体步骤如下：

第 1 步：设定参数 SEQ=1。

第 2 步：选择 EDIT 方式。

第 3 步：选择 PRGRM。

第 4 步：键入地址符 N。

第 5 步：键入 N 的初始值。例：键入 10。

第 6 步：按【INSERT】。

第 7 步：输入程序段的数据。

第 8 步：键入 EOB。

第 9 步：按【INSERT】，程序段结束符被存入存储器中。此时，如果在参数 NO.550 中设定“2”，则在程序的下一行插入并显示 N12。

在上例中，若不想把 N12 插入到下一个程序段时，可按【DELET】键。此外，上例中，不插入 N12，而想插入 N100 时，可键入 N100，再按【ALTER】键，则 N100 被存储，初始值也被变为 100。

任务 2　简单阶梯轴加工

知识目标

（1）掌握数控加工程序编写规则。

（2）掌握 G00、G01、G90 和 G94 指令的运用。

能力目标

（1）能正确运用辅助功能指令。

（2）掌握外圆加工刀具的选择。

（3）掌握简单阶梯轴的加工方法。

任务学习

2.1　任务布置

【任务】加工如图 2-2-1 所示的阶梯轴零件，已知材料为铝，毛坯尺寸为 $\phi 40$ mm × 100 mm，具体技术要求见图纸。要求对零件进行数控车削加工工艺分析，填写数控加工刀具卡、数控加工工序卡，编制加工程序和实物加工。

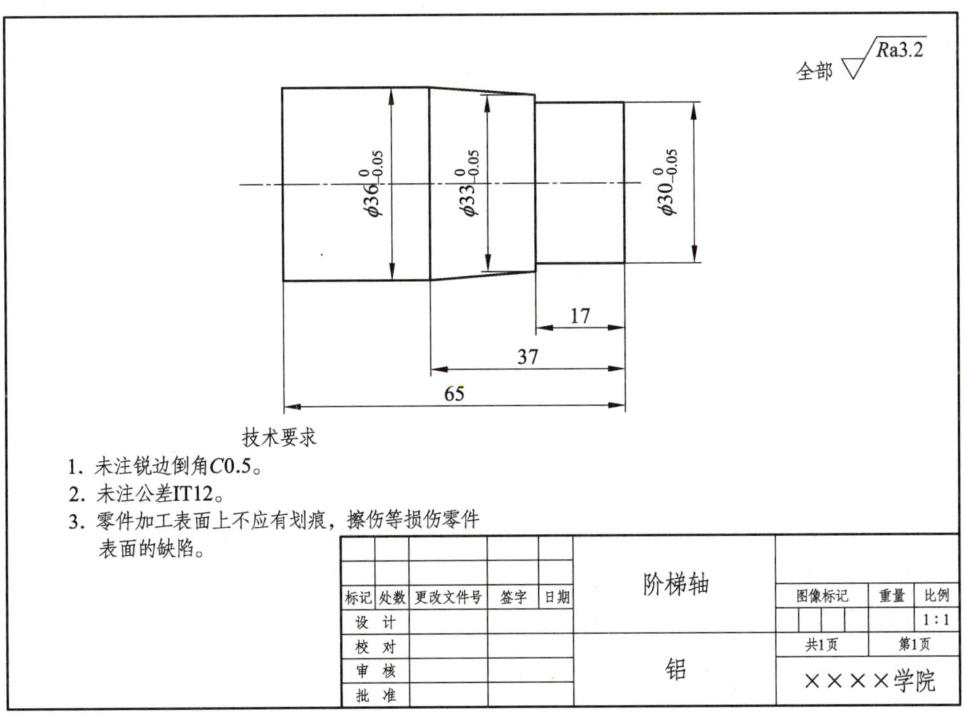

图 2-2-1　阶梯轴零件图

2.2 相关知识

2.2.1 阶梯轴的车削方法

阶梯轴的车削方法分为低台阶车削和高台阶车削两种方法。

1. 低台阶车削方法

相邻两圆柱体直径差较小，可用车刀一次切除成形，如图 2-2-2 所示。

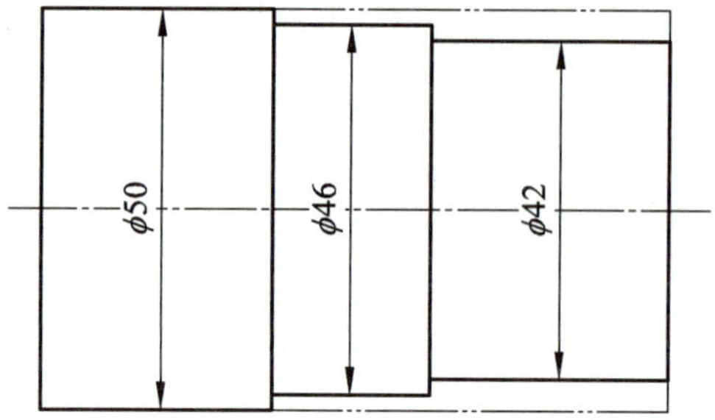

图 2-2-2　低台阶阶梯轴

2. 高台阶车削方法

相邻两圆柱体直径差较大时，采用分层切削，如图 2-2-3 所示，粗加工路线为 A1→B1、A2→B2、A3→B3、A4→B4、A5→B5、A6→B6。

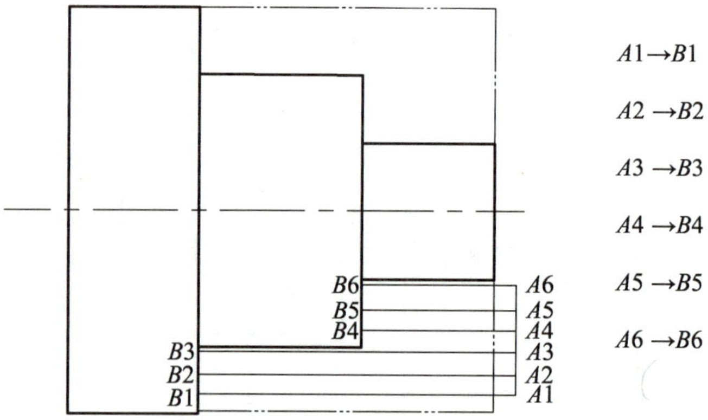

图 2-2-3　高台阶阶梯轴

2.2.2 零件的装夹

在机械加工过程中，为了保证加工精度，在加工前，应确定工件在机床上的位置并固定好，以接受加工或检测。工件正确安装可使工件在整个切削加工过程中保持正确的位置，从而保证工件的加工质量。

工件的安装包含了两个方面的内容：定位和夹紧。

定位：确定工件在机床上或夹具中正确位置的过程。

夹紧：工件定位后将其固定，使其在加工中保持定位位置不变的操作。

常用的装夹方法有以下几种：

第 1 种：三爪自定心卡盘（俗称三爪卡盘）装夹。

特点：自定心卡盘装夹工件方便、省时，但夹紧力没有单动卡盘大。

用途：适用于装夹外形规则的中、小型工件。

第 2 种：四爪单动卡盘（俗称四爪卡盘）装夹。

特点：单动卡盘找正比较费时，但夹紧力较大。

用途：适用于装夹大型或形状不规则的工件。

第 3 种：一顶一夹装夹。

特点：为了防止由于进给力的作用而使工件产生轴向位移，可在主轴前端锥孔内安装一限位支撑，也可利用工件的台阶进行限位。

用途：这种方法装夹安全可靠，能承受较大的进给力，应用广泛。

第 4 种：两顶尖装夹。

特点：两顶尖装夹工件方便，不需找正，定位精度高。但比一夹一顶装夹的刚度低，影响了切削用量的提高。

用途：较长的或必须经过多次装夹后才能加工好的工件，或工序较多，在车削后还要铣削或磨削的工件。

工件在数控车床上大多采用三爪自定心卡盘装夹工件，三爪自定心卡盘的三个卡爪是同步运动的，能自动定心，一般不需要找正。三爪自定心卡盘可安装成正爪和反爪两种形式，如图 2-2-4 所示，反爪用来装夹直径较大的工件。

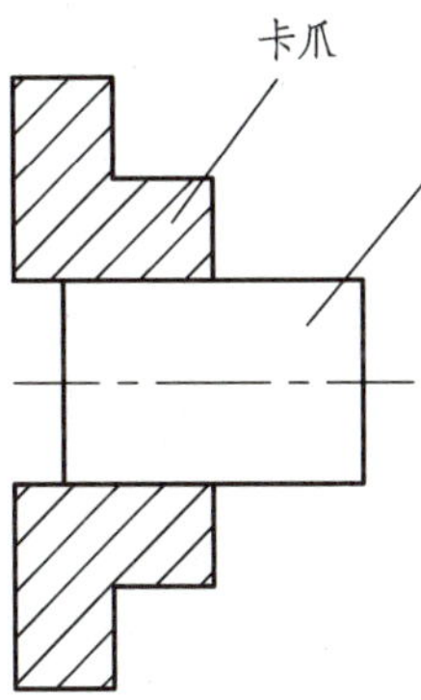

（a）正爪

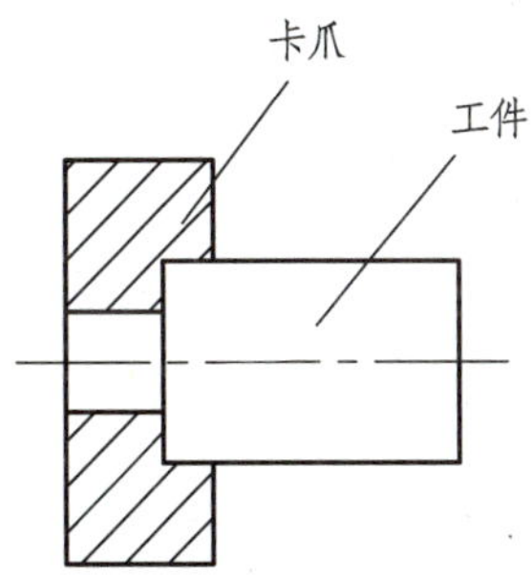

（b）反爪

图 2-2-4　三爪自定心卡盘装夹工件

2.2.3　刀具选择

1. 刀具选择应考虑的主要因素

（1）被加工工件的材料性能，即金属与非金属材料，其硬度、刚度、塑性、韧性及耐磨性等。

（2）加工工艺类别，即车削、钻削、镗削或粗加工、半精加工、精加工和超精加工等。

（3）工件的几何形状、加工余量、零件的技术经济指标。

（4）刀具能承受的切削用量。

常见可转位车刀刀片形状见表 2-2-1。

表 2-2-1　可转位车刀刀片形状表

形状说明	刀尖角	示意图	形状说明	刀尖角	示意图
正六边形	120°	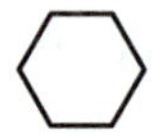	等边不等角六边形	80°	
正五边形	108°		矩形	90°	
正三角形	60°		平行四边形	85°/82°/55°	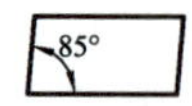
正方形	90°		正八边形	135°	
菱形	80°/55°/75°/86°/35°		圆形	R	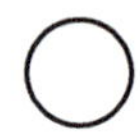

2. 选择可转位刀片应考虑的主要因素

（1）材料：刀片材料通常有高速钢、硬质合金、涂层硬质合金、陶瓷、立方碳化硼和金刚石等种类。

（2）尺寸：刀片尺寸参数为有效切削刃长度、背吃刀量、主偏角等。

（3）形态：根据表面形状、切削方式、转位次数等分为很多类型的刀片，用于不同的加工场合。

（4）刀尖半径：粗加工、工件直径大、要求刀刃强度高、机床刚度大时选大刀尖圆弧；精加工、背吃刀量小、细长轴加工、机床刚度小选小刀尖圆弧。

3. 刀片安装和转换时应注意的问题

（1）转位和更换刀片时应清理刀片、刀垫和刀杆各接触面，应保证接触面无铁屑和杂物，表面有凸起点应修平，已用过的刃口应转向切屑流向的定位面。

（2）转位刀片时应使其稳当地靠向定位面，夹紧时用力适当，不宜过大。

（3）夹紧时，有些结构的车刀需用手按住刀片，使刀片贴紧底面（如偏心式结构）。

（4）夹紧的刀片、刀垫和刀杆三者的接触面应贴合无缝隙，要注意刀尖部位的良好紧贴，刀垫更不得有松动。

4. 刀杆安装时应注意的问题

（1）安装时其底面应清洁无粘着物。若使用垫片调整刀尖高度，垫片应平直，最多不能超过三块。如果内侧和外侧面也须作安装的定位面，则也应擦净。

（2）刀杆伸出长度在满足加工要求下应尽可能短，一般伸出长度是刀杆高度的 1.5 倍。如确要伸出较长才能满足加工需要，也不能超过刀杆高度的 3 倍。常用外圆车刀、切槽刀、600 螺纹车刀（由于工件的结构简单，对精度的要求不高，故粗车和精车使用一把外圆车刀)。刀具编号依次为 01、02 和 03。刀具安装如图 2-2-5 所示。刀具使用中应注意的问题见表 2-2-2。

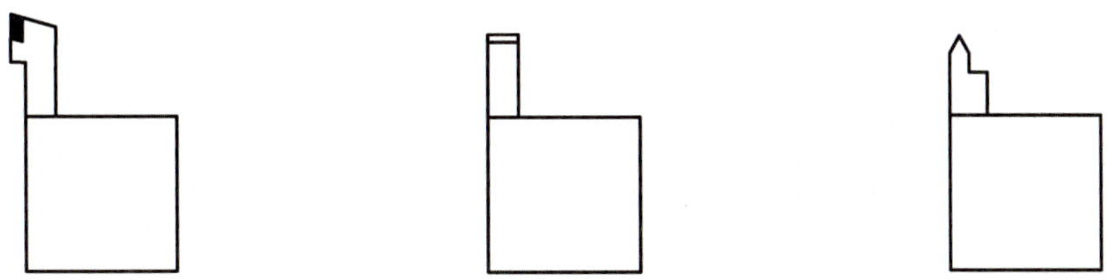

(a)T0101 外圆刀　　(b)T0202 切槽刀　　(c)T0303 螺纹刀

图 2-2-5　刀具安装示意图

表 2-2-2　使用机夹刀常见问题解决方案

问　题	原　因	措　施
通常情况下刀具不好用	1. 刀具形式选择不当； 2. 刀具制造质量太差； 3. 切削用量选择不当	1. 重新选型； 2. 选择质量好的刀具； 3. 选择合理的切削用量
切削有振动	1. 刀片没夹紧； 2. 刀片尺寸误差太大； 3. 夹紧元件变形； 4. 刀具质量太差	1. 重新装夹刀片； 2. 更换符合要求的刀片； 3. 更换夹紧元件； 4. 更换刀具
刀尖打刀	1. 刀片刀尖底面与刀垫有间隙； 2. 刀片材质抗弯强度低； 3. 夹紧时造成刀片抬高	1. 重新装夹刀片，注意刀片底面的贴紧； 2. 换抗弯强度高的刀片； 3. 更换刀片刀垫或刀杆
切削时有“吱吱”声	1. 刀片底面与刀垫或刀垫与刀体间接触不实，刀具装夹不牢固； 2. 刀具磨损严重； 3. 刀杆伸出过长，刚性不足； 4. 工件细长或薄壁件刚性不足，以及夹具刚性不足，夹固不牢	1. 重新装刀具或刀片； 2. 更换磨钝的切削刃； 3. 缩短刀杆伸出长度； 4. 增加工艺系统刚性
刀尖处冒火花	1. 刀尖或切削刃工作部分有缺口； 2. 刀具磨损严重； 3. 切削速度过高	1. 更换磨钝的切削刃或用金刚石修整切削刃； 2. 更换切削刃或刀片； 3. 选择合理的切削速度
前刀面有积屑瘤	1. 几何角度不合理； 2. 槽形不合理； 3. 切削速度太低	1. 增大前角； 2. 选择合理的槽形； 3. 提高切削速度

续表

问　题	原　因	措　施
切屑粘刀	刀片材质不合理	更换为 M 或 K 类的刀片
切屑飞溅	1. 进给量过大； 2. 脆性工件材料	1. 调整切削用量； 2. 增加导屑器或挡屑器
刀片有剥离现象	1. 切削液供给不充分； 2. 不宜用切削液的高硬度材料； 3. 刀片质量有问题	1. 增大切削液的流量，切削前就开始浇注直至刀具退出； 2. 不用切削液，干切削； 3. 更换质量好的刀片

2.2.4　量具选择

测量外圆直径时常用到的量具有：游标卡尺和外径千分尺；测量台阶长度尺寸时可用钢直尺、游标卡尺、深度千分尺等量具，其特点及应用见表 2-2-3。

表 2-2-3　常用到的量具特点及应用

<table>
<tr><th>量具名称</th><th colspan="2">特点及应用</th></tr>
<tr><td>钢　尺</td><td colspan="2">操作简便，迅速，精度较低</td></tr>
<tr><td rowspan="4">卡　尺</td><td colspan="2">主要用于测量内径，外径，阶梯和深度等</td></tr>
<tr><td>游标卡尺</td><td>利用游标原理细分读数的尺形，常见测量分度值有：0.02 mm、0.05 mm 和 0.01 mm 三种最小读数值</td></tr>
<tr><td>带表卡尺</td><td>以精密齿条、齿轮的齿距作为已知长度，以带有相应分度的指示表作为放大、细分和指示部分的尺形，常见测量分度值有：0.01 mm 和 0.02 mm 两种最小读数值</td></tr>
<tr><td>电子数显卡尺</td><td>采用容栅、磁栅等测量系统，以数字显示测量示值的长度测量工具，常用的测量分度值为：0.01 mm，允许误差为：±0.03 mm/150 mm</td></tr>
<tr><td>外径千分尺</td><td colspan="2">也叫螺旋测微器。其测量精度高，常见测量分度值有 0.01 mm、0.02 mm、0.05 mm 几种，加上估读的 1 位，可读取到小数点后第 3 位（千分位），故称千分尺，有 0 ~ 25 mm、25 ~ 50 mm、50 ~ 75 mm 等多种规格</td></tr>
<tr><td>深度千分尺</td><td colspan="2">测量精度高，常见测量分度值：0.01 mm，有 0 ~ 25 mm、25 ~ 50 mm、50 ~ 75 mm 等多种规格</td></tr>
</table>

2.2.5　指令的学习

1. 米制、英制尺寸输入指令：G20、G21

米制、英制尺寸输入指令格式、参数含义及使用说明见表 2-2-4。

表 2-2-4　G20、G21 指令格式、参数含义及使用说明

指　令	含　义
G20	英制输入（0.000 1 寸）
G21	米制输入（0.001 mm）
使用说明	1. 必须在程序的开头一个独立的程序段中指定，然后才能输入坐标尺寸； 2. 米制、英制指定后，F 代码指定的进给速度值、坐标指令位置量、偏置值、手摇脉冲发生器每一刻度的值等单位、步进进给的移动单位等将随之发生变化； 3. 系统通电后，NC 保留前次关机时的 G20 或 G21； 4. 程序中间 G20 和 G21 不能转换

2. 快速定位指令：G00

快速定位指令格式、参数含义及使用说明见表 2-2-5。

视频：快速定位 G00 指令

表 2-2-5　G00 指令格式、参数含义及使用说明

指令格式	G00 X（U）__ Z（W）__
参数含义	X、Z：绝对编程时，快速定位终点在工件坐标系中的坐标； U、W：增量编程时，快速定位终点相对于起点的位移量
作　用	用于快速靠近工件或离开工件
速　度	参数设定，刀具相对于工件以各轴预先设定的速度，从当前位置快速移动到程序段指令的定位目标点
运动轨迹	刀具从起点以 45°直线连接平行于 X 轴或 Z 轴的直线的方式向终点移动，合成轨迹不一定是直线 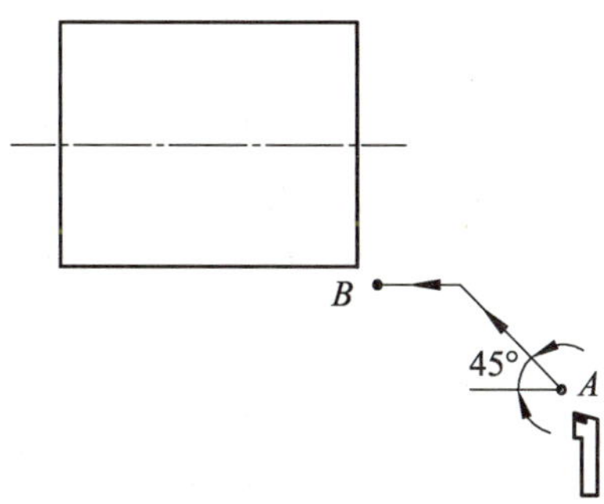
注意事项	1. G00 的轨迹中不能与工件有任何接触； 2. G00 一般用于加工前快速定位或加工后快速退刀； 3. 快移速度可由面板上的快速修调按钮修正； 4. G00 为模态功能，可由 G01、G02、G03 或 G32 功能注销

【实例 2-3】如图 2-2-6 所示，分别编写 *A* 点和 *C* 点的定位程序段。

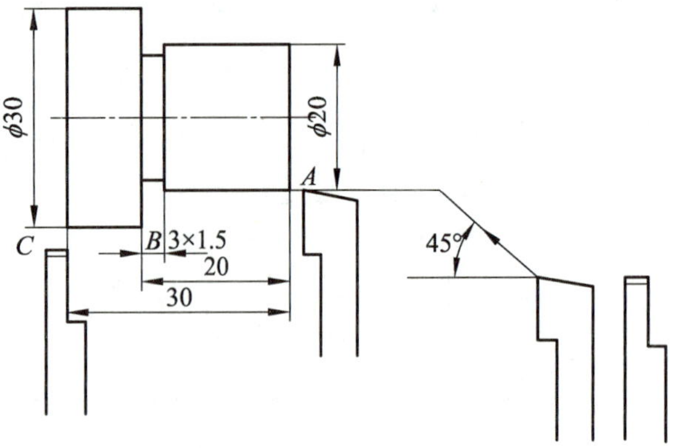

图 2-2-6　快速定位指令编程实例

外圆刀定位到 *A* 点：G00 *X*20 *Z*2；

切断刀定位到 *C* 点：G00 *X*32 *Z*-33

3. 直线插补指令：G01

G01 指令格式、参数含义及使用说明见表 2-2-6。

视频：直线插补指令 G01

表 2-2-6　G01 指令格式、参数含义及使用说明

指令格式	G01 X（U）__ Z（W）__F__；
参数含义	X、Z：绝对编程时终点在工件坐标系中的坐标； U、W：增量编程时终点相对于起点的位移量； F：合成进给速度
作　用	用于直线车削或使刀具慢慢接触工件
速　度	可以通过 *F* 控制
运动轨迹	刀具以联动的方式，按 *F* 规定的合成进给速度，从当前位置按线性路线（联动直线轴的合成轨迹为直线）移动到程序段指令的终点 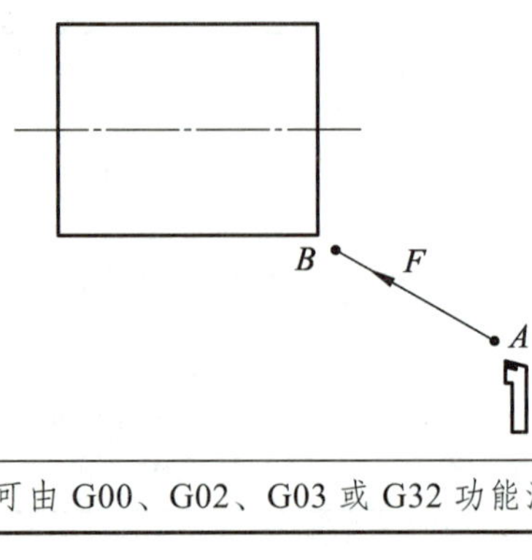
注意事项	G01 是模态代码，可由 G00、G02、G03 或 G32 功能注销

【实例 2-4】如图 2-2-7 所示，按 *ABCD* 四点，编写精加工程序段。

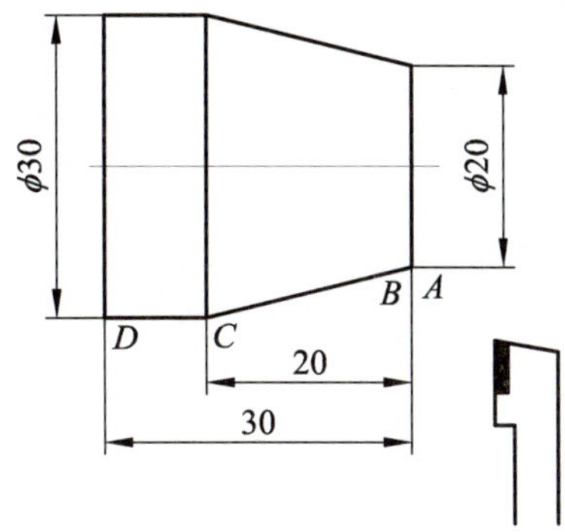

图 2-2-7　直线插补指令编程实例

绝对值编程：	
G00 X20 Z2；	（定位 *A* 点）
G01 X20 Z0 F60；	（定位 *B* 点）
G01 X30 Z−20 F60；	（定位 *C* 点）
G01 X30 Z−30 F60；	（定位 *D* 点）
相对值编程：	
G00 X20 Z2；	（绝对编程定位 *A* 点）
G01 U0 W−2 F60；	（定位 *B* 点）
G01 U10 W−20 F60；	（定位 *C* 点）
G01 U0 W−10 F60；	（定位 *D* 点）

4. 内（外）径切削单一循环指令：G90

G90 指令格式、参数含义及使用说明见表 2-2-7、表 2-2-8。

视频：内（外）径切削单一循环指令 G90

表 2-2-7　G90 指令格式、参数含义及使用说明（一）

指令格式	圆柱面切削单一循环：G90 X（U）__ Z（W）__ F__
参数含义	X、Z：绝对值编程时，为切削终点 *C* 在工件坐标系下的坐标； U、W：增量值编程时，为切削终点 *C* 相对于循环起点 *A* 的有向距离，其符号由轨迹 1 和 2 的方向确定； F：合成进给速度
作　用	用于加工外圆或内孔
速　度	可以通过 F 控制
运动轨迹	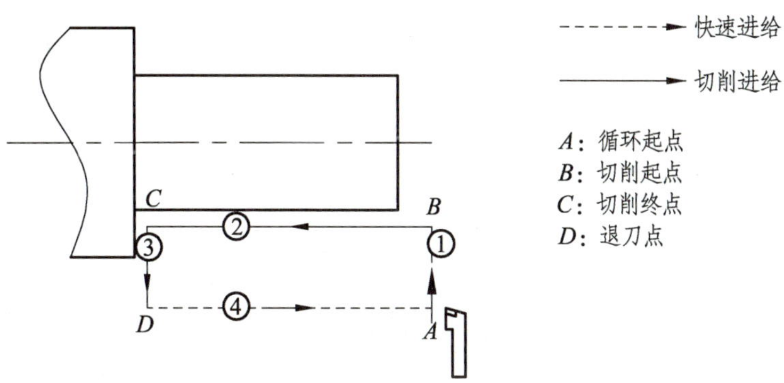
注意事项	1. *A* 点 *X* 轴定位起点可以选取毛坯直径值，*Z* 轴定位离工件端面 2～3 mm； 2. 当用 G90 所加工的工件的 *X* 方向总加工量越大，所需的时间越长，尽量用 G71 指令加工

表 2-2-8　G90 指令格式、参数含义及使用说明（二）

指令格式	圆锥面切削单一循环：G90 X（U）__ Z（W）__ R__F__
参数含义	X、Z：绝对值编程时，为切削终点 *C* 在工件坐标系下的坐标； U、W：增量值编程时，为切削终点 *C* 相对于循环起点 *A* 的有向距离，其符号由轨迹 1 和 2 的方向确定； R：锥度（加工外圆时 *X* 轴切削起点与 *X* 轴切削终点的半径差）； F：合成进给速度
作　用	用于加工外圆锥面或内圆锥孔
速　度	可以通过 F 控制
运动轨迹	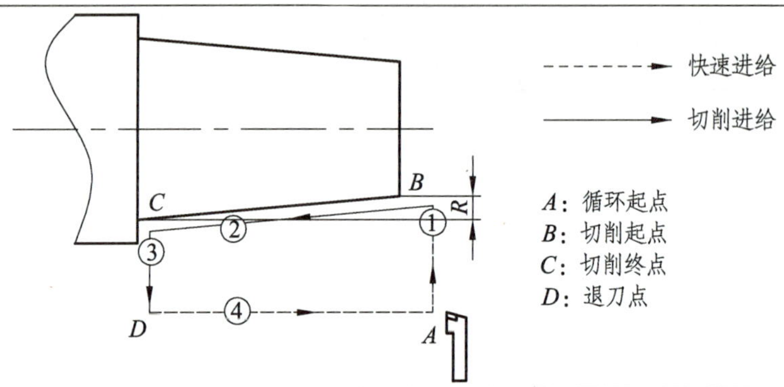
圆锥面基本参数及计算公式	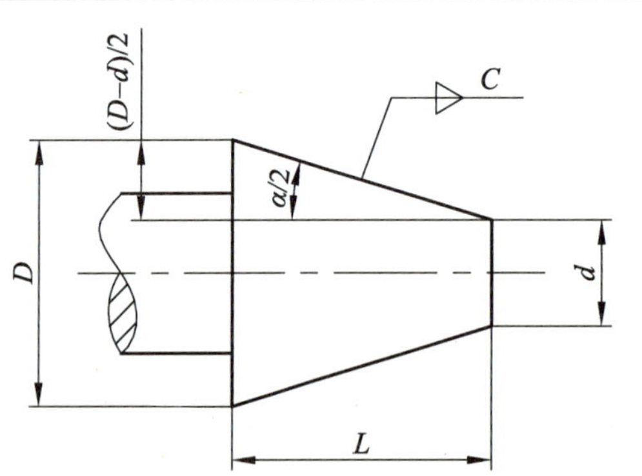 最大圆锥直径：*D* 最小圆锥直径：*d* 圆锥长度：*L* 锥度：$R=\dfrac{D-d}{L}$ 圆锥半角：$\dfrac{\alpha}{2}$ $\dfrac{C}{2}=\tan\left(\dfrac{\alpha}{2}\right)$
锥度的正、负规定	车削外圆锥（外圆锥：左大右小，*R* 为负，反之为正） 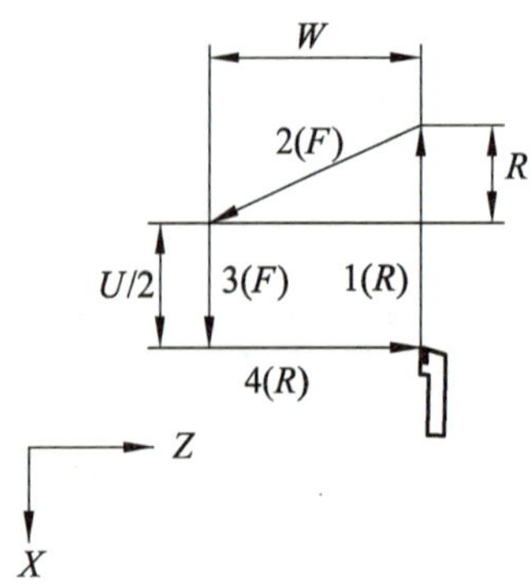 $U<0$、$W<0$、$R<0$ 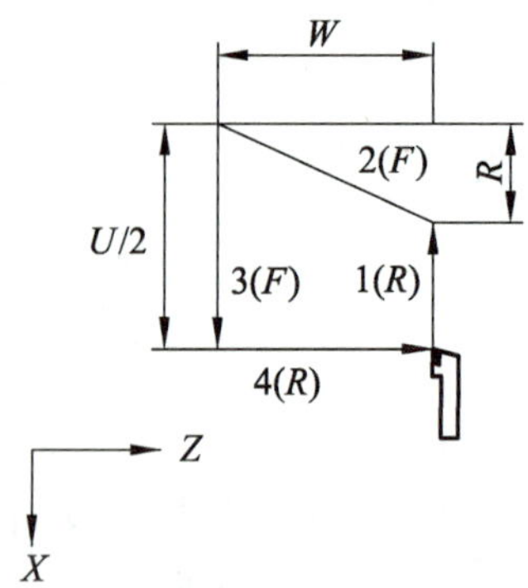 $U<0$、$W<0$、$R>0$

续表

锥度的正、负规定	车削内圆锥（内圆锥：左大右小，*R* 为正，反之为负） 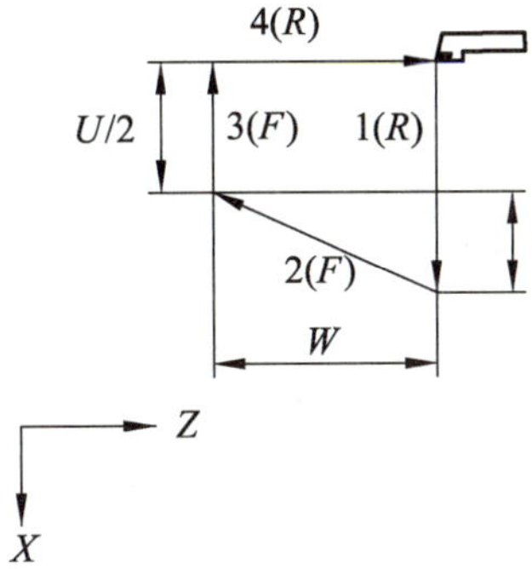 $U>0$、$W<0$、$R<0$ 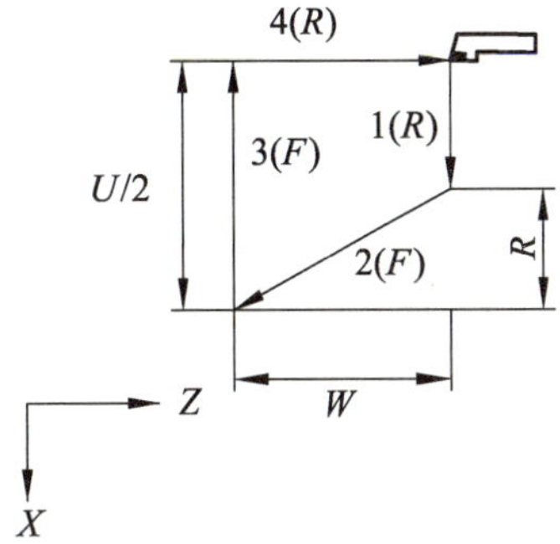 $U>0$、$W<0$、$R>0$
注意事项	1. *A* 点 *X* 轴定位起点可以选取毛坯直径值，*Z* 轴定位离工件端面 2 ~ 3 mm； 2. 一般锥度不用 G90 来加工，用 G71 代替加工

【实例 2-5】如图 2-2-8 所示，加工简单阶梯轴。

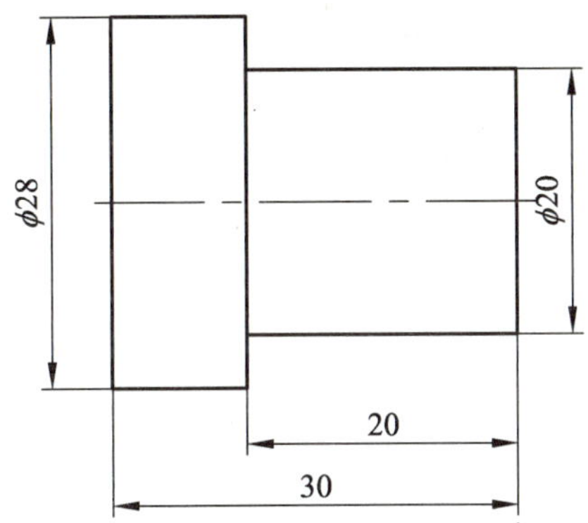

图 2-2-8　单一循环指令编程实例（外径）

```
G00 X30 Z2;              （定循环起点）
G90 X28 Z-33   F100;（车 φ28 外圆）
X26 Z-20;                （分四刀车 φ20 外圆）
X24;
X22;
X20;
G00 X100 Z50;            （退刀）
```

【实例 2-6】如图 2-2-9 所示，编写加工简单阶梯内孔的程序段。

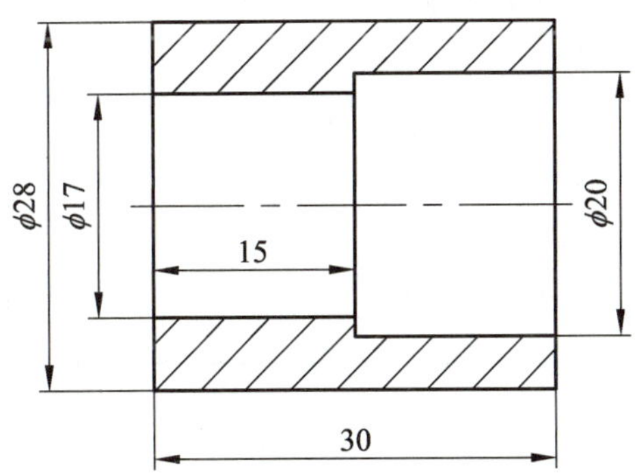

图 2-2-9　单一循环指令编程实例（内孔）

先用 φ16 mm 的钻头钻出内孔。

```
G00 X16 Z2;              （定循环起点）
G90 X17 Z-30 F50;（车 φ17 内孔）
X18 Z-15;                （分三刀车 φ20 内孔）
X19;
X20;
G00 X100 Z50;            （退刀）
```

【实例 2-7】如图 2-2-10 所示，加工简单圆锥面。

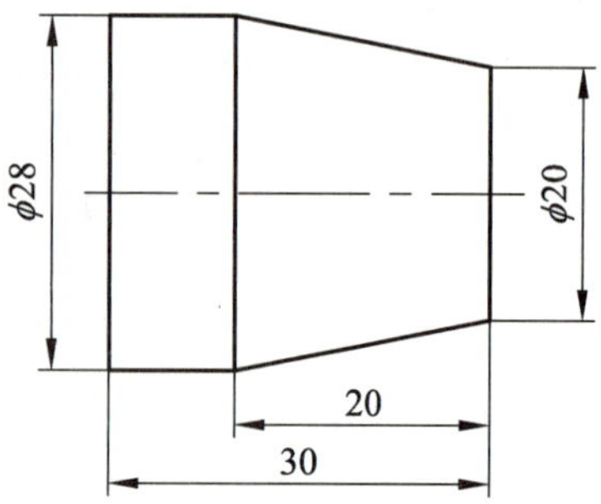

图 2-2-10　单一循环指令编程实例（圆锥面）

```
G00 X34 Z3;
G90 X32 Z-20 R-4.6 F100;
X30;
X28;
G00 X100 Z50;
```

锥度 R 相关计算如图 2-2-11 所示：

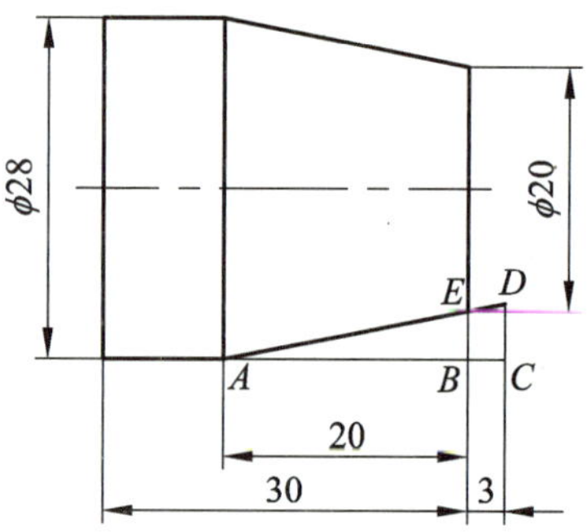

图 2-2-11　锥度 R 值计算

如图 2-2-11 所示，求 R 值。

∵ 当 Z=0 时，BE=(20−28)/2=−4

∵ $\triangle ABE \backsim \triangle ACD$

∴ 当 Z=3 时，CD=$AC \times BE/AB$

CD=23 × (−4)/20

CD=−4.6

【实例 2-8】如图 2-2-12 所示，加工简单内圆锥孔。

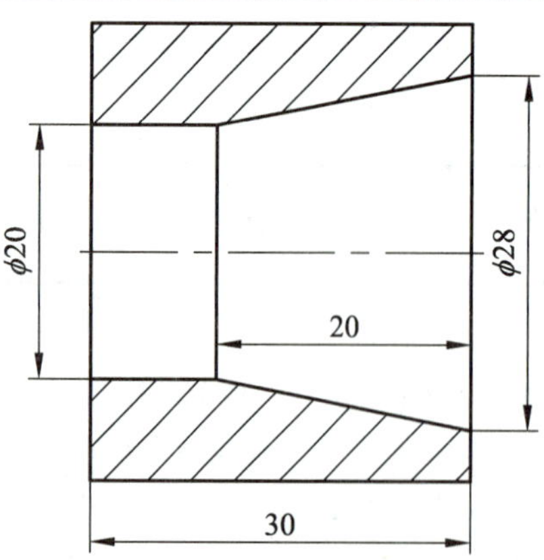

图 2-2-12　单一循环指令编程实例（内圆锥孔）

先用 φ 18 mm 的钻头钻出内孔。

```
G00 X18 Z3;              （定循环起点）
G90 X19 Z-30 F60;（加工 φ 20 的孔）
X20 Z-30;
X20 Z-20 R1;             （分五刀切削锥孔）
R2;
R3;
R4;
R4.6;
G00 X100 Z50;            （退刀）
```

5. 端面切削单一循环指令：G94

G94 指令格式、参数含义及使用说明见表 2-2-9、表 2-2-10。

视频：端面切削单一循环指令 G94

表 2-2-9　G94 指令格式、参数含义及使用说明（一）

指令格式	平台面切削单一循环：G94 X（U）__ Z（W）__ F__；
参数含义	X、Z：绝对值编程时，为切削终点 *C* 在工件坐标系下的坐标； U、W：增量值编程时，为切削终点 *C* 相对于循环起点 *A* 的有向距离，其符号由轨迹 1 和 2 的方向确定； F：合成进给速度
作　用	用于切槽、切断
速　度	可以通过 F 控制
运动轨迹	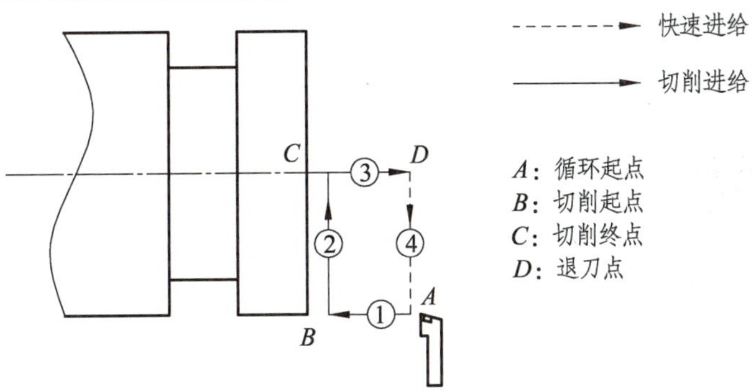
注意事项	1. 起点定位 *X* 值不要定得过大，否则浪费时间； 2. 当用 G94 所加工的工件 *Z* 方向总加工量越大，所需的时间越长，因此若需要加工的工件 *Z* 方向加工量较大时，尽量用 G72 来加工

表 2-2-10　G94 指令格式、参数含义及使用说明（二）

指令格式	锥台面切削单一循环：G94 X（U）__ Z（W）__ R__ F__
参数含义	X、Z：绝对值编程时，为切削终点 *C* 在工件坐标系下的坐标； U、W：增量值编程时，为切削终点 *C* 相对于循环起点 *A* 的有向距离，其符号由轨迹 1 和 2 的方向确定； R：加工外圆时，锥面切削起点与锥面切削终点在 *Z* 轴上的有向距离； F：合成进给速度
作　用	用于切槽、切断
速　度	可以通过 F 控制

续表

运动轨迹	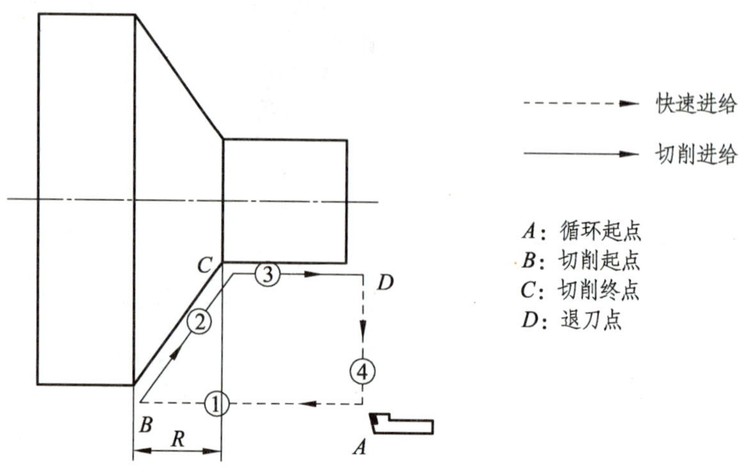
注意事项	1. 起点定位 X 值不要定得过大，否则浪费时间； 2. 一般锥度不用 G94 来加工

【实例 2-9】如图 2-2-13 所示，编写切削右端面、槽并切断工件的程序段。

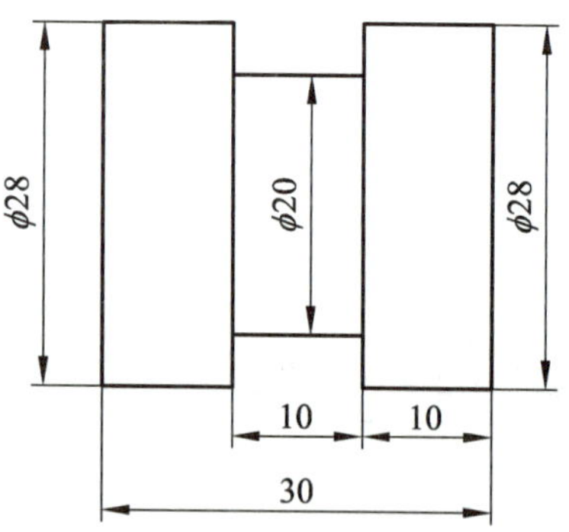 图 2-2-13　端面单一循环指令编程实例	切断刀（刀宽 3 mm） 车端面： G00 X32 Z2； G94 X-0.5 Z0 F50； 车槽： G00 X32 Z-13； G94 X20 Z-13 F30； Z-15； Z-17； Z-19； Z-20； G00 X100 Z50； 切断： G00 X30 Z-33； G94 X0 F30； G00 X100 Z50；	 （定循环起点） （切零端面） （定循环起点） （第一刀 Z 向无位移） （分刀切槽） （退刀） （定循环起点） （切断）

2.3 任务实施

2.3.1 工艺分析

1. 零件几何特点

阶梯轴零件由外圆柱面组成，其几何形状为带圆柱形轴类零件，零件只要求径向尺寸精度为 $^{0}_{-0.05}$，表面粗糙度为 *R*a3.2 μm，采用粗、精加工。

根据零件结构特点，选用毛坯尺寸为 ϕ40 mm × 100 mm 的棒料，工件材料为铝。确定零件工件坐标系如图 2-2-14 所示。

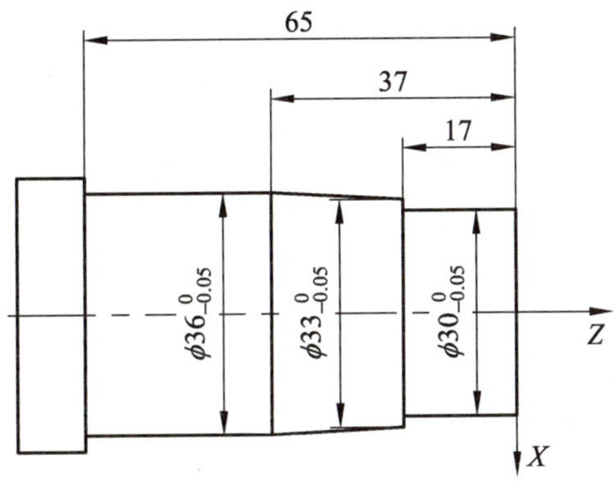

图 2-2-14　阶梯轴零件工件坐标系

2. 确定装夹方案

三爪自定心卡盘（俗称三爪卡盘）装夹。零件一次装夹完成。

3. 选择刀具

阶梯轴零件选择的刀具为菱形外圆车刀和切槽刀（刀宽 3 mm），见表 2-2-11。

表 2-2-11　数控加工刀具卡

产品名称或代码：			零件名称：阶梯轴零件		零件图号：	
序号	刀具号	刀具规格及名称	材质	数量	加工面	备注
1	T0101	93°外圆车刀	硬质合金	1	车端面、外轮廓	
2	T0202	切槽刀	硬质合金	1	切断	刀宽 3 mm
编制：			审核：			

2.3.2 加工工序

填写加工工序卡见表 2-2-12。

表 2-2-12　阶梯轴零件加工工序卡

<table>
<tr><td colspan="4" rowspan="2">数控加工工序卡</td><td>产品型号</td><td></td><td>零件图号</td><td colspan="2"></td></tr>
<tr><td>产品名称</td><td></td><td>零件名称</td><td colspan="2">阶梯轴零件</td></tr>
<tr><td colspan="2">材料牌号</td><td>铝</td><td>毛坯种类</td><td>棒料</td><td>毛坯尺寸/mm</td><td>ϕ 40 mm×100 mm</td><td>备注</td><td>1-1</td></tr>
<tr><td>工序号</td><td>工序名称</td><td>设备名称</td><td>设备型号</td><td>程序编号</td><td>夹具代号</td><td>夹具名称</td><td>切削液</td><td>车间</td></tr>
<tr><td>1</td><td>车</td><td>数控车床</td><td>CK6140</td><td>O0001</td><td>1</td><td>自定心卡盘</td><td>油基切削液</td><td>数控车间</td></tr>
<tr><td>工步</td><td>工步内容</td><td>刀具号</td><td>刀具</td><td>量具及检具</td><td>主轴转速（r/mm）</td><td>进给速度（mm/min）</td><td>背吃刀量(mm)</td><td>备注</td></tr>
<tr><td>1</td><td>装夹零件，夹持 25 mm</td><td></td><td></td><td></td><td></td><td></td><td></td><td></td></tr>
<tr><td>2</td><td>车右端面</td><td>T0101</td><td>93°车刀</td><td>游标卡尺</td><td>800</td><td>100</td><td>0.5</td><td>可多次切削</td></tr>
<tr><td>3</td><td>粗加工外圆轮廓，直径方向留 0.5 mm 余量</td><td>T0101</td><td>93°车刀</td><td>游标卡尺、外径千分尺</td><td>800</td><td>100</td><td>1</td><td>自动</td></tr>
<tr><td>4</td><td>精加工外圆轮廓至图纸尺寸</td><td>T0101</td><td>93°车刀</td><td>游标卡尺、外径千分尺</td><td>1000</td><td>100</td><td>0.5</td><td>自动</td></tr>
<tr><td>5</td><td>切断</td><td>T0202</td><td>切断刀刀宽 3 mm</td><td></td><td>400</td><td>30</td><td></td><td>自动</td></tr>
</table>

第 1 步：以外圆为定位基准，用三爪自定心卡盘夹紧。

第 2 步：各工步刀具及切削参数选择。

第 3 步：平右端面，选用 93°外圆车刀，可采用 G01/G94 指令。

第 4 步：外圆柱面粗车循环切削，选用 93°外圆车刀，可采用 G71 指令。

第 5 步：外圆柱面精车循环切削，选用 93°外圆车刀，可采用 G70、G01、G03 等指令。

第 6 步：切断，采用刀宽为 3 mm 的切槽刀。

2.3.3　加工工步

阶梯轴零件加工工步见表 2-2-13。

表 2-2-13　阶梯轴零件加工工步

工步	工步内容	工步图	说明
1	端面切削	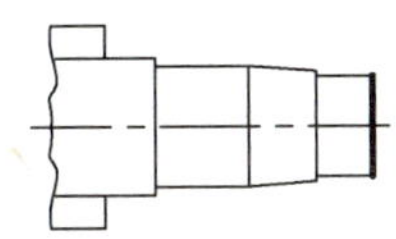	用 G01 或 94 指令切削
2	外圆粗车循环切削	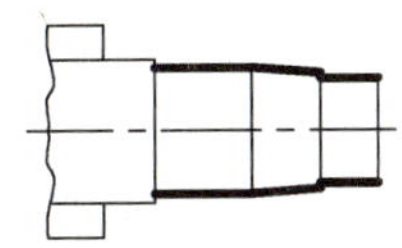	用 G90 指令切削； 留 0.5 mm 的精车余量
3	外圆精车循环	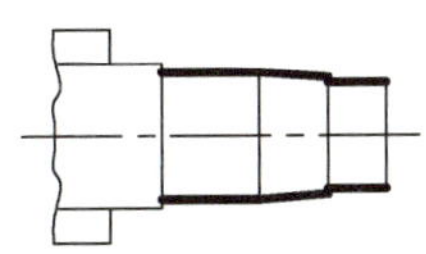	用 G01 指令切削； 达到尺寸要求
4	用切断刀切断工件	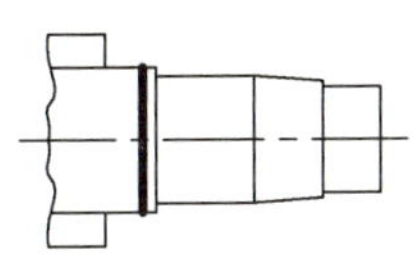	切断刀宽 3 mm； 用 G01 指令切断

2.3.4　参考程序

阶梯轴零件加工参考程序见表 2-2-14。

表 2-2-14　阶梯轴零件加工参考程序

零件图号：	零件名称：阶梯轴零件
程序内容	简要说明
O0001;	程序号
N10 G98 T0101;	设定进给单位、换 1 号刀
N20 G00 X100 Z100;	换刀参考点、程序起点
N30 M03 S800;	启动主轴、转速 500 r/min

续表

零件图号：	零件名称：阶梯轴零件
程序内容	简要说明
N40 G00 X40 Z2；	定循环起点
N50 G94 X-0.5 Z0 F100；	端面循环车削
N60 G90 X38 Z-65 F200；	外圆循环车削
N70 G90 X36.5 Z-65 F200；	
N80 G90 X33.5 Z-37 F200；	
N90 G90 X30.5 Z-17；	
N100 G00 X30 Z2 S1000；	提高转速
N110 G01 Z-17 F100；	切外圆
N120 X33；	切端面
N130 G01 X36 Z-37；	切锥面
N140 Z-65；	切外圆
N150 G01 X45；	*X*方向退刀
N160 G00 X100 Z100；	回换刀点
N170 T0202；	换 2 号刀
N180 G00 X44 Z-68 S500；	刀具定位
N190 G01 X1 F30；	切断工件
N200 X44 F200；	退刀
N210 G00 X100 Z100；	回换刀点
N220 M05；	主轴停止
N230 M30；	程序结束

2.3.5 仿真加工

使用数控仿真加工软件对加工程序进行检验、调试，完成零件的仿真加工。

2.3.6 车间实体零件加工

通过数控加工仿真，确定零件的加工程序，在实训车间对该零件进行首件试车。零件检测及评分见表 2-2-15。

表 2-2-15　阶梯轴零件检测及评分表

<table>
<tr><td colspan="3">加工开始时间：</td><td colspan="2">加工结束时间：</td><td colspan="2">加工时间：</td></tr>
<tr><td colspan="2">检测项目</td><td>技术要求</td><td>配分</td><td>评分标准</td><td>检测结果</td><td>得分</td></tr>
<tr><td rowspan="2">工艺（10）</td><td>1</td><td>切削用量选择合理</td><td>5</td><td>出错一次扣 1 分</td><td></td><td></td></tr>
<tr><td>2</td><td>加工工艺制定合理</td><td>5</td><td>出错一次扣 1 分</td><td></td><td></td></tr>
<tr><td rowspan="2">仿真操作（10）</td><td>3</td><td>机床操作规范</td><td>5</td><td>出错一次扣 1 分</td><td></td><td></td></tr>
<tr><td>4</td><td>刀具、工件装夹正确</td><td>5</td><td>出错一次扣 1 分</td><td></td><td></td></tr>
<tr><td rowspan="3">安全生产（30）</td><td>5</td><td>安全操作机床</td><td>20</td><td>出错一次扣 5 分</td><td></td><td></td></tr>
<tr><td>6</td><td>工具、量具摆放整齐</td><td>5</td><td>出错一次扣 1 分</td><td></td><td></td></tr>
<tr><td>7</td><td>整理机床</td><td>5</td><td>出错一次扣 1 分</td><td></td><td></td></tr>
<tr><td rowspan="2">外圆（10）</td><td>8</td><td>外圆尺寸 ϕ30 mm</td><td>5</td><td>超差 0.02 mm 以上无分</td><td></td><td></td></tr>
<tr><td>9</td><td>外圆尺寸 ϕ36 mm</td><td>5</td><td>超差无分</td><td></td><td></td></tr>
<tr><td rowspan="2">长度（10）</td><td>10</td><td>17 mm</td><td>5</td><td>超差无分</td><td></td><td></td></tr>
<tr><td>11</td><td>65 mm</td><td>5</td><td>超差 0.02 mm 以上无分</td><td></td><td></td></tr>
<tr><td>程序（30）</td><td>12</td><td>程序正确、合理</td><td>30</td><td>出错一次扣 1 分</td><td></td><td></td></tr>
<tr><td colspan="3">总配分</td><td>100</td><td>总得分</td><td colspan="2"></td></tr>
<tr><td colspan="3">停工原因</td><td colspan="2"></td><td colspan="2">加工日期
年　月　日</td></tr>
</table>

1. 零件的装夹

零件的夹紧操作要注意夹紧力和装夹长度。如果是毛坯，夹紧力可以大些；如果是已加工表面，夹紧力不宜过大，以防夹伤零件表面，可以用铜皮包住表面进行装夹。

2. 外圆车刀、切槽刀的装夹

（1）车刀刀杆伸出刀架不宜太长，一般长度不应超出刀杆高度的 1.5 倍（车孔、槽等除外）。

（2）车刀刀杆中心线应与走刀方向垂直或平行。

（3）刀尖高度的调整：车端面、车圆锥面、车成形面及切断实心工件时，刀尖一般应与工件轴线等高；粗车外圆、精车孔、刀尖一般应比工件轴线稍高；车细长轴、粗车孔、切断空心工件时，刀尖一般应比工件轴线稍低。

（4）装夹车刀时，刀杆下面的垫片要少而平，压紧车刀的螺钉要旋紧。

3. 对刀操作（试切法）

（1）外圆车刀对刀操作示意图如图 2-2-15 所示，调整好切削量，试切工件端面，保持 Z 轴方向不位移，输入数值；设定较小的切削量，试切工件外圆，保持 X 轴方向不位移，输入量为直径值，完成对刀。

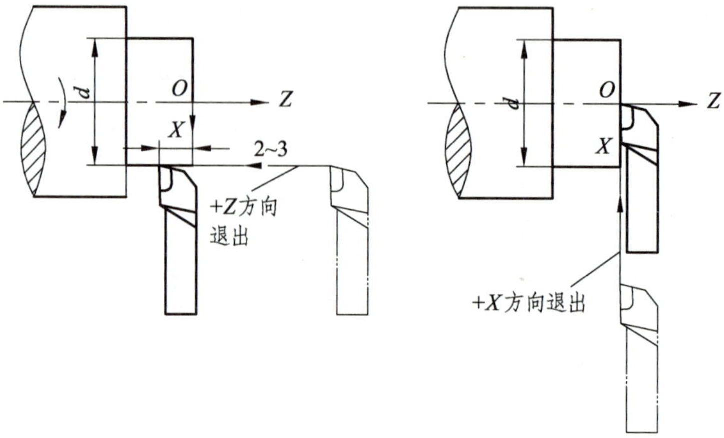

图 2-2-15　外圆车刀对刀示意图

（2）切槽刀对刀操作示意图如图 2-2-16 所示，将切断刀的左刀尖移至工件端面，越近时倍率要越小，使切断刀的左刀尖与已加工好的工件端面接触，保持 Z 轴方向不位移，输入数值；将切断刀的刀刃移至工件外圆，与已加工好的工件外圆接触，保持 X 轴方向不位移，输入外圆的直径值，完成对刀。

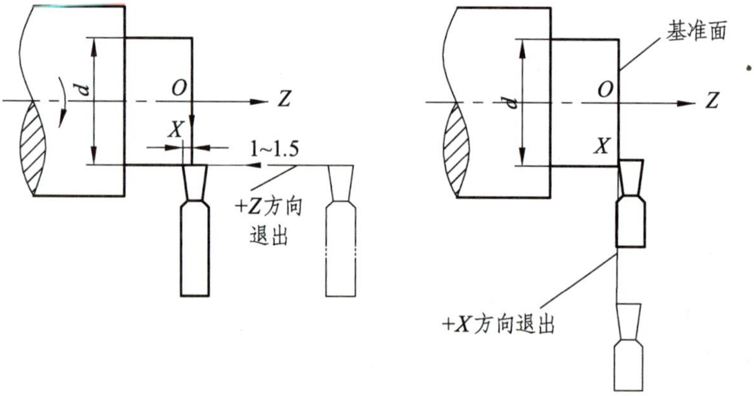

图 2-2-16　切槽刀对刀示意图

任务 3　圆弧阶梯轴加工

知识目标

（1）了解圆弧阶梯轴零件的结构特点，能正确分析圆弧的顺向、逆向。

（2）能正确分析圆弧阶梯轴的加工工艺。

（3）掌握 G02、G03、G70、G71 指令的运用。

能力目标

（1）能分析带圆弧的阶梯轴的加工工艺特点。

（2）能正确选择加工刀具、切削用量等。

（3）能正确填写加工工艺卡。

任务学习

3.1　任务布置

【任务】加工如图 2-3-1 所示的圆弧阶梯轴零件，已知材料为铝，毛坯尺寸为 ϕ40 mm × 120 mm，具体技术要求见图纸。要求对零件进行数控车削加工工艺分析，并填写数控加工工序卡，编制加工程序并完成实物加工。

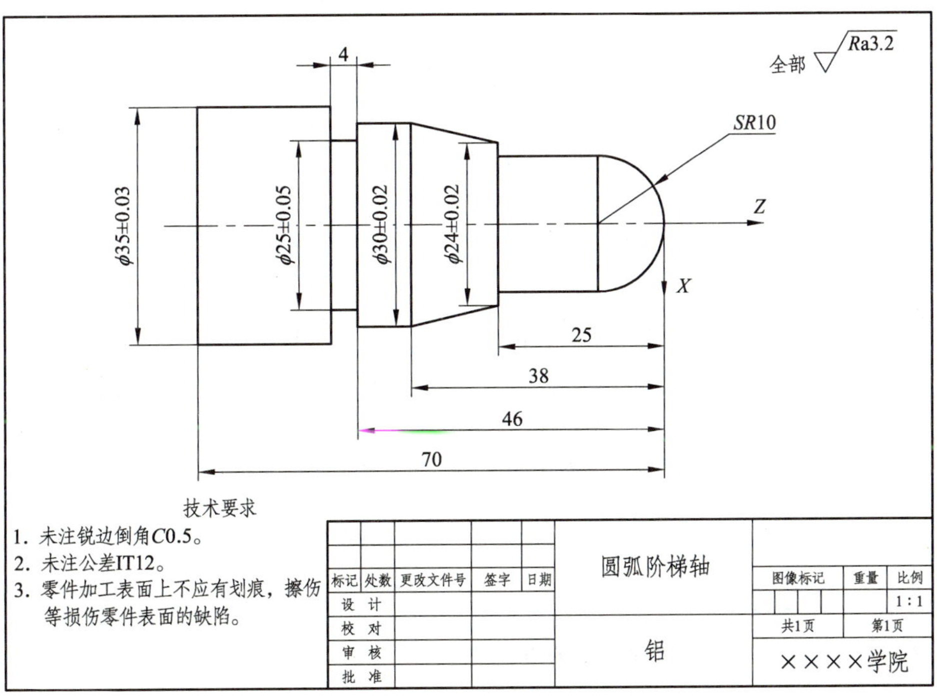

图 2-3-1　圆弧阶梯轴零件

3.2 相关知识

3.2.1 圆弧面常用的加工方法

圆弧面的加工方法有很多种，通常有同心圆法、阶梯法、锥形法等方式，如图 2-3-2 所示。

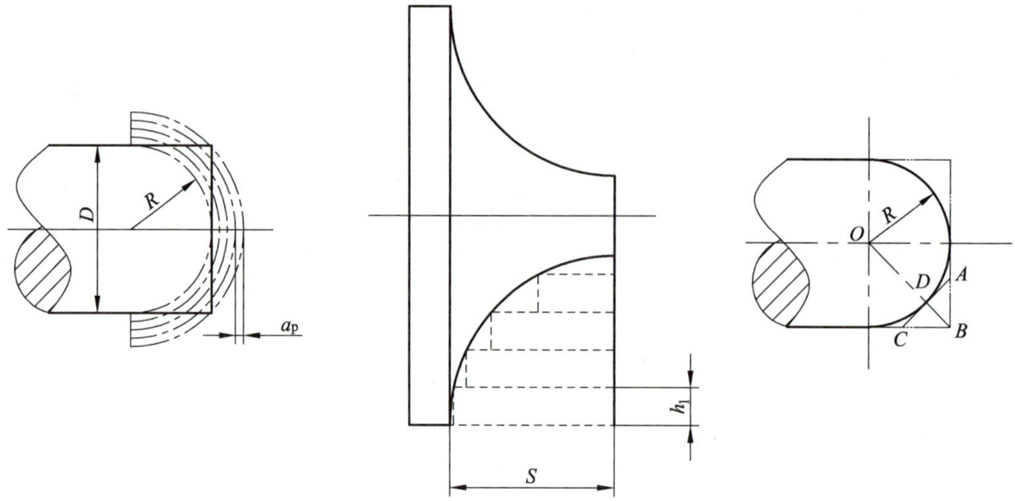

（a）同心圆法切削路线　　（b）阶梯法切削路线　　（c）锥形法切削路线

图 2-3-2　圆弧加工方法

凹圆弧的加工方式如图 2-3-3 所示，不同的加工方式，形成不同的切削路线，特点也不同。

同心圆弧法：编程计算每个进刀点较为复杂，精加工时切削余量均匀；

等径圆弧法；切削时受力较均匀，编程较方便，但空刀较多；

梯形法：编程计算量大，精加工刀具受力不均匀；

三角形法：编程计算每个进刀点较为复杂，精加工时切削余量不均匀。

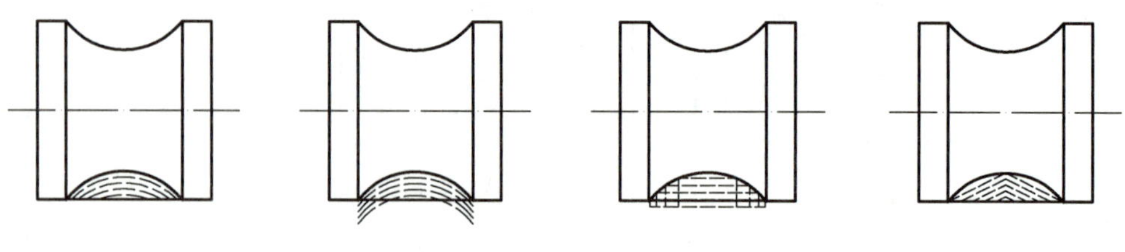

（a）同心圆弧法　　（b）等径圆弧法　　（c）梯形法　　（d）三角形法

图 2-3-3　凹圆弧面粗加工路线

3.2.2 加工圆弧常用的刀具

数控车床加工圆弧常用到的车刀有：成形车刀、菱形车刀和尖形车刀，如图 2-3-4 所示。

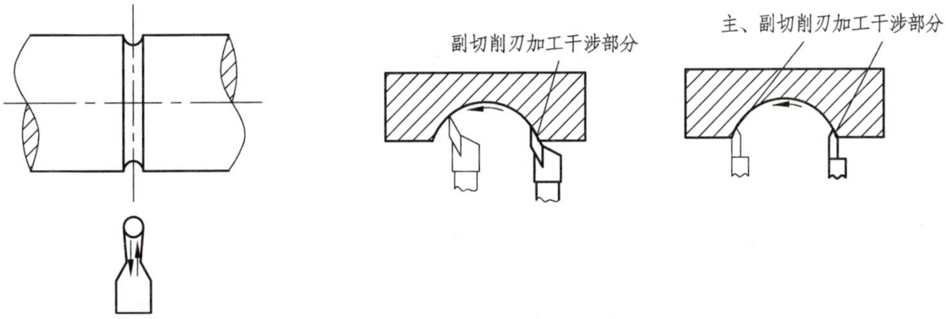

（a）成形车刀　　（b）菱形车刀　　（c）尖形车刀

图 2-3-4　加工圆弧常用车刀

常用车刀的加工特点有：

成形车刀：有可转位式成形车刀和高速钢刃磨而成的整体式成形车刀，主要用于加工尺寸较小的圆弧形凹槽、半圆槽。

菱形车刀：常为可转位式刀具，主偏角为 90°。加工带有台阶的圆弧面。加工过程中，可能发生副切削刃干涉现象，所以刀具应有足够大的副偏角。

尖形车刀：有可转位式车刀和高速钢刃磨而成的整体式车刀，会产生主切削刃和副切削刃干涉现象。用于不带台阶的成形表面加工。

3.2.3　指令的学习

1. 圆弧插补指令：G02、G03

视频：圆弧插补指令 G02_G03

G02、G03 指令格式、参数含义及使用说明见表 2-3-1。

表 2-3-1　G02、G03 指令格式、参数含义及使用说明

指令格式	顺时针圆弧插补指令：G02 X（U）__ Z（W）__ R__（I、K）F__； 逆时针圆弧插补指令：G03 X（U）__ Z（W）__ R__（I、K）F__；
参数含义	X、Z：绝对编程时，圆弧终点在工件坐标系中的坐标； U、W：增量编程时，圆弧终点相对于圆弧起点的位移量； I、K：圆心相对于圆弧起点的位移量（等于圆心的坐标值减去圆弧起点的坐标值），在绝对、增量编程时都是以增量方式指定； R：圆弧半径； F：合成进给速度
作　用	用于圆弧车削
速　度	可以通过 F 控制

续表

运动轨迹	刀具从起点以一指定半径 *R* 的圆弧轨迹向终点移动，圆弧方向通过 G02/G03 控制 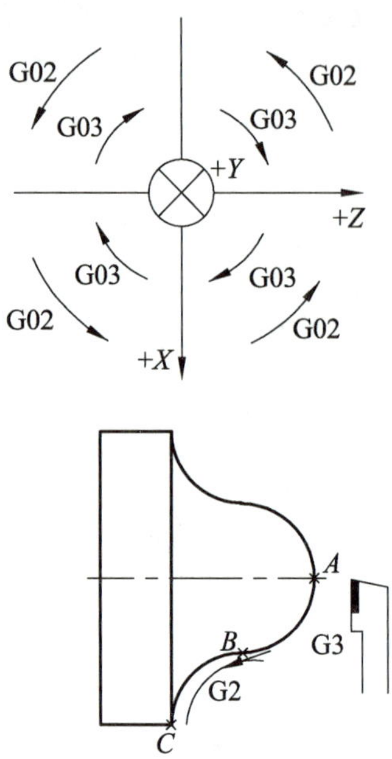 前置刀架坐标系 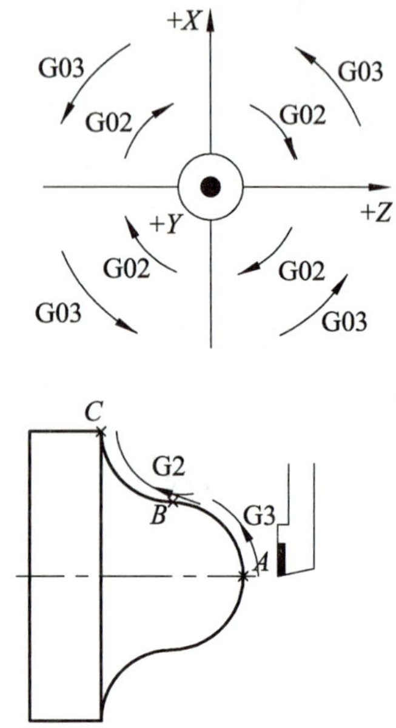 后置刀架坐标系
注意事项	1. 顺时针或逆时针是从垂直于圆弧所在平面的坐标轴的正方向看到的回转方向； 2. 同时编入 R 与 I、K 时，R 有效； 3. 无论前置刀架还是后置刀架，只要加工出来的工件形状相同，所用的指令都相同

【实例 2-10】如图 2-3-5 所示，编写轮廓 *A*—*B*—*C* 精加工程序段。

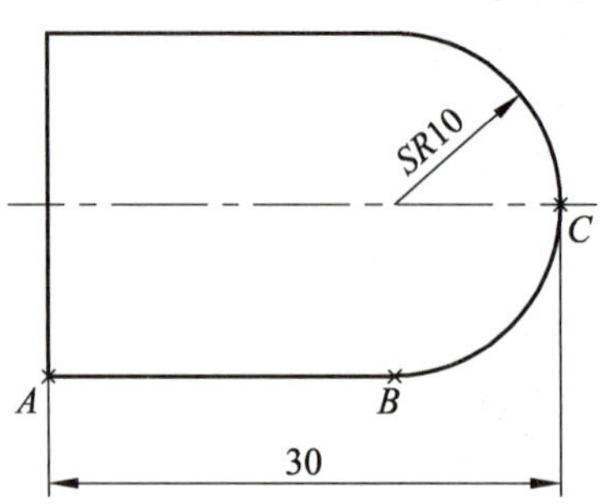 图 2-3-5　圆弧插补指令编程实例 1	G00 X0 Z2;　　（快速定位） G01 Z0 F30;　　（靠近工件） G03 X20 Z-10 R10;　　（车 R10 圆弧） G01 Z-30 F50;　　（车外圆） G00 X100 Z50;　　（退刀）

【实例 2-11】如图 2-3-6 所示，编写轮廓 *A*—*B*—*C* 精加工程序段。

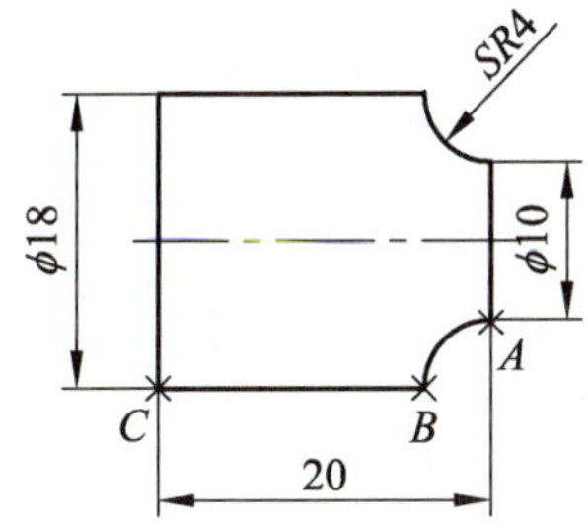

图 2-3-6　圆弧插补指令编程实例 2

```
G00 X10 Z2;          （快速定位）
G01 Z0 F60;          （靠近工件）
G02 X18 Z-4 R4;      （车 R4 圆弧）
G01 Z-30;            （车外圆）
G00 X100 Z50;        （退刀）
```

【实例 2-12】如图 2-3-7 所示，编写手柄轮廓的精加工程序段。

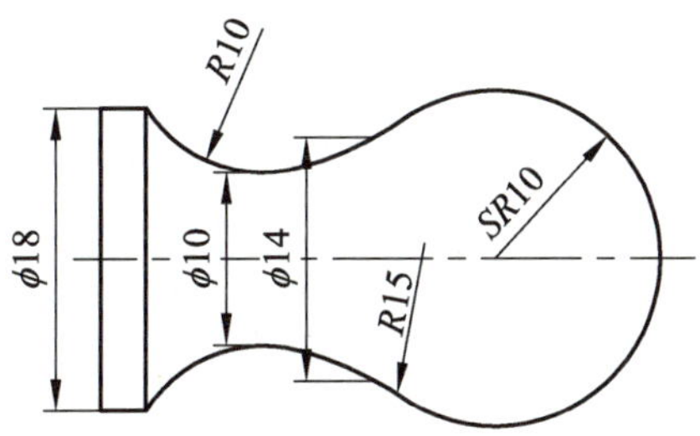

图 2-3-7　圆弧插补指令编程实例 3

```
G00 X0 Z2;           （快速定位）
G01 X0 Z0 F30;       （接触工件）
G03 X20 W-10 R10;    （加工 R10 圆弧段）
G03 X14 Z-19 R15;    （加工 R15 圆弧段）
G02 X18 Z-33 R10;    （加工 R10 圆弧段）
G00 X100;            （X 轴向退刀）
Z50;                 （Z 轴向退刀）
```

2. 内（外）径粗车复合循环指令：G71

G71 指令格式、参数含义及使用说明见表 2-3-2。

视频：内（外）径粗车复合循环指令 G71

表 2-3-2　G71 指令格式、参数含义及使用说明

指令格式	G71　U（Δd）__ R（e）__ F__; G71　P（ns）__ Q（nf）__ U（Δu）__ W（Δw）__;
参数含义	Δd：切削深度，X 方向每次的切削量（用半径表示），不指定正负符号，切削方向依照 *AA′* 的方向决定； e：*X* 方向每次的退刀量（用半径表示）； F：合成进给速度； ns：精加工路径第一个程序段的程序段号； nf：精加工路径最后程序段的程序段号； Δu：*X* 方向的精车余量（用直径表示）； Δw：*Z* 方向的精车余量
作　用	用于外圆、内孔粗加工
速　度	可以通过 F 控制

续表

运动轨迹	根据刀具的循环起点和工件的外形确定加工范围，自动分刀。为保留均匀的精加工余量，再走一次精加工轨迹，最后自动返回循环起点 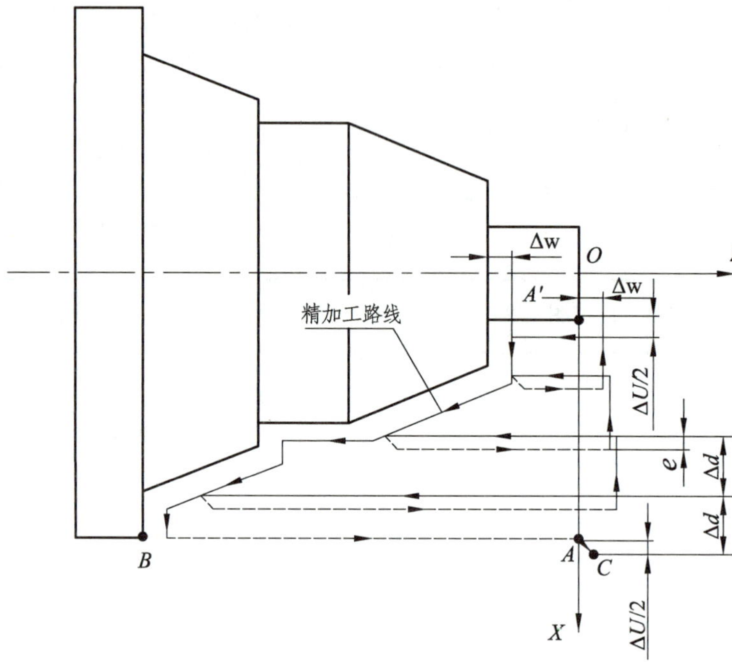
精加工余量U（Δu）、W（Δw）的正负规定	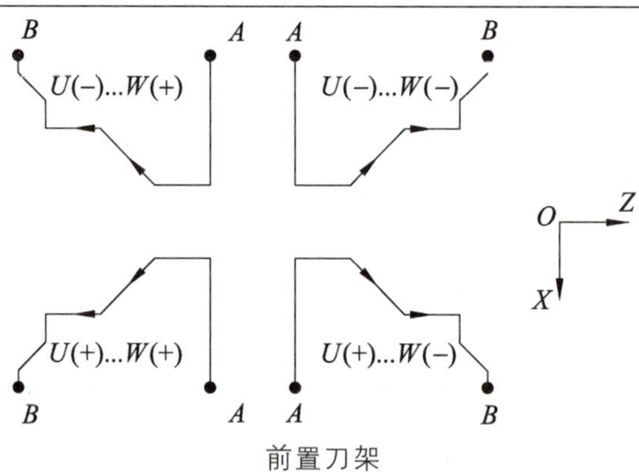 前置刀架 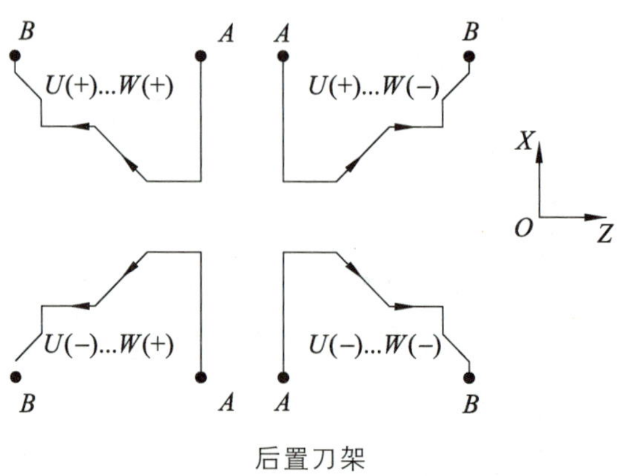 后置刀架

续表

注意事项	1. G71 指令只能加工阶梯形工件，即 X 轴、Z 轴单调线性递增或递减变化轮廓； 2. 粗加工时 G71 格式中编程的 F、S、T 有效，而精加工时只有处于 P 到 Q 程序段之间的 F、S、T 才有效； 3. 精加工程序段中，不能带循环指令，不应包含子程序，必须用单一指令描述精加工轨迹； 4. ns 的程序段必须指定 G00 或 G01 指令； 5. 第二行的 U 值有正负之分，外圆余量取正值，内孔余量取负值； 6. G71 指令必须带有 P、Q 地址 ns、nf，且与精加工路径起、止顺序号对应，否则不能进行该循环加工

【实例 2-13】如图 2-3-8 所示，编写零件外轮廓粗加工循环程序段。

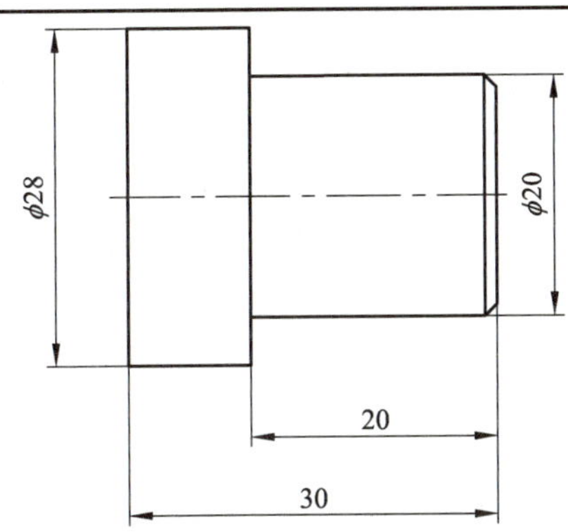

图 2-3-8 粗车复合循环指令编程实例 1

```
G00 X30 Z2;          （定位循环起点）
G71 U1 R1 F100;
G71 P10 Q20 U0.3;
N10 G00 X18;         （精加工第一个程序段）
G01 Z0;
X20 W-1;
Z-20;
X26;
X28 W-1;
Z-33;
N20   X30;           （精加工最后程序段）
G00 Z2;
X100 Z50;
```

【实例 2-14】如图 2-3-9 所示，编写零件内孔粗加工循环程序段。

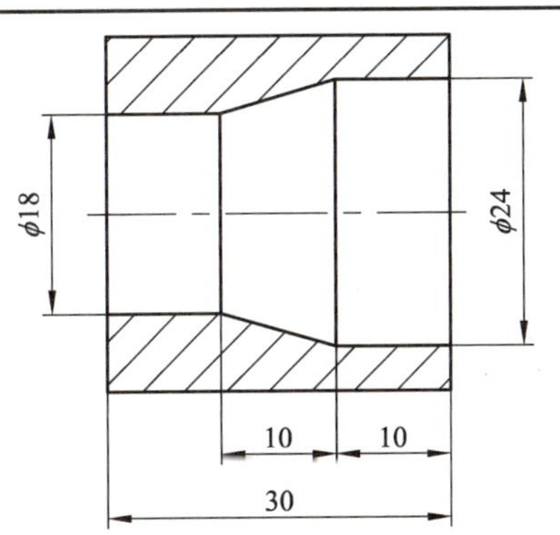

图 2-3-9 粗车复合循环指令编程实例 2

```
G00 X16 Z2;          （定位循环起点）
G71 U1 R1 F100;
G71 P10 Q20 U-0.3;
N10 G0 X24;
G01 Z-10;
X18 Z-20;
Z-33;
N20 X16;
G00 Z2;
G00 X100 Z50;
```

3. 精加工循环指令：G70

G70 指令格式、参数含义及使用说明见表 2-3-3。

视频：精加工循环指令 G70

表 2-3-3　G70 指令格式、参数含义及使用说明

指令格式	G70 P（ns）Q（nf）;
参数含义	ns：精加工路径第一个程序段的程序段号； nf：精加工路径最后程序段的程序段号
作　用	用于精加工
运动轨迹	从循环起点开始，走一次精加工轨迹 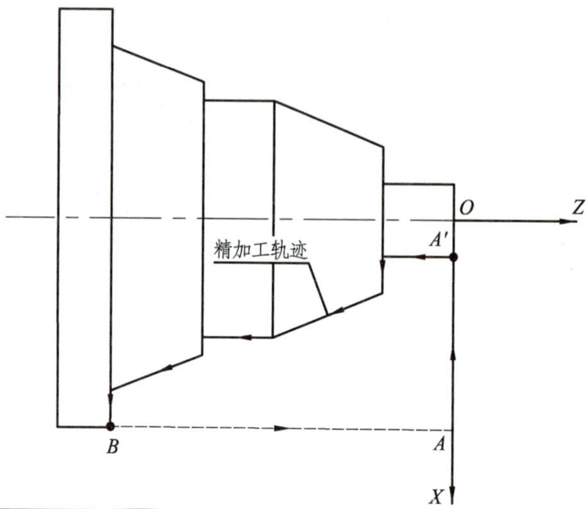
注意事项	1. 用 G71、G72 或 G73 粗车削后，用 G70 精车削； 2. G70 的循环起点必须跟 G71 或 G72 或 G73 的循环起点一致； 3. 精加工时，处于 P 到 Q 程序段之间的 F、S、T 有效

【实例 2-15】如图 2-3-10 所示，用 G71 和 G70 指令编写零件外轮廓加工程序段。

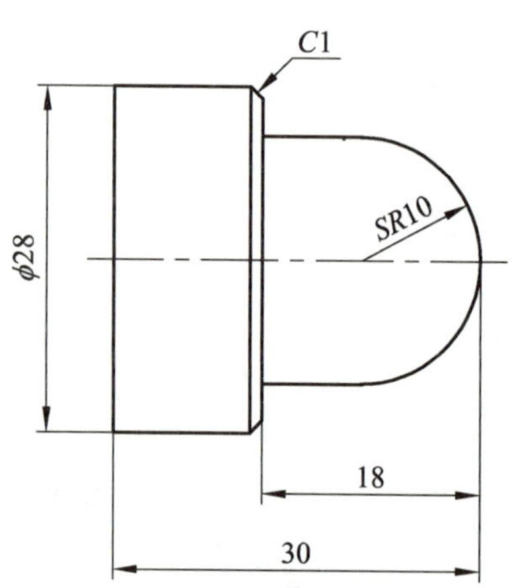

图 2-3-10　粗、精加工编程实例 1

```
G00 X32 Z2;          （定位循环起点）
G71 U1 R1 F100;
G71 P10 Q20 U0.5;
N10 G00 X0;          （精加工第一个程序段）
G01 Z0;
G03 X20 Z-10 R10;
G01 Z-18;
X26;
X28 W-1;
Z-33;
N20 X32;             （精加工最后程序段）
G00 Z2;
G00 X100 Z50;        （退到换刀点）
T0202 S1000;         （换 2 号刀，提高主轴转速）
G00 X32 Z2;          （定位循环起点）
G70 P10 Q20 F80;（精加工）
G00 X100 Z50;
```

【实例 2-16】如图 2-3-11 所示，用 G71 和 G70 指令编写零件外轮廓加工程序段。

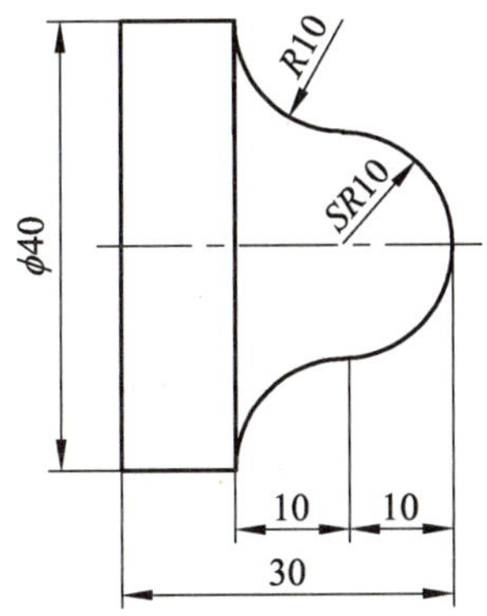

图 2-3-11　粗、精加工编程实例 2

```
G00 X42 Z2;
G71 U1 R1 F100;
G71 P10 Q20 U0.3;
N10 G00 X0;
G01 Z0;
G03 X20 Z-10 R10;
G02 X40 W-10 R10;
G01 Z-33;
N20 X42;
G00 Z2;
G70 P10 Q20 F80 S1000;
G00 X100 Z50;
```

4. 刀尖圆弧半径补偿指令：G40、G41、G42

G40、G41、G42 指令格式、参数含义及使用说明见表 2-3-4。

视频：刀尖圆弧半径补偿指令 G40_G41_G42

表 2-3-4　G41、G42、G40 指令格式、参数含义及使用说明

指令格式	半径左补偿指令：G41 G00/G01 X（u）__ Z（w）__ F__; 半径右补偿指令：G42 G00/G01 X（u）__ Z（w）__ F__; 取消圆弧半径补偿：G40 G00/G01 X（u）__ Z（w）__ F__;
参数含义	X（u）Z（w）：建立或取消刀尖圆弧半径补偿时，刀具移动到目标点的坐标； X、Z：表示绝对坐标； U、W：表示增量坐标
作　用	建立刀尖圆弧半径补偿
补偿方向的判别	在补偿平面内，沿着加工方向判断。刀具位于加工轮廓左边为左补偿，刀具位于加工轮廓右边为右补偿； 前置刀架：（从后往前看） 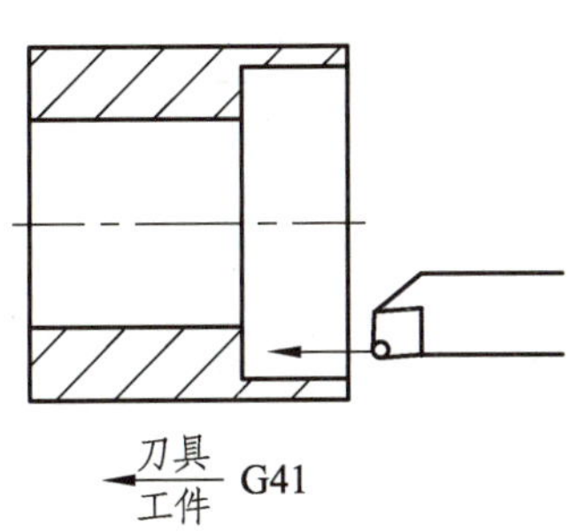 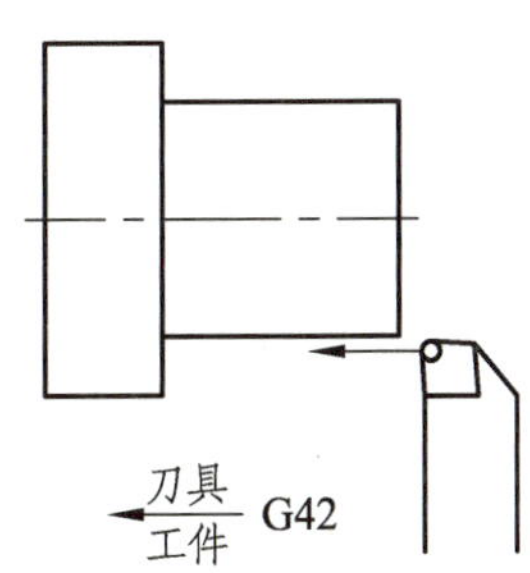

续表

补偿方向的判别	后置刀架：（从前往后看） 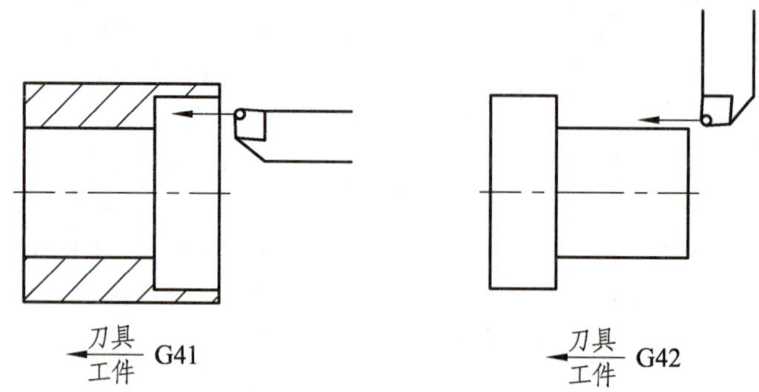
刀尖位置	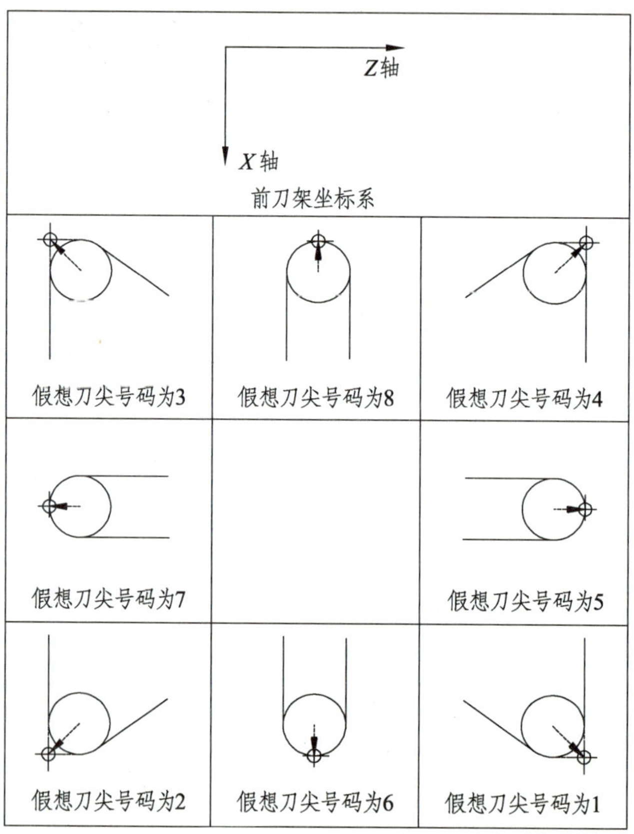

续表

刀尖位置	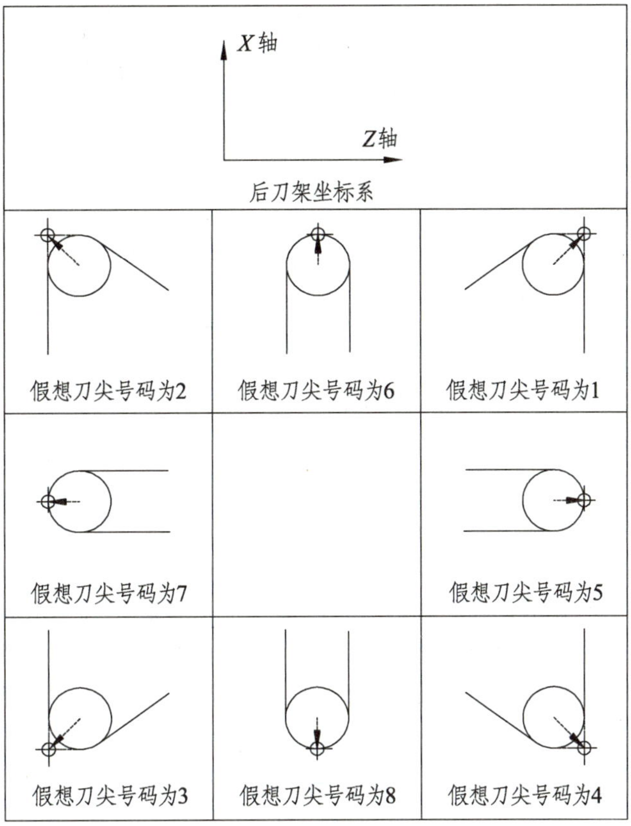
注意事项	1. 使用刀尖圆弧半径补偿指令时，需要在数控车床对应的刀具号中输入补偿值及刀尖位置号； 2. 刀尖圆弧半径补偿的建立和取消，只能用 G00/G01 指令； 3. 在编制 G40、G41 或 G42 的 G00 与 G01 前后两个程序段中，X、Z 值至少有一个是变化的； 4. G41 与 G42 在程序中不得直接转换，必须用 G40 取消刀尖圆弧半径补偿，即 G40 必须与 G41 或 G42 成对使用； 5. G41、G42 不能同时使用。G40、G41、G42 都是模态代码，可相互注销

1）刀位点的概念

刀位点是指编制加工程序时，用来表示刀具特征的点，也是对刀和加工的基准点。常用车刀的刀位点如图 2-3-12 所示。

2）刀尖圆弧半径补偿功能概念

数控车床在加工过程中，为了编程和对刀的方便，编程人员通常将刀尖看作是一个点，即假想（理想）刀尖，如图 2-3-13 所示，以它为基准，按零件轮廓编制加工程序。但实际车刀的刀尖是一个半径不大的圆弧，为了加工所需的零件轮廓，刀具就必须偏移一个刀尖圆弧半径值。根据按零件轮廓编制的程序和预先设定的偏置参数，数控装置能实时自动生成刀具加工轨迹，该功能被称为刀尖圆弧半径补偿功能。

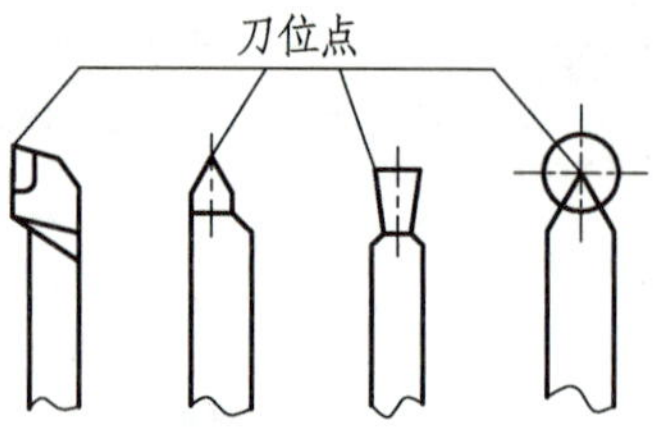

图 2-3-12　刀位点示意图

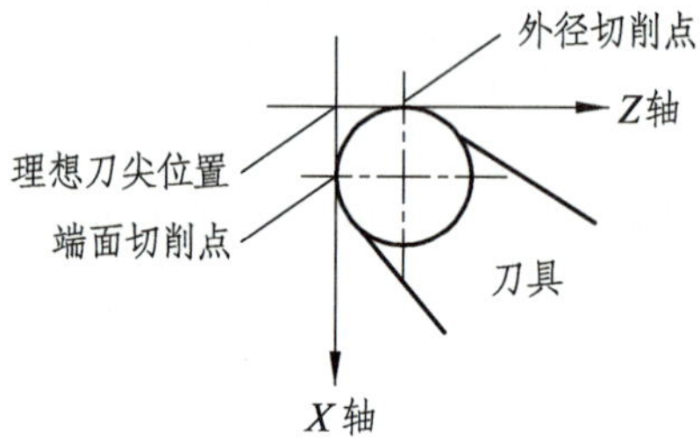

图 2-3-13　理想刀尖示意图

由于刀尖圆弧的存在，在数控车削加工中，如果 X 和 Z 方向的坐标同时有变化，就会出现上述偏差。这种偏差会导致在圆弧加工时出现过切和欠切现象，如图 2-3-14 所示，在加工圆锥面时也会出现这种现象。解决上述偏差问题有如下两种方法：

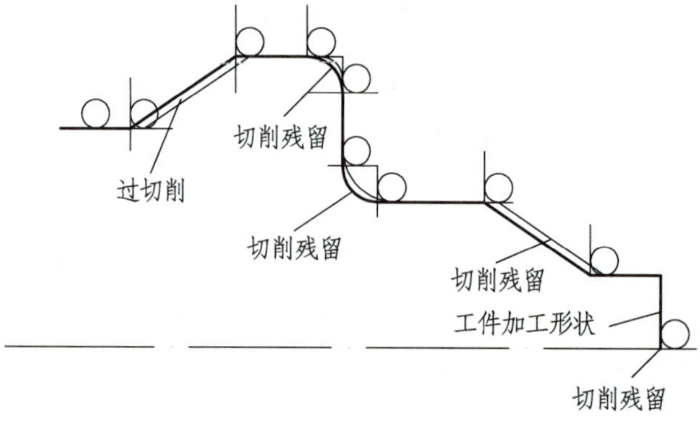

图 2-3-14　过切与欠切

（1）按照刀具圆弧中心线轨迹编程，即对零件轮廓进行偏移，计算出刀具圆弧圆心点坐标，该方法如果改变了刀具圆弧大小，则需要重新计算刀具圆弧中心轨迹，重新编程。在一些经济型简易车床上，如果没有刀具圆弧半径补偿功能，只能通过这种计算刀具圆弧中心轨迹的方法来编程。

（2）在有刀具圆弧半径补偿功能的数控车床上加工时，编程可用刀位点按照零件轮廓计算，加工时由数控系统自动计算出刀具圆弧中心偏移值，保证刀具圆弧包络线和零件轮廓相符。该方法如果需要更换不同圆弧的刀具，不需要重新编程，只要修改车床刀具圆弧补偿值即可。

【实例 2-17】如图 2-3-15 所示，编写零件外轮廓加工程序段。

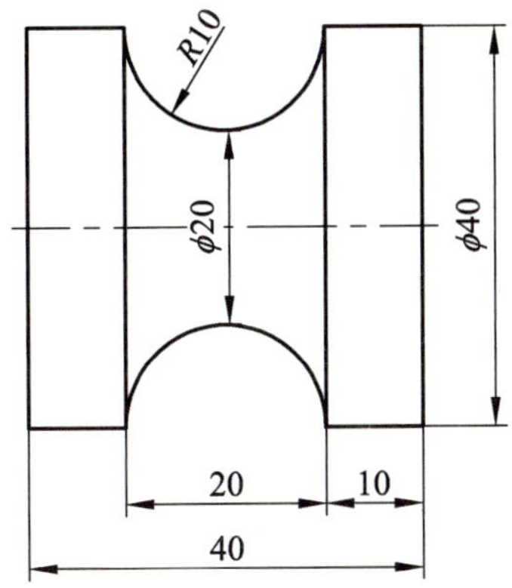

图 2-3-15　刀尖圆弧半径补偿指令编程实例

```
G00 X45 Z-15;         （定位）
G42 G01 X40 Z-10;（执行刀具半径补偿）
G02 X40 Z-30 R10;（按实际轨迹编程）
G01 X50;              （退刀）
G00 X100;             （退刀）
G40 G00 Z50;          （取消刀具半径补偿）
```

5. 暂停指令：G04

G04 指令格式、参数含义及使用说明见表 2-3-5。

表 2-3-5　G04 指令格式、参数含义及使用说明

指令格式	G04 P__ ；（单位：毫秒） G04 X__ ；（单位：秒） G04 U__ ；（单位：秒）
参数含义	P、X、U：暂停时间
作　用	利用暂停指令，可以使下一程序段延迟指定的时间执行

3.3　任务实施

3.3.1　工艺分析

1. 零件几何特点

圆弧阶梯轴零件由外圆柱面、槽和球面组成，其几何形状为带圆弧的圆柱形的轴类零件，零件只要求径向尺寸精度为±0.02 mm，表面粗糙度为 *R*a3.2 μm，采用粗、精加工完成。

根据零件结构特点，选用毛坯尺寸为 ϕ40 mm × 120 mm 的棒料，材料为铝，确定工件坐标系，如图 2-3-16 所示，并输入刀补值。

2. 确定装夹方案

三爪自定心卡盘（俗称三爪卡盘）装夹，零件一次装夹完成。

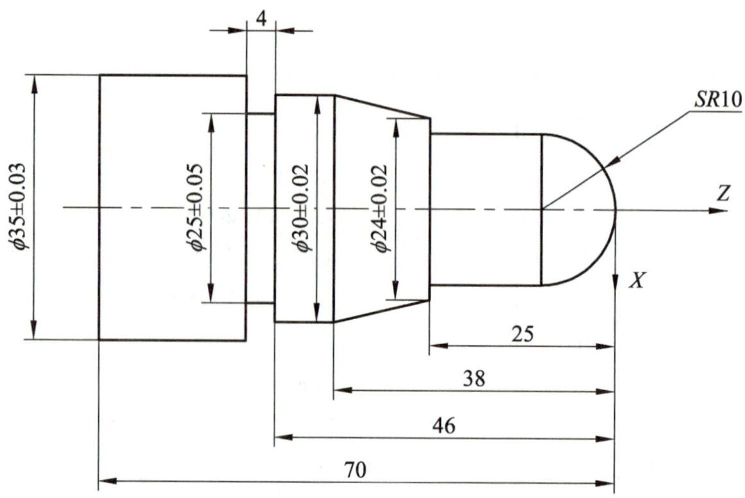

图 2-3-16　圆弧阶梯轴工件坐标系

3. 选择刀具

圆弧阶梯轴零件选择的刀具为 90°外圆车刀、93°外圆车刀和切槽刀（刀宽 4 mm），见表 2-3-6。

表 2-3-6　数控加工刀具卡

产品名称或代码：			零件名称：圆弧阶梯轴零件		零件图号：	
序号	刀具号	刀具规格及名称	材质	数量	加工面	备注
1	T0101	90°外圆车刀	硬质合金	1	车端面、粗车外轮廓	R0.4
2	T0202	93°外圆车刀	硬质合金	1	精车外轮廓	R0.2
3	T0303	切槽刀	硬质合金	1	切断	刀宽 4 mm
编制：			审核：			

3.3.2　加工工序卡

填写加工工序卡见表 2-3-7。

第 1 步：以外圆为定位基准，用三爪自定心卡盘夹紧。

第 2 步：各工步刀具及切削参数选择。

第 3 步：平右端面，选用 90°外圆车刀，可采用 G01/G94 指令。

第 4 步：外圆柱面与球面粗车，选用 90°外圆车刀，可采用 G71 指令。

第 5 步：外圆柱面与球面精车，选用 93°外圆车刀，可采用 G70、G01、G03 等指令。

第 6 步：切槽加工，采用刀宽为 4 mm 的切槽刀。

第 7 步：切断，采用刀宽为 4 mm 的切槽刀。

表 2-3-7 圆弧阶梯轴零件加工工序卡

数控加工工序卡				产品型号		零件图号		
				产品名称		零件名称	圆弧阶梯轴零件	
材料牌号	铝	毛坯种类	棒料	毛坯尺寸/mm	ϕ40 mm×120 mm	备注	1-1	
工序号	工序名称	设备名称	设备型号	程序编号	夹具代号	夹具名称	切削液	车间
1	车	数控车床	CK6140	O0001	1	自定心卡盘	油基切削液	数控车间
工步	工步内容	刀具号	刀具	量具及检具	主轴转速（r/mm）	进给速度（mm/min）	背吃刀量（mm）	备注
1	装夹零件，夹持 30～35 mm							
2	车右端面	T0101	90°车刀	游标卡尺、外径千分尺	800	100	0.5	可多次切削
3	粗加工球头、ϕ24、ϕ30、ϕ35 外圆轮廓直径方向留 0.5 mm 余量	T0101	90°车刀	游标卡尺、外径千分尺	800	200	1	自动
4	精加工外圆轮廓至图纸尺寸	T0202	93°车刀	游标卡尺、外径千分尺、半径样板	1000	100	0.5	自动
5	切槽	T0202	切断刀 刀宽 4 mm		400	30		槽底暂停 3 s
6	切断	T0202	切断刀 刀宽 4 mm		400	30		自动

3.3.3 加工工步

圆弧阶梯轴零件加工工步见表 2-3-8。

表 2-3-8 圆弧阶梯轴零件加工工步

序号	工步	工步图	说明
1	切右端面	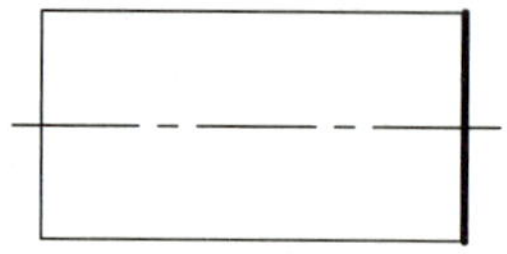	用 G01/G94 车削
2	外圆轮廓粗车	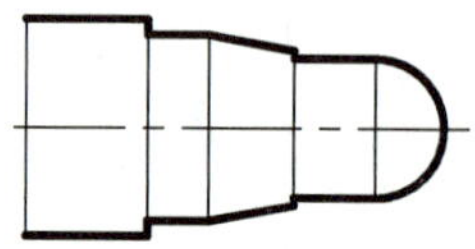	用 G71 车削 直径方向留 0.5 mm 精车余量
3	外圆轮廓精车	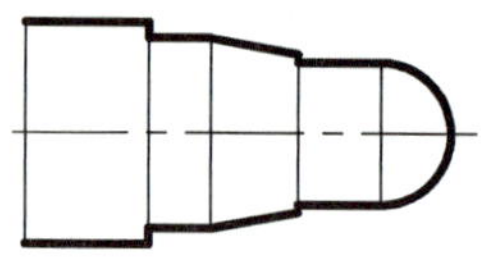	用 G70、G01、G03 等车削
4	切槽	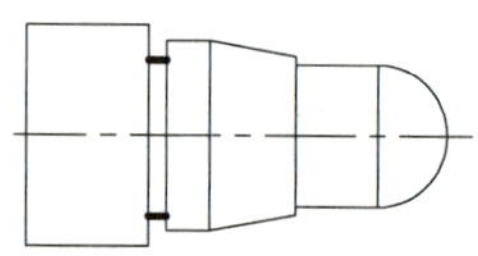	用 G01、G04 指令切槽刀； 宽度 4 mm
5	切断	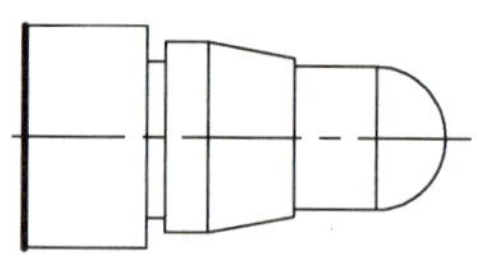	用 G01 指令切断

3.3.4 参考程序

圆弧阶梯轴零件加工参考程序见表 2-3-9。

表 2-3-9 圆弧阶梯轴零件加工参考程序

零件图号：	零件名称：圆弧阶梯轴零件
程序内容	简要说明
O0004;	程序号
N10 G98 T0101;	换 1 号刀
N20 G00 X120 Z100;	换刀点、程序起点
N30 M03 S800;	主轴正转，转速 800 r/min
N40 G00 X44 Z4;	循环起点

续表

零件图号：	零件名称：圆弧阶梯轴零件
程序内容	简要说明
N50 G94 X-0.5 Z0 F100；	端面切削循环
N60 G00 X44 Z2；	重新定位循环起点
N70 G71 U1 R0.5 F200； G71 P80 Q170 U0.5 W0；	轮廓粗车循环
N80 G01 X0 F100；	精加工第一段程序段
N90 Z0；	
N100 G03 X20 W-10 R10；	圆弧加工
N110 G01 Z-25；	
N120 X24；	
N130 X30 Z-38；	
N140 Z-50；	
N150 X35；	
N160 Z-76；	
N170 X44；	精加工最后一段程序段
N180 G00 X100；	*X* 向退刀
N190 Z100；	*Z* 向退刀
N200 T0202；	换 2 号刀精加工外圆刀
N210 G00 X44 Z2；	
N220 G70 P80 Q170 S1000；	精加工
N230 G00 X100；	*X* 向退刀
N240 Z100 S400；	*Z* 向退刀
N250 T0303；	换 3 号刀，切槽刀
N260 G00 X40 Z-50；	刀具定位
N270 G01 X25 F30；	
N280 G04 X3；	暂停 3 s
N290 G01 X40 F80；	
N300 G00 Z-74；	刀具定位
N310 G01 X0 F30；	切断
N320 G00 X100；	*X* 向退刀
N330 Z150；	*Z* 向退刀
N340 M05；	主轴停止
N350 M30；	程序结束

3.3.5 仿真加工

使用数控仿真加工软件对加工程序进行检验、调试，完成零件的仿真加工。

3.3.6 车间实体零件加工

通过数控加工仿真，确定零件的加工程序，在实训车间对该零件进行首件试车。零件检测及评分见表 2-3-10。

表 2-3-10 圆弧阶梯轴零件检测及评分表

加工开始时间：			加工结束时间：			加工时间：
检测项目		技术要求	配分	评分标准	检测结果	得分
工艺（10）	1	切削用量选择合理	5	出错一次扣 1 分		
	2	加工工艺制定合理	5	出错一次扣 1 分		
仿真操作（10）	3	机床操作规范	5	出错一次扣 1 分		
	4	刀具、工件装夹正确	5	出错一次扣 1 分		
安全生产（20）	5	安全操作机床	10	出错一次扣 5 分		
	6	工具、量具摆放整齐	5	出错一次扣 1 分		
	7	整理机床	5	出错一次扣 1 分		
圆弧（10）	8	圆弧 $R10$ mm	10	超差无分		
外圆（15）	9	外圆尺寸 $\phi 20$ mm	5	超差 0.02 mm 以上无分		
	10	外圆尺寸 $\phi 30$ mm	5	超差 0.02 mm 以上无分		
	11	外圆尺寸 $\phi 35$ mm	5	超差 0.02 mm 以上无分		
长度（15）	12	25 mm	5	超差无分		
	13	465 mm	5	超差无分		
	14	70 mm	5	超差 0.02 mm 以上无分		
程序（20）	15	程序正确、合理	20	出错一次扣 1 分		
总配分			100	总得分		
停工原因					加工日期 年 月 日	

任务 4　带外螺纹的阶梯轴加工

知识目标

（1）了解螺纹的基本知识。
（2）掌握 G32、G92 指令的运用；了解 G76 指令。
（3）掌握带螺纹阶梯轴零件的工艺制定和编程方法。

能力目标

（1）能分析带螺纹轴的结构特点、加工要求。
（2）能正确选择加工刀具，确定加工参数。

任务学习

4.1　任务布置

【任务】加工如图 2-4-1 所示的带外螺纹的阶梯轴零件，已知材料为铝，毛坯尺寸为 ϕ40 mm × 100 mm，具体技术要求见图纸。要求对零件进行数控车削加工工艺分析，并填写数控加工刀具卡、数控加工工序卡，编制加工程序并完成实物加工。

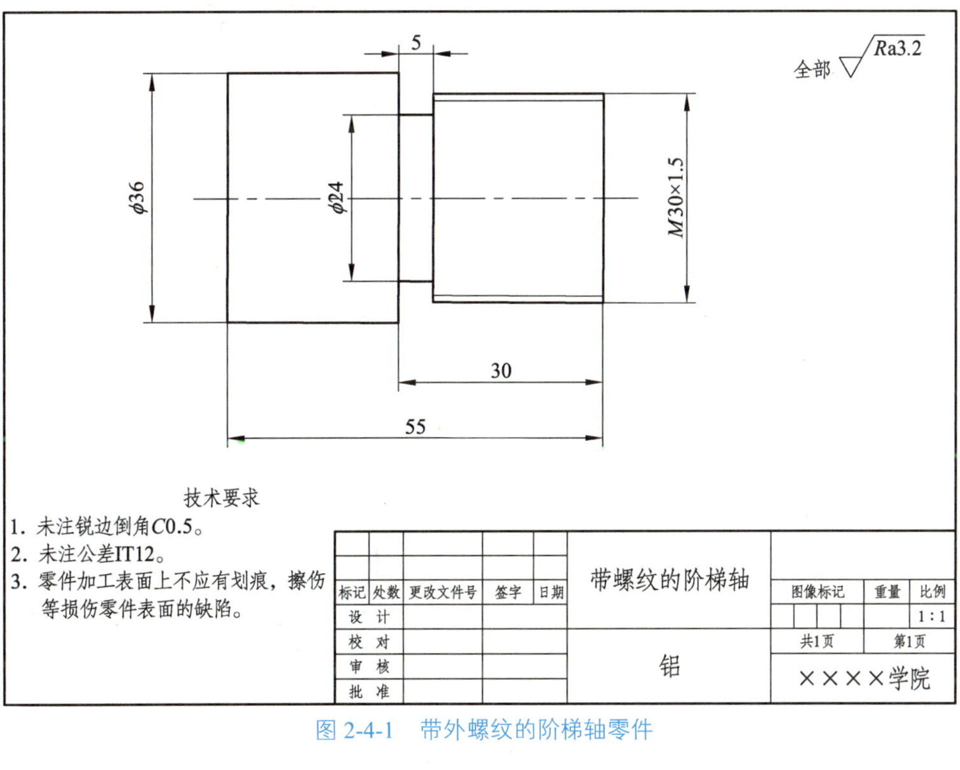

图 2-4-1　带外螺纹的阶梯轴零件

4.2 相关知识

4.2.1 螺纹的车削方法

数控车床上螺纹切削一般有两种进刀方式：一种是直进法，如图 2-4-2（a）所示，直进法使用刀具双侧刃切削，切削力较大，一般用于螺距或导程小于 3 mm 的螺纹加工；另一种是斜进法，如图 2-4-2（b）所示，斜进法使用刀具单侧刃切削，切削力较小，一般用于螺距或导程大于 3 mm 的螺纹加工。加工螺距较大、牙型较深的螺纹时，常采用多次走刀，分层切削的方法进行加工。每次切削深度按递减规律分配，如图 2-4-3 所示，递减规律由数控系统设定，目的是使每次的切削面积近似相等。加工多头螺纹时，首先车好一条螺纹，然后轴向移动一个螺距，再车另一条螺纹。

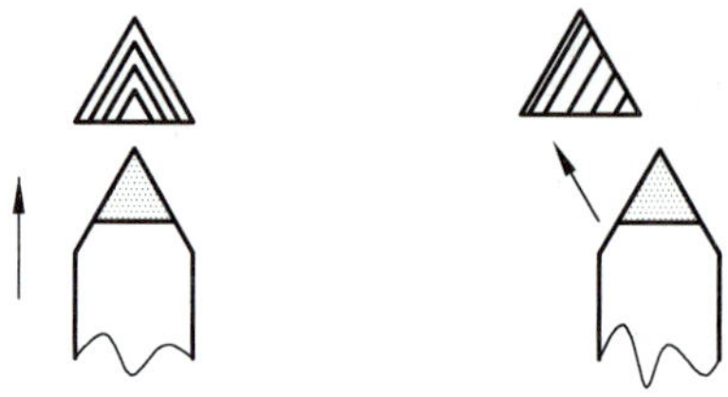

（a）直进法　　（b）斜进法

图 2-4-2　螺纹切削进刀方式

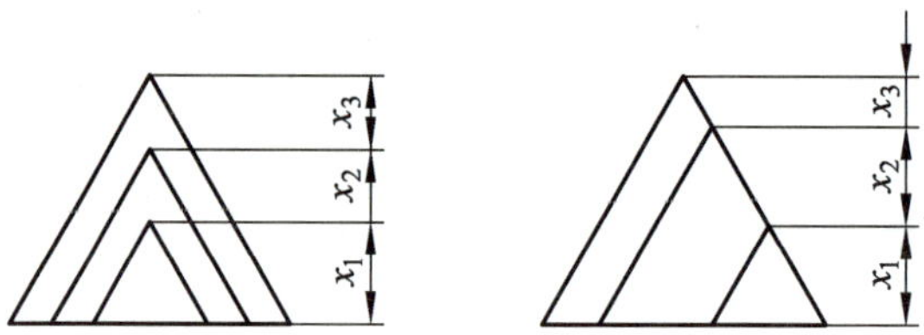

图 2-4-3　螺纹进刀分配规律

4.2.2 螺纹的升速段和降速段

在螺纹切削的开始及结束部分，一般由于伺服系统的滞后，导程会不规则，为了满足这部分的螺纹尺寸精度，车螺纹必须设置升、降速段。因此，刀具实际 Z 向行程包括螺纹有效长度以及升降速段距离，如图 2-4-4 所示。

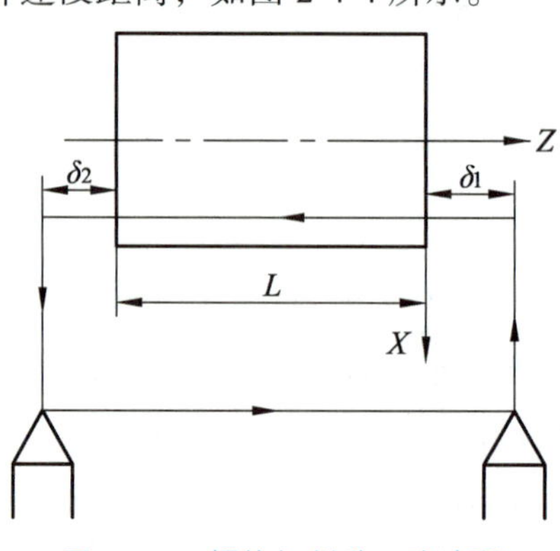

图 2-4-4　螺纹切削升、降速段

4.2.3 螺纹参数计算

1. 直螺纹（外螺纹）

螺纹牙型高：$h_1=0.65p$

外螺纹小径：$D_1=D-2h_1=D-1.3p$

车螺纹前光轴直径：$D_{圆}=D-(0.1\sim0.13)p$

常用螺纹切削的进给次数与吃刀量见表 2-4-1。

表 2-4-1 常用螺纹切削的进给次数与吃刀量

米制螺纹								
螺距		1.0	1.5	2	2.5	3	3.5	4
牙深（半径量）		0.649	0.974	1.299	1.624	1.949	2.273	2.598
切削次数及吃刀量（直径量）	1 次	0.7	0.8	0.9	1.0	1.2	1.5	1.5
	2 次	0.4	0.6	0.6	0.7	0.7	0.7	0.8
	3 次	0.2	0.4	0.6	0.6	0.6	0.6	0.6
	4 次		0.16	0.4	0.4	0.4	0.6	0.6
	5 次			0.1	0.4	0.4	0.4	0.4
	6 次				0.15	0.4	0.4	0.4
	7 次					0.2	0.2	0.4
	8 次						0.15	0.3
	9 次							0.2
英制螺纹								
牙/in		24	18	16	14	12	10	8
牙深（半径量）		0.678	0.904	1.016	1.162	1.355	1.626	2.033
切削次数及吃刀量（直径量）	1 次	0.8	0.8	0.8	0.8	0.9	1.0	1.2
	2 次	0.4	0.6	0.6	0.6	0.6	0.7	0.7
	3 次	0.16	0.3	0.5	0.5	0.6	0.6	0.6
	4 次		0.11	0.14	0.3	0.4	0.4	0.5
	5 次				0.13	0.21	0.4	0.5
	6 次						0.16	0.4
	7 次							0.17

2. 直螺纹（内螺纹）

螺纹牙型高：$h_1=0.65p$

内螺纹小径：$D_1=D-2h_1=D-1.3p$

车螺纹前内孔直径：$D_{孔}=D-(1\sim1.05)p$

3. 锥螺纹

螺纹牙型高：$h_1=0.65P$

圆锥半角 $\alpha/2$：$\tan(\alpha/2)=(D-d)/(2L)$

车螺纹前圆锥大端直径：$D_{\text{圆}}=D-(0.1\sim0.13)P$

车螺纹前圆锥小端直径：$d_{\text{圆}}=d-(0.1\sim0.13)P$

4.2.4 螺纹的检测

螺纹通、止量规检测法：只能达到螺纹检测中的最低检测要求。这种检验方法的优点是快捷、经济、实用。

螺纹千分尺测量法：主要用于精度要求不高的普通工件外螺纹中径测量。

螺纹三针法：使用一组具有确定的相同直径的三根量针，以间接法测量螺纹中径。该方法测量结果需进行多项误差修正，如不修正，会引起较大误差，测量结果存在差异。

影像测量法：螺纹工件影像测量法常用仪器有闪测仪、影像仪等采用图像识别测量螺纹工件参数的设备。

触针扫描式测量法：高精度智能轮廓粗糙度测量仪通过在螺纹轴向剖面的上、下轮廓表面连续扫描测量，再根据所得到的轮廓信息计算螺纹的大径、中径、小径、螺距、牙型半角、锥度等参数。内外螺纹尺寸均可测量，该方法不仅能测量常见的圆柱螺纹、圆锥螺纹，还能测量梯形螺纹、偏梯形螺纹、锯齿螺纹等大坡度螺纹，多头螺纹也不在话下，在石油长管螺纹及长行程丝杆方面也能轻松测量，螺纹数据库标准涵盖世界各国常见标准，功能强大。

4.2.5 指令的学习

1. 螺纹切削指令：G32

G32 指令格式、参数含义及使用说明见表 2-4-2。

视频：螺纹切削指令 G32

表 2-4-2　G32 指令格式、参数含义及使用说明

指令格式	G32　X（u）__ Z（w）__ F（I）__ Q__；
参数含义	X、Z：为绝对编程时，螺纹切削终点在工件坐标系中的坐标； U、W：为增量编程时，螺纹切削终点相对于螺纹切削起点的位移量； F：螺纹导程，即主轴每转一圈，刀具相对于工件的进给值； I：螺纹的牙数（英制）； Q：螺纹切削起始点（车多线螺纹时使用，如：车双线螺纹，车第一条螺旋线值设为“0”，第二条螺旋线值设为“180”）
作　用	加工圆柱螺纹、圆锥螺纹和端面螺纹
速　度	可以通过转速控制（车削螺纹速度=转速 × 螺距）
螺纹参数计算	见 4.2.3 螺纹参数计算

续表

<table>
<tr><td>运动轨迹</td><td>从螺纹切削起点以一直线向螺纹切削终点坐标移动。较长的坐标轴称为长轴，另一个坐标轴称为短轴。运动过程中，主轴每转一圈长轴移动一个螺距，短轴与长轴做直线插补。刀具切削工件时，在工件表面形成一条等螺距的螺旋切槽，实现等螺距螺纹的加工。
圆柱螺纹：
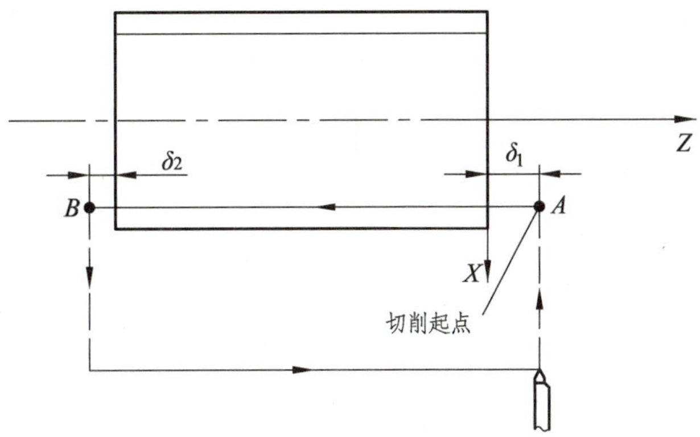

圆锥螺纹：
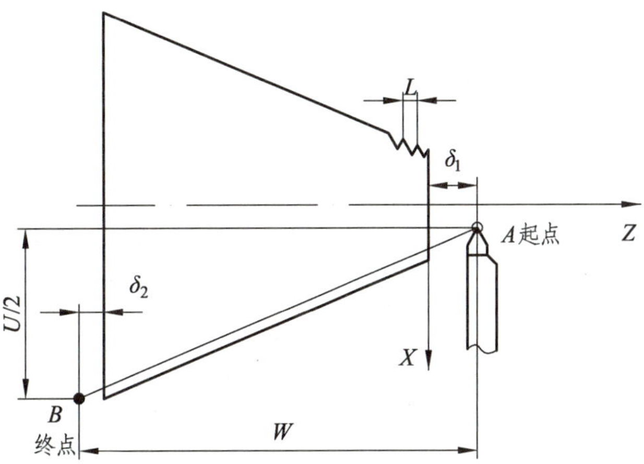

A：螺纹切削起点；
B：螺纹切削终点；
δ_1：螺纹升速段；取 2 ~ 5 mm，或（1 ~ 2）p；
δ_2：螺纹降速段；应小于螺纹退刀槽的宽度，取 $0.5\delta_1$</td></tr>
<tr><td>注意事项</td><td>1. 螺纹切削中，进给速度倍率无效，进给速度被限制在 100%；
2. 螺纹切削中，不能停止进给，一旦停止进给，切深便急剧增加，非常危险。因此，进给暂停在螺纹切削中无效；
3. 在螺纹切削程序段后的第一个非螺纹切削程序段期间，按进给暂停按钮或持续按该按钮，刀具在非螺纹切削程序段停止；
4. 当切削圆锥半角 $\alpha/2 \leqslant 45°$ 时，F 为 Z 向导程；$\alpha/2 \geqslant 45°$ 时，F 为 X 向导程</td></tr>
</table>

【实例 2-18】如图 2-4-5 所示，螺纹导程为 3 mm，δ_1=3 mm，δ_2=1.5 mm，用 G32 指令编写第一刀的螺纹切削程序段，切削深度为 1.2（直径量）。

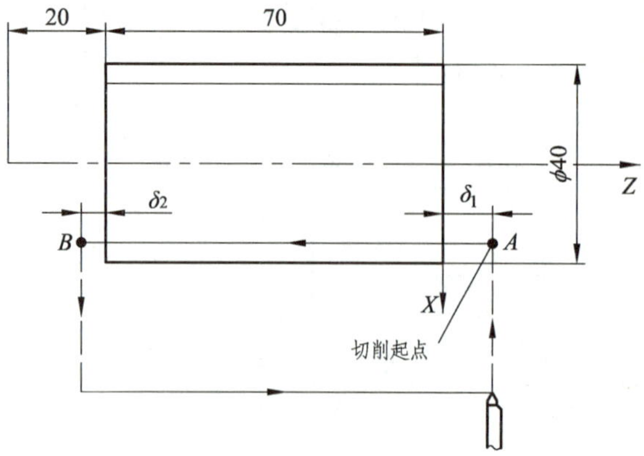

图 2-4-5　螺纹切削指令编程实例 1

```
N10 G00 X50 Z3;
N20 G01 X38.8 Z3 F100;
N30 G32 X38.8 Z-71.5 F3;
N40 G01 X50 F100;
N50 G00 X50 Z3;
```

2. 螺纹单一切削循环指令：G92

G92 指令格式、参数含义及使用说明见表 2-4-3。

视频：螺纹单一切削循环指令 G92

表 2-4-3　G92 指令格式、参数含义及使用说明

指令格式	G92　X（U）__ Z（W）__ F（I）__ R__ Q__;
参数含义	X、Z：为绝对编程时，螺纹切削终点在工件坐标系中的坐标； U、W：为增量编程时，螺纹切削终点相对于螺纹切削起点的位移量； F：螺纹导程，即主轴每转一圈，刀具相对于工件的进给值； I：螺纹的牙数（英制）； R：锥度量，螺纹切削起点与螺纹切削终点的半径差。外螺纹：右小左大，R<0，反之为正；内螺纹：右小左大 R>0，反之为负；如 R=0，则为圆柱螺纹； Q：螺纹切削起始点（多线螺纹使用）
作　用	加工圆柱螺纹和锥螺纹
速　度	可以通过转速控制（车削螺纹速度=转速×螺距）
螺纹参数计算	见 4.2.3 螺纹参数计算

续表

<table>
<tr>
<td>运动轨迹</td>
<td>A-B，X 轴快速进刀至螺纹切削起点位置；
B-C，Z 轴以螺纹切削速度加工到螺纹切削终点位置；
C-D-A，分别是 X、Z 轴退刀至循环起点位置。
圆柱螺纹：
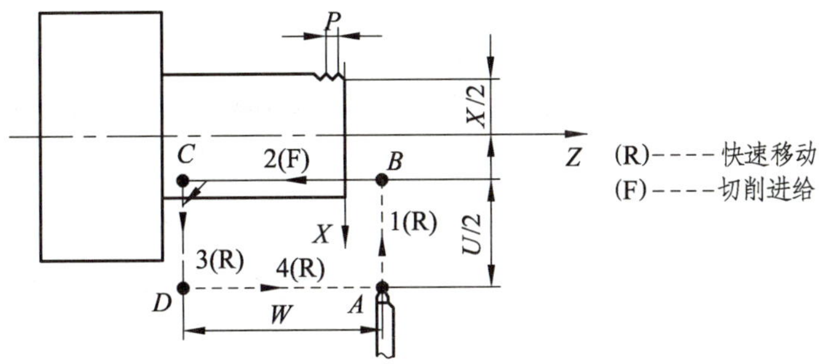

圆锥螺纹：
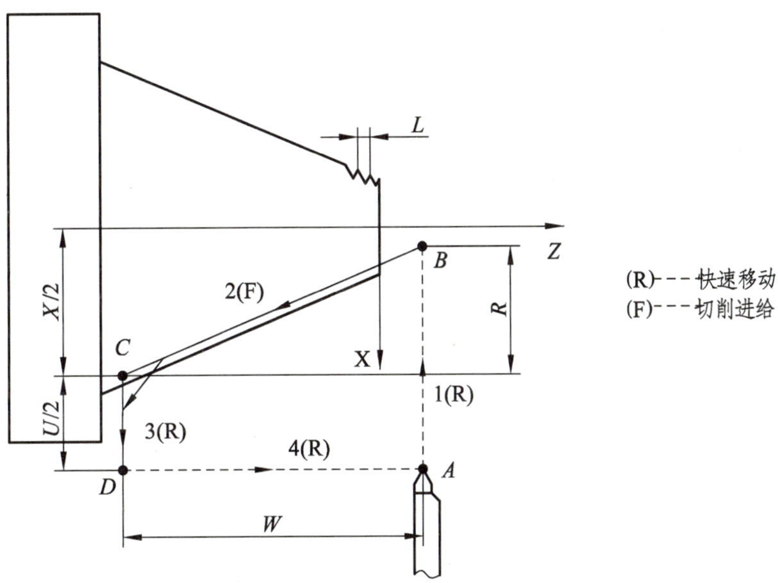
</td>
</tr>
<tr>
<td>注意事项</td>
<td>1. 螺纹切削中，进给速度倍率无效，进给速度被限制在 100%；
2. 螺纹切削中，不能停止进给，一旦停止进给，切深便急剧增加，非常危险。因此，进给暂停在螺纹切削中无效；
3. 在螺纹切削程序段后的第一个非螺纹切削程序段期间，按进给暂停按钮或持续按该按钮，刀具在非螺纹切削程序段停止；
4. 用 G90、G92、G94 以外的 01 组指令取消固定循环方式</td>
</tr>
</table>

【实例 2-19】如图 2-4-6 所示，用 G92 指令编写螺纹加工程序段。

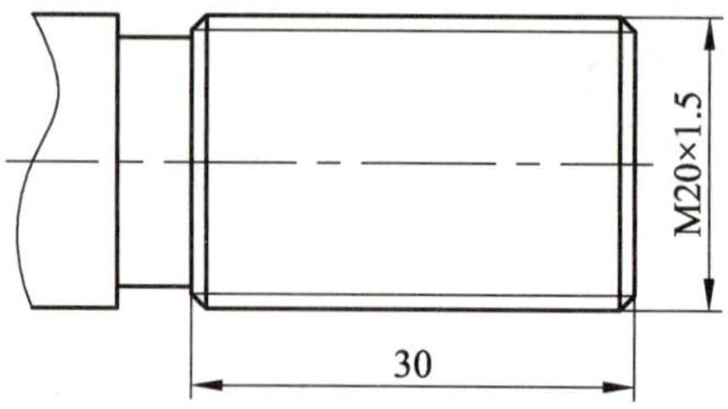

图 2-4-6　螺纹切削指令编程实例 2

```
M03 S500 T0303;
G00 X22 Z3;                 （螺纹循环起点）
G92 X19.3 Z-30 F1.5;（车入-0.7 mm）
X18.7;                      （车入-0.6 mm）
X18.3;                      （车入-0.4 mm）
X18.05;                     （车入-0.25 mm）
X18.05;                     （精车）
G00 X100 Z50;               （退刀）
```

【实例 2-20】如图 2-4-7 所示，用 G92 指令编写锥螺纹加工程序段。

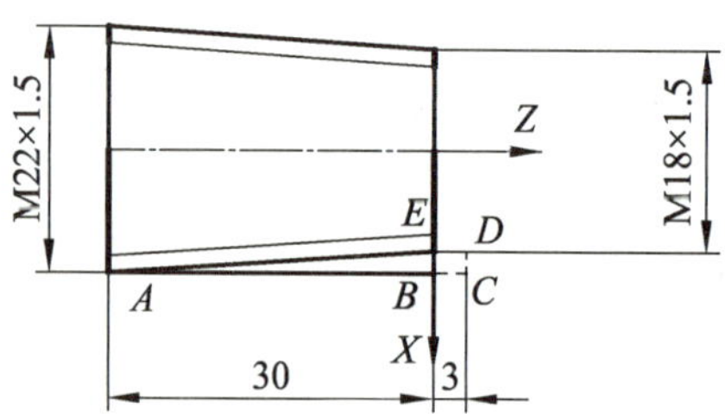

图 2-4-7　螺纹切削指令编程实例 3

锥度相关计算：

因为当 Z=0 时，BE=(18−22)/2=−2

又因△ABE∽△ACD

$AC/AB=CD/BE$，

推出 $CD=AC\times BE/AB$

所以当 Z=3 时，

$CD=AC\times BE/AB$

$CD=33\times(-2)/30$

$CD=-2.2$

$R=-2.2$

程序段：

```
……
G0 X24 Z3;
G92 X21.3 Z-31.5 F1.5 R-2.2;
X20.7;
X20.3;
X20.05;
X20.05;
……
```

3. 螺纹复合切削循环指令：G76

G76 指令格式、参数含义及使用说明见表 2-4-4。

视频：螺纹复合切削循环指令 G76

表 2-4-4　G76 指令格式、参数含义及使用说明

指令格式	G76 P（m）（r）（a）　Q（Δdmin）　R（d）; G76 X（u）　Z（w）　R（i）　P（k）　Q（Δd）　F（f）;
参数含义	m：精加工重复次数（1～99）;

续表

<table>
<tr><td>参数含义</td><td>r：螺纹尾端倒角量/退尾升角长度，大小设置为（0.0～9.9）L，系数为 0.1 的整数倍，用 00～99 两位整数表示，该参数为模态量，L 为导程；05 表示 45° 退尾升角，00 表示没有退尾升角；
a：刀尖角度可选择 80°、60°、55°、30°、29°、0°，用 2 位数指定，如：P（02/m、12/r、60/a）；
Δdmin：螺纹车削时保证每一刀最小的切入量（单位：μm，用半径表示）；
d：精车余量；用半径值指定，单位一般为 μm；
X：螺纹底径坐标；
Z：螺纹长度坐标；
i：加工螺纹切削起点与终点轨迹的半径差；如果 i=0，可作一般直线螺纹切削；
k：螺纹的牙深；
Δd：第一次的切削深度（半径值）；
f：螺纹的导程（公制）</td></tr>
<tr><td>作　用</td><td>加工圆柱螺纹和锥螺纹</td></tr>
<tr><td>速　度</td><td>可以通过转速控制（车削螺纹速度=转速×螺距）</td></tr>
<tr><td>运动轨迹</td><td>从循环起点开始，根据所给的参数，自动分刀，加工螺纹。
A：循环起点；
B：切削起点；
C：切断终点；
D：退刀点。
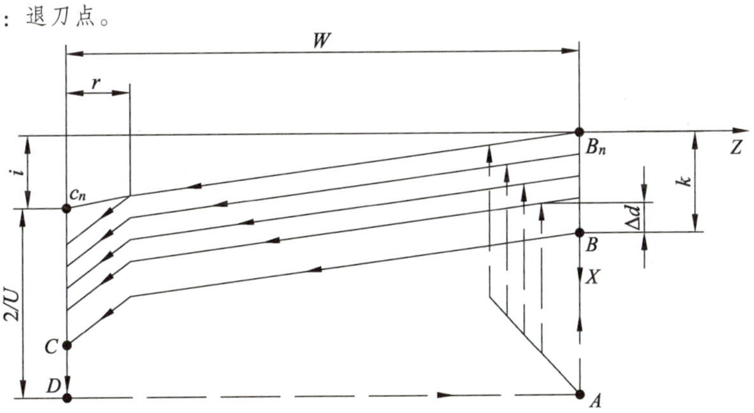

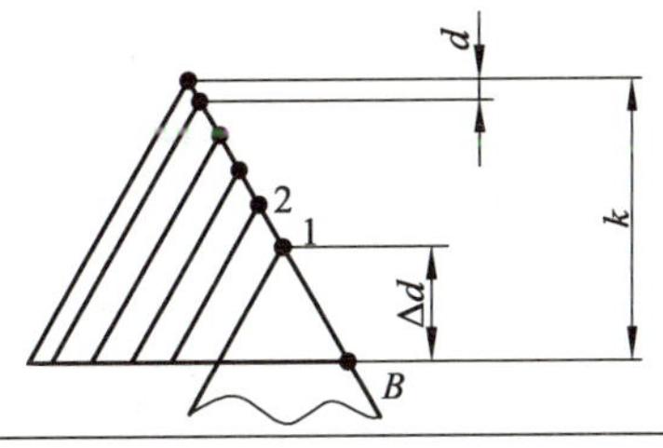
</td></tr>
<tr><td>注意事项</td><td>1. G76 指令车螺纹采用的是斜进法，常用于车削大螺距螺纹及无退刀槽螺纹；
2. 调用指令前，刀具应在循环起点处；
3. 参数 k、Δd、Δdmin 不支持小数点输入，d、i 允许小数点输入</td></tr>
</table>

【实例 2-21】如图 2-4-8（a）、2-4-8（b）、2-4-8（c）所示，用 G76 指令编写螺纹加工程序段。

<table>
<tr>
<td>
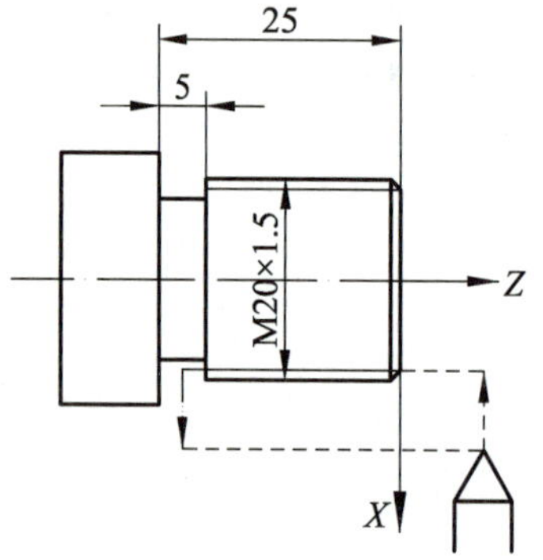

图 2-4-8（a） 螺纹切削复合循环指令编程实例 1
</td>
<td>
G00 X26 Z4;
G76 P010060 Q100 R0.05;
G76 X18.05 Z-22.5 P974 Q400 F1.5;
</td>
</tr>
<tr>
<td>
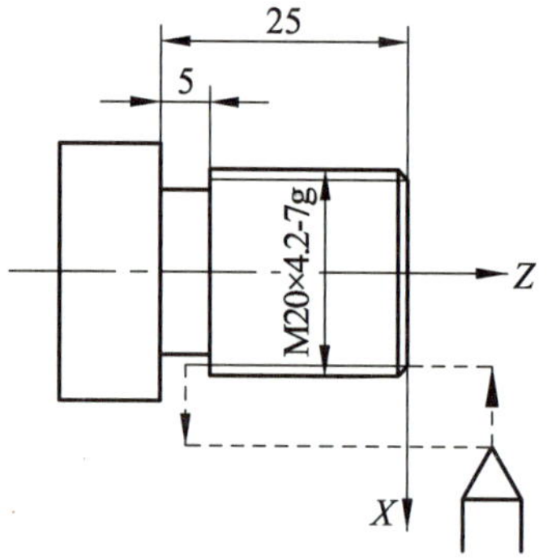

图 2-4-8（b） 螺纹切削复合循环指令编程实例 2
</td>
<td>
G00 X26 Z4;
G76 P010060 Q100 R0.05;
G76 X18.05 Z-22.5 P974 Q400 F4;
G00 X26 Z6;
G76 P010060 Q100 R0.05;
G76 X18.05 Z-22.5 P974 Q400 F4;
</td>
</tr>
<tr>
<td>
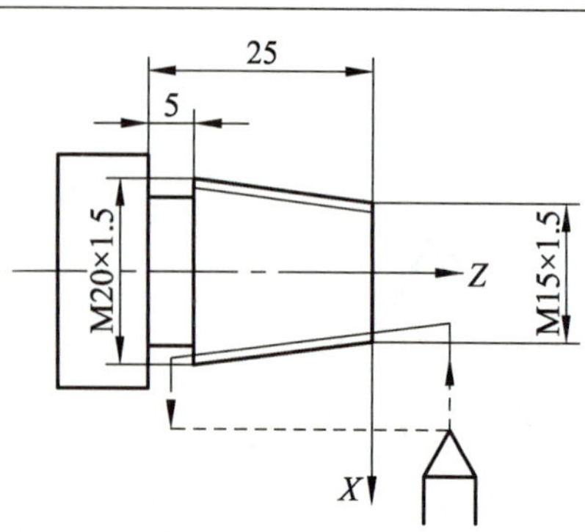

图 2-4-8（c） 螺纹切削复合循环指令编程实例 3
</td>
<td>
G00 X26 Z4;
G76 P010060 Q100 R0.05;
G76 X18.05 Z-20 R-3 P974 Q400 F1.5;

R 值的计算：
切削起点坐标：15-(20-15)×4/20=14
R=(14-20)/2=-3
</td>
</tr>
</table>

4.3 任务实施

4.3.1 工艺分析

1. 零件几何特点

带螺纹的阶梯轴零件加工面主要为端面、外圆、退刀槽以及 M30 × 1.5 的螺纹，其中，外圆尺寸要求 ϕ35±0.03 mm、ϕ25±0.05 mm、ϕ30±0.02 mm、ϕ24±0.02 mm。采用粗、精加工完成。

根据零件结构特点，选用毛坯尺寸为 ϕ40 mm × 100 mm 的棒料，材料为铝，确定零件工件坐标系，如图 2-4-9 所示。

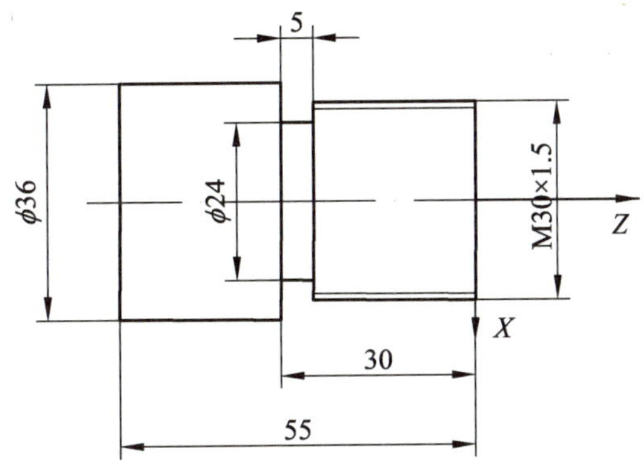

图 2-4-9 带螺纹的阶梯轴零件工件坐标系

2. 确定装夹方案

三爪自定心卡盘（俗称三爪卡盘）装夹。零件一次装夹完成。

3. 选择刀具

带螺纹的阶梯轴零件选择的刀具为菱形外圆车刀、切槽刀（刀宽 3 mm）和 60°螺纹刀，见表 2-4-5 所示。

表 2-4-5 数控加工刀具卡

产品名称或代码：			零件名称：带螺纹的阶梯轴零件		零件图号：	
序号	刀具号	刀具规格及名称	材质	数量	加工面	备注
1	T0101	93°外圆车刀	硬质合金	1	车端面、外轮廓	
2	T0202	切槽刀	硬质合金	1	切断	刀宽 3 mm
3	T0303	螺纹刀	硬质合金	1	螺纹	60°三角形
编制：			审核：			

4.3.2 加工工序卡

填写加工工序卡见表 2-4-6。

表 2-4-6　带螺纹的阶梯轴零件加工工序卡

数控加工工序卡				产品型号		零件图号		
				产品名称		零件名称	带螺纹的阶梯轴零件	
材料牌号	铝	毛坯种类	棒料	毛坯尺寸/mm	ϕ 40 mm×100 mm	备注	1-1	
工序号	工序名称	设备名称	设备型号	程序编号	夹具代号	夹具名称	切削液	车间
1	车	数控车床	CK6140	O0001	1	自定心卡盘	油基切削液	数控车间
工步	工步内容	刀具号	刀具	量具及检具	主轴转速（r/mm）	进给速度（mm/min）	背吃刀量（mm）	备注
1	装夹零件，夹持 30～35 mm							
2	车右端面	T0101	93°车刀	游标卡尺、外径千分尺	800	100	0.5	可多次切削
3	粗加工 ϕ 30 mm、ϕ 36 mm 的外圆轮廓，直径方向留 0.5 mm 余量	T0101	93°车刀	游标卡尺、外径千分尺	800	200	1	自动
4	精加工外圆轮廓至图纸尺寸	T0101	93°车刀	游标卡尺、外径千分尺、半径样板	1000	100	0.5	自动
5	切槽	T0202	切断刀 刀宽 3 mm		400	30		槽底暂停 3 s
6	螺纹加工	T0303	60°螺纹车刀	螺纹通止规	400	1.5（mm/r）		
7	切断	T0202	切断刀 刀宽 3 mm		400	30		自动

第 1 步：以外圆为定位基准，用三爪自定心卡盘夹紧。
第 2 步：各工步刀具及切削参数选择。
第 3 步：平右端面，选用 93°外圆车刀，可采用 G01、G94 指令。
第 4 步：外圆柱面粗车，选用 93°外圆车刀，可采用 G71 指令。
第 5 步：外圆柱面精车，选用 93°外圆车刀，可采用 G70、G01 等指令。
第 6 步：切槽加工，采用刀宽为 3 mm 的切槽刀。
第 7 步：螺纹加工，选用 60°螺纹车刀，可采用 G92 指令。
第 8 步：切断，采用刀宽为 3mm 的切槽刀。

4.3.3 加工工步

带螺纹的阶梯轴零件加工工步见表 2-4-7。

表 2-4-7 带螺纹的阶梯轴零件加工工步

序号	工步	工步图	说明
1	端面切削	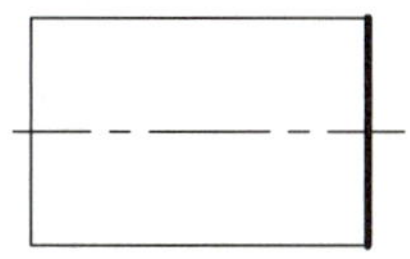	用 G01/G94 车削
2	外圆粗车循环切削	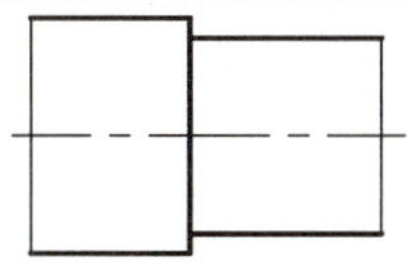	用 G71 车削直径方向；留 0.5 mm 精车余量
3	外圆精车循环切削	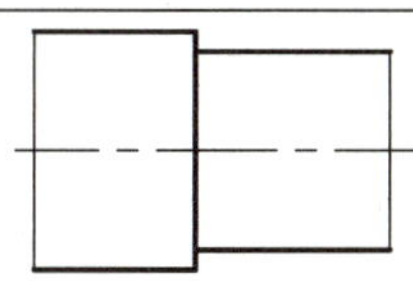	用 G70、G01、G03 等；车削达到尺寸要求
4	切退刀槽	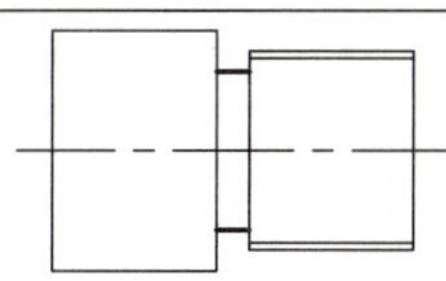	刀宽为 3 mm；用 G94 切削
5	切螺纹	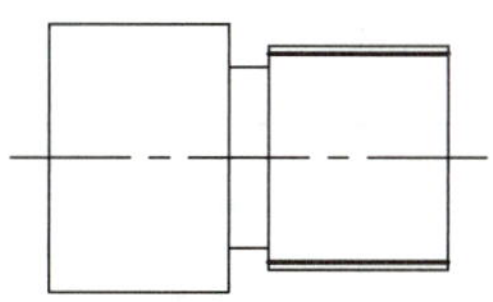	用 G92 指令切削；分 4 次进给
6	用切断刀切断工件	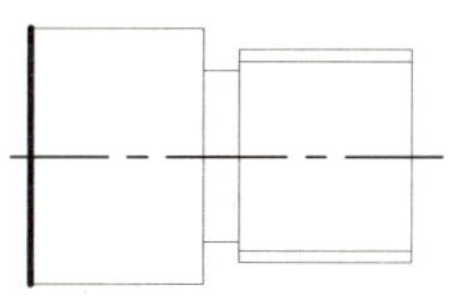	切断刀宽 3 mm；用 G01 切

4.3.4 加工参数计算

螺纹加工参数计算见表 2-4-8。

表 2-4-8　螺纹切削编程参数

参数名称	计算公式及数值
螺纹牙型高	$h_1=0.65P=0.65\times1.5=0.975$
螺纹小径	$D_1=D-2h_1=D-1.3P=30-1.3\times1.5=28.05$
车螺纹前光轴直径	$D_{圆}=D-(0.1\sim0.13)P=30-0.1\times1.5=29.85$

4.3.5　参考程序

带螺纹的阶梯轴零件加工参考程序见表 2-4-9。

表 2-4-9　带螺纹的阶梯轴零件加工参考程序

零件图号：	零件名称：带螺纹的阶梯轴零件
程序内容	简要说明
O1234；	
N15 M03 S800；	主轴正转、转速 800 r/min
N20 T0101；	换 1 号刀，调 1 号刀补
N30 G00 X100 Z100；	换刀参考点、程序起点
N40 G00 X40 Z3；	定循环起点
N50 G94 X-0.5 Z0 F100；	端面车削循环
N60 G90 X38 Z-60 F200；	外圆车削循环
N70　　X36.5；	
N80　　X34 Z-30；	
N90　　X32；	
N100　　X30.35；	
N110 G00 X29.85 Z3 S1000；	精加工刀具定位
N120 G01 X29.85 Z-30 F100；	
N130　　X36 Z-30；	
N140　　X36 Z-60；	
N150　　X40；	
N160 G00　　Z3；	
N170 G00 X100 Z100；	快回换刀点
N180 M03 S400 T0202；	换 2 号刀，调 2 号刀补
N190 G00 X40 Z-28；	切槽刀具定位
N200 G94 X24 F30；	切槽
N210　　X24 Z-30；	

续表

零件图号：	零件名称：带螺纹的阶梯轴零件
程序内容	简要说明
N220 G00 X100 Z100；	快回换刀点
N230 T0303；	换 3 号刀，调 3 号刀补
N240 G00 X32 Z5；	螺纹切削刀具定位
N250 G92 X29.05 Z-27.5 F1.5；	螺纹车削循环第一次进给 0.8 mm，螺距 1.5 mm
N260 X28.45；	第二次进给 0.6 mm
N270 X28.05；	第三次进给 0.4 mm
N280 X27.89；	第四次进给 0.16 mm
N290 X27.89；	精加工螺纹
N300 G00 X100 Z100；	快回换刀点
N310 T0202；	换 2 号刀，调 2 号刀补
N320 G00 X42 Z-58；	刀具定位
N330 G01 X0 F30 S400；	切断工件
N340 G01 X42 F100；	*X* 向退刀
N350 G00 X100 Z100；	快回换刀点
N360 M05；	主轴停止
N370 M30；	程序结束

4.3.6 仿真加工

使用数控仿真加工软件对加工程序进行检验、调试，完成零件的仿真加工。

4.3.7 车间实际加工

通过数控加工仿真，确定零件的加工程序，在实训车间对该零件进行首件试车。零件检测及评分见表 2-4-10。

表 2-4-10 带螺纹的阶梯轴零件检测及评分表

加工开始时间：		加工结束时间：			加工时间：	
检测项目		技术要求	配分	评分标准	检测结果	得分
工艺（10）	1	切削用量选择合理	5	出错一次扣 1 分		
	2	加工工艺制定合理	5	出错一次扣 1 分		
仿真操作（10）	3	机床操作规范	5	出错一次扣 1 分		
	4	刀具、工件装夹正确	5	出错一次扣 1 分		

续表

加工开始时间：		加工结束时间：			加工时间：	
检测项目		技术要求	配分	评分标准	检测结果	得分
安全生产（20）	5	安全操作机床	10	出错一次扣 5 分		
	6	工具、量具摆放整齐	5	出错一次扣 1 分		
	7	整理机床	5	出错一次扣 1 分		
螺纹（15）	8	螺纹 M30×1.5	15	超差无分		
外圆（15）	9	外圆尺寸 ϕ30 mm	5	超差 0.02 mm 以上无分		
	10	外圆尺寸 ϕ24 mm	5	超差 0.02 mm 以上无分		
	11	外圆尺寸 ϕ36 mm	5	超差 0.02 mm 以上无分		
长度（10）	12	25 mm	5	超差无分		
	13	55 mm	5	超差无分		
程序（20）	14	程序正确、合理	20	出错一次扣 1 分		
总配分			100	总得分		
停工原因					加工日期 年 月 日	

1. 螺纹刀的装夹

（1）车刀刀杆伸出刀架不宜太长，一般长度不应超出刀杆高度的 1.5 倍（车孔、槽等除外）。

（2）车刀刀杆中心线应与走刀方向垂直或平行。

（3）刀尖高度的调整：车螺纹刀尖一般应与工件轴线等高；螺纹车刀刀尖角的平分线应与工件轴线垂直，如图 2-4-10 所示。

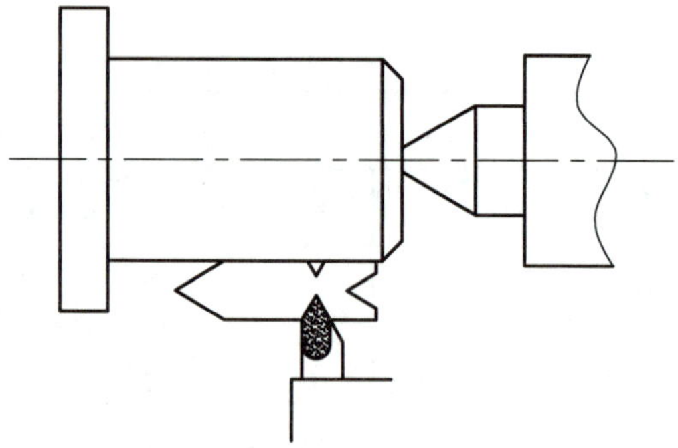

图 2-4-10 螺纹刀的安装

（4）装夹车刀时，刀杆下面的垫片要少而平，压紧车刀的螺钉要旋紧。

2. 对刀操作（试切法）

螺纹刀对刀操作：如图 2-4-11 所示，调整好切削量，试切工件外圆，保持 X 轴方向不位移，输入量取的直径值；Z 轴方向的对刀，根据所编程序中螺纹的长度，选择螺纹刀的刀尖或螺纹刀的左端面，进行对刀。

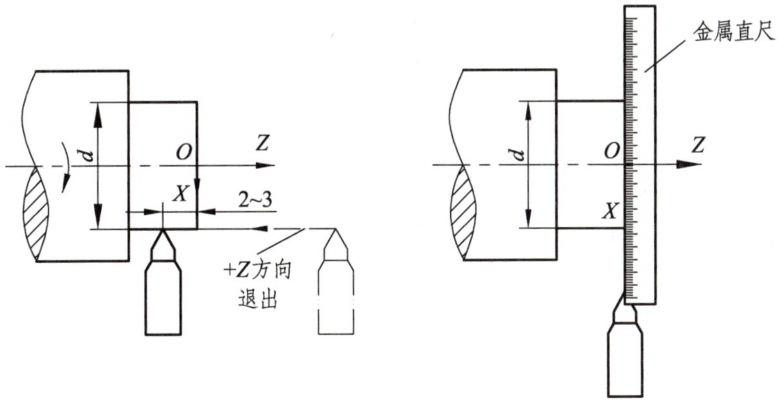

图 2-4-11　螺纹刀对刀示意图

任务5 套筒零件的加工

知识目标

（1）了解内孔的加工方式，选择合理的刀具。

（2）掌握内孔加工的工艺编制和编程方法。

能力目标

（1）掌握内孔刀对刀。

（2）能根据加工零件的结构特点正确选择加工参数。

任务学习

5.1 任务布置

【任务】加工如图 2-5-1 所示的套筒零件，已知材料为铝，毛坯尺寸为ϕ55 mm×100 mm，具体技术要求见零件图纸。要求对零件进行数控车削加工工艺分析，并填写数控加工刀具卡、数控加工工序卡，编制加工程序并完成实物加工。

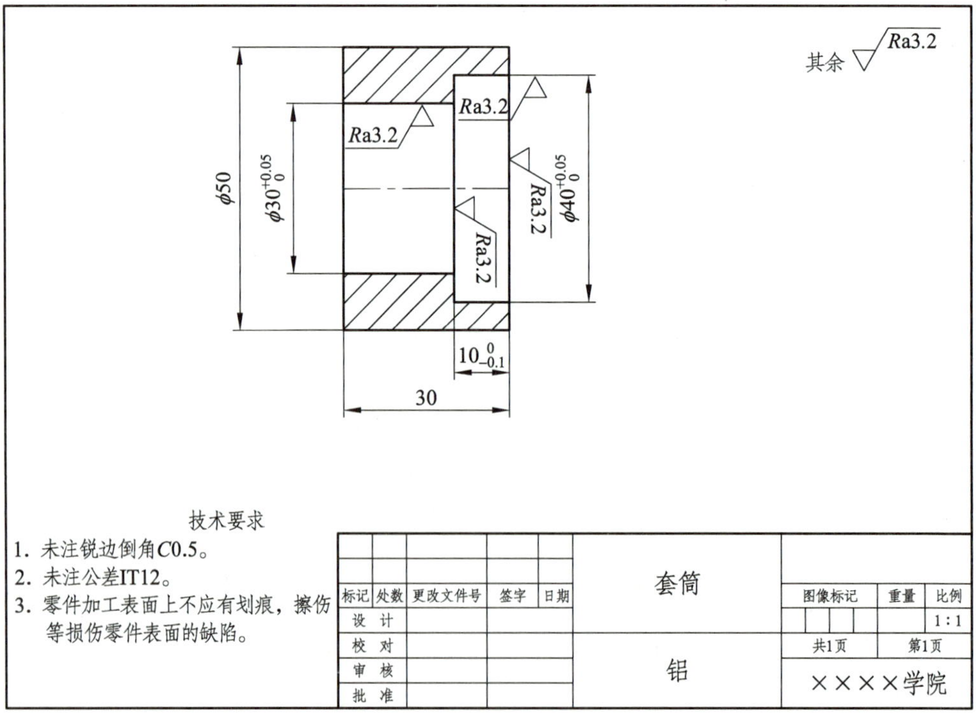

图 2-5-1 套筒零件图

5.2 相关知识

在机械零件中，孔的种类多种多样，有圆柱形孔、圆锥形孔、螺纹形孔和成形孔等。内孔表面是组成机械零件的重要表面之一。孔在加工过程中，其表面加工、切削情况不易观察，不但刀具结构尺寸受到限制，而且排屑、导向和冷却润滑等问题也尤为突出，是数控车削加工中难度较大的加工操作之一。

1. 孔加工的刀具

从实体材料上加工出孔或扩大已有孔的刀具称为孔加工刀具。如麻花钻、中心钻、扁钻、深孔钻等可以在实体材料上加工出孔，而铰刀、扩孔钻、镗刀等可以在已有孔的材料上进行扩孔加工。

1）麻花钻

麻花钻是最常见的孔加工刀具，它可在实心材料上钻孔，也可用来扩孔，主要用于加工 ϕ30 mm 以下的孔。它是由切削部分、导向部分和柄部组成，如图 2-5-2 所示。直径<12 mm 时一般为直柄（圆柱柄）钻头，直径>12 mm 时为锥柄（莫氏锥柄）钻头。

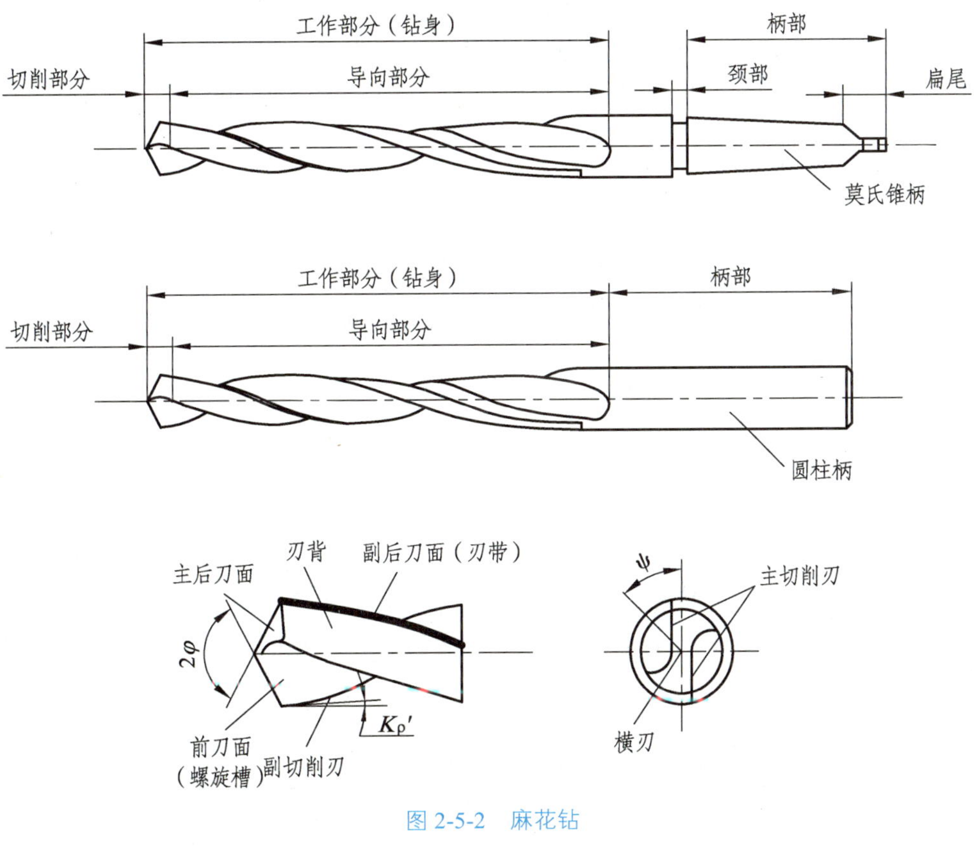

图 2-5-2　麻花钻

2）中心钻

中心钻主要用于孔加工的预制精确定位，引导麻花钻进行孔加工，减小误差。常用的中心钻有两种型号，如图 2-5-3 所示。A 型：不带护锥的中心钻，中心孔只有 60°

锥孔；B 型：带护锥的中心钻，中心孔外端的 120°锥面又称保护锥面，用以保护 60°锥孔的外缘不被碰坏。加工直径 d=2 ~ 10 mm 的中心孔时，通常采用不带护锥的中心钻（A 型）；工序较长、精度要求较高的工件，为了避免 60°定心锥被损坏，一般采用带护锥的中心钻（B 型）。标准中心钻的峰角一般为 118°。

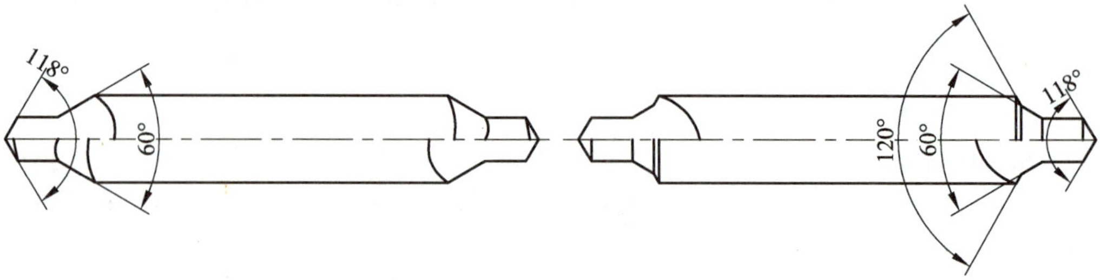

（a）不带护锥的中心钻（A 型）　　（b）带护锥的中心钻（B 型）

图 2-5-3　中心钻

3）内孔车刀

（1）通孔车刀如图 2-5-4 所示，通孔车刀切削部分的几何形状基本上与外圆车刀相似，为了减小径向切削抗力，防止车孔时振动，主偏角 Kr 应取得大些，一般在 60° ~ 75°；副偏角一般在 15° ~ 30°。为了防止内孔车刀后刀面和孔壁的摩擦，又不使后角磨得太大，一般磨成两个后角，其中 α_1 取 6° ~ 12°，α_2 取 30°左右。为了便于排屑，刃倾角 λs 取正值（前排屑）。

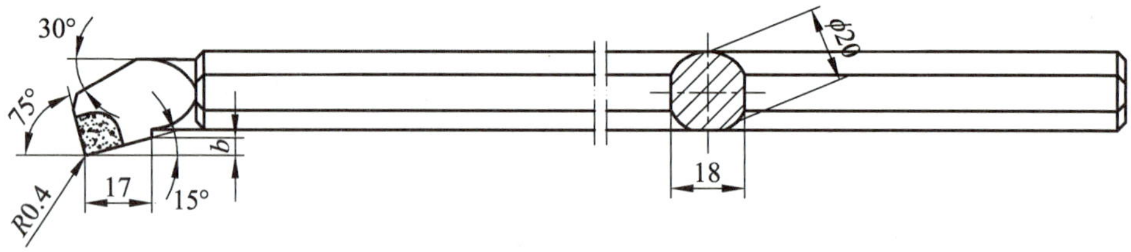

图 2-5-4　通孔车刀

（2）盲孔车刀如图 2-5-5 所示，盲孔车刀用来车削盲孔或台阶孔，切削部分的几何形状基本上与偏刀相似，它的主偏角 Kr 大于 90°，一般为 92° ~ 95°，后角的要求和通孔车刀一样。不同之处是盲孔车刀夹在刀杆的最前端，车平底孔的车刀刀尖到刀杆外端的距离 a 小于孔半径 R，否则无法车平孔的底面。为了便于排屑，刃倾角 λs 取负值（后排屑）。

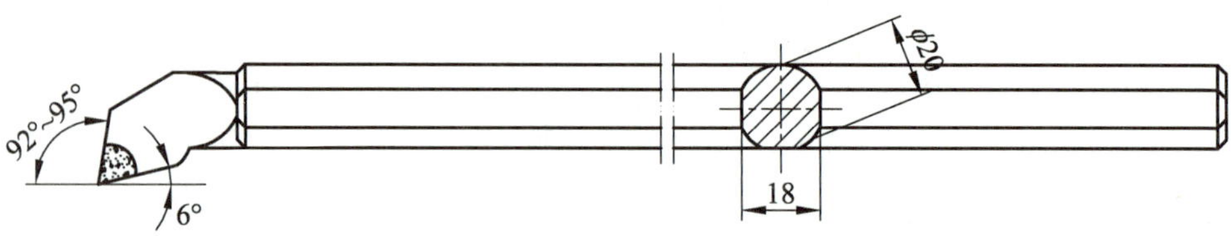

图 2-5-5　盲孔车刀

2. 孔加工方法

孔的加工方法有钻孔、扩孔、铰孔、车孔、镗孔等。

（1）钻孔主要用于孔的粗加工。普通孔主要有两种钻削方式：一种是钻头回转，零件固定不回转，如普通台式钻床，摇臂钻，镗床上钻孔；另一种方式则是零件回转而钻头不回转，如在车床上钻孔。这两种不同的钻孔方式所产生的误差不一样，在钻床或镗床上钻孔，由于钻头回转，刚性不强的钻头易引偏，被加工孔的中心线偏移，但孔径不会发生变化。

钻头的直径一般不超过 75 mm，若钻孔径大于 30 mm，通常采用两次钻削，即先用直径较小的钻头（被要求加工孔径尺寸的 0.5 ~ 0.7 倍）钻孔，再用直径合适的钻头进行第二次扩钻，直到加工到所要求的直径，以减小进给量。

钻头钻孔的加工精度，一般可以达到 IT11 ~ IT13 级，表面粗糙度 *Ra* 为 5.0 ~ 12.5 μm。

（2）扩孔是用扩孔钻扩大零件孔径的加工方法。既可以作为精加工（铰孔、镗孔）前的预加工，也可以作为要求不高的孔径的最终加工。扩孔的加工精度，一般可以达到 IT10 ~ IT13 级，表面粗糙度 *Ra* 为 0.3 ~ 3.2 μm。

（3）铰孔是用铰刀对未淬火孔进行精加工的一种孔径的加工方法。铰孔的加工精度，一般可以达到 IT6 ~ IT10 级，表面粗糙度 *Ra* 为 0.4 ~ 0.2 μm。

（4）车孔：在车床上车孔，主要特征是零件随主轴回转，而刀具做进给运动，其加工后的孔轴心线与零件的回转轴线同轴。孔的圆度主要取决于机床主轴的回转精度，孔的纵向几何形状误差主要取决于刀具的进给方向。这种车孔方式适用于加工外圆表面与孔要求有同轴度要求的零件。

（5）镗孔：在镗床上镗孔，主要靠刀具回转，而零件做进给运动。这种镗孔方式，其镗杆变形对孔的纵向形状精度无影响，而工作台进给方向的偏斜或不直会使孔中心线产生形状误差。

5.3 任务实施

5.3.1 工艺分析

1. 零件几何特点

套筒零件主要加工面为端面和内孔。内孔尺寸偏差为 $\pm_{0}^{0.05}$，表面粗糙度 *Ra* 为 3.2 μm，采用内孔车刀加工。

根据零件结构特点，选用毛坯尺寸为 ϕ55 mm × 100 mm 的棒料，材料为铝。确定零件工件坐标系，如图 2-5-6 所示。

2. 确定装夹方案

三爪自定心卡盘（俗称三爪卡盘）装夹，零件一次装夹完。

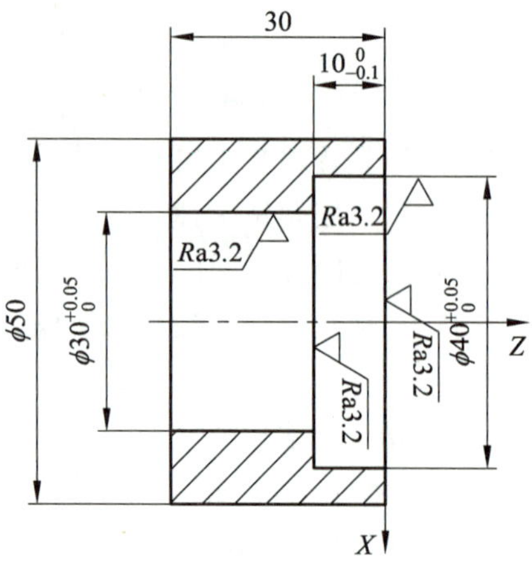

图 2-5-6 套筒工件坐标系

3. 选择刀具

套筒零件选择的刀具有外圆车刀、切断刀、内孔车刀、中心钻和钻头，见表 2-5-1 所示。

表 2-5-1 数控加工刀具卡

产品名称或代码：			零件名称：套筒零件		零件图号：	
序号	刀具号	刀具规格及名称	材质	数量	加工面	备注
1	T0101	93°外圆车刀	硬质合金	1	车端面、外轮廓	
2	T0202	内孔车刀	硬质合金	1	内孔	
3	T0303	切槽刀	硬质合金	1	切断	刀宽 3 mm
4		中心钻	高速钢	1	钻中心孔	
5		ϕ20 mm 钻头	高速钢	1	钻孔	
编制：			审核：			

5.3.2 加工工序卡

填写加工工序卡见表 2-5-2。

第 1 步：以外圆为定位基准，用三爪自定心卡盘夹紧。

第 2 步：各工步刀具及切削参数选择。

第 3 步：手动平右端面。

第 4 步：中心孔加工，选用ϕ3 mm 中心钻。

第 5 步：钻孔加工，选用ϕ20 mm 直柄麻花钻，可利用尾座手动钻。

第 6 步：自动平端面。

第 7 步：粗车内孔，选用内孔车刀，采用 G71 指令粗加工。

第 8 步：精车内孔，选用内孔车刀，采用 G70 指令精加工。

第 9 步：外圆粗加工，选用 93°外圆车刀，可采用 G71 等指令。

第 10 步：外圆精加工，选用 93°外圆车刀，可采用 G70 等指令。

第 11 步：切断，采用刀宽为 3 mm 的切槽刀。

表 2-5-2　套筒零件的加工工序卡

<table>
<tr><td colspan="4" rowspan="2">数控加工工序卡</td><td>产品型号</td><td></td><td>零件图号</td><td colspan="2"></td></tr>
<tr><td>产品名称</td><td></td><td>零件名称</td><td colspan="2">套筒零件</td></tr>
<tr><td colspan="2">材料牌号</td><td>铝</td><td>毛坯种类</td><td>棒料</td><td>毛坯尺寸/mm</td><td>ϕ55 mm×100 mm</td><td>备注</td><td>1-1</td></tr>
<tr><td>工序号</td><td>工序名称</td><td>设备名称</td><td>设备型号</td><td>程序编号</td><td>夹具代号</td><td>夹具名称</td><td>切削液</td><td>车间</td></tr>
<tr><td>1</td><td>车</td><td>数控车床</td><td>CK6140</td><td>O0001</td><td>1</td><td>自定心卡盘</td><td>油基切削液</td><td>数控车间</td></tr>
<tr><td>工步</td><td>工步内容</td><td>刀具号</td><td>刀具</td><td>量具及检具</td><td>主轴转速（r/mm）</td><td>进给速度（mm/min）</td><td>背吃刀量（mm）</td><td>备注</td></tr>
<tr><td>1</td><td>装夹零件，夹持 50 mm</td><td></td><td></td><td></td><td></td><td></td><td></td><td></td></tr>
<tr><td>2</td><td>车右端面</td><td>T0101</td><td>93°外圆车刀</td><td>游标卡尺</td><td>800</td><td>100</td><td>0.5</td><td>手动，可多次切削</td></tr>
<tr><td>3</td><td>中心孔加工</td><td></td><td>ϕ3 mm 中心钻</td><td></td><td>500</td><td></td><td></td><td>手动</td></tr>
<tr><td>4</td><td>钻孔加工</td><td></td><td>ϕ20 mm 麻花钻</td><td></td><td>500</td><td></td><td></td><td>手动</td></tr>
<tr><td>5</td><td>内孔加工，直径方向留 0.5 mm 余量</td><td>T0202</td><td>内孔车刀</td><td>游标卡尺、内径千分尺</td><td>800</td><td>200</td><td></td><td>自动</td></tr>
<tr><td>6</td><td>精加工内孔至图纸尺寸</td><td>T0202</td><td>内孔车刀</td><td>游标卡尺、内径千分尺</td><td>1 000</td><td>100</td><td></td><td>自动</td></tr>
<tr><td>7</td><td>粗加工外圆轮廓，直径方向留 0.5 mm 余量</td><td>T0101</td><td>90°外圆车刀</td><td>游标卡尺、外径千分尺</td><td>1 000</td><td>100</td><td></td><td>自动</td></tr>
<tr><td>8</td><td>精加工外圆轮廓至图纸尺寸</td><td>T0101</td><td>90°外圆车刀</td><td>游标卡尺、外径千分尺</td><td>1 000</td><td>100</td><td></td><td>自动</td></tr>
<tr><td>9</td><td>切断</td><td>T0303</td><td>切断刀
刀宽 3 mm</td><td>游标卡尺、外径千分尺</td><td>400</td><td>30</td><td></td><td>自动</td></tr>
</table>

5.3.3 加工工步

套筒零件加工工步见表 2-5-3。

表 2-5-3 套筒零件加工工步

序号	工步内容	工步图	说明
1	端面切削	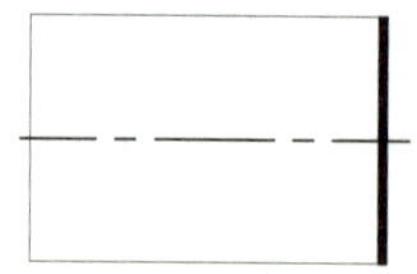	手动
2	打中心孔	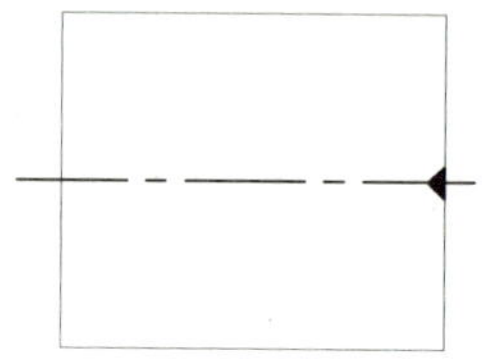	利用尾座用手动操作
3	钻 ϕ20 mm 孔	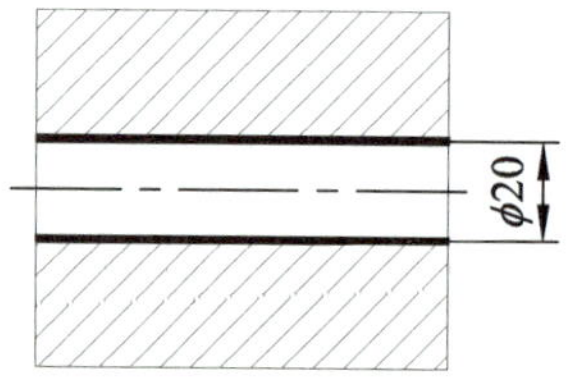	用 ϕ20 mm 麻花钻，利用尾座用手动操作
4	内孔加工	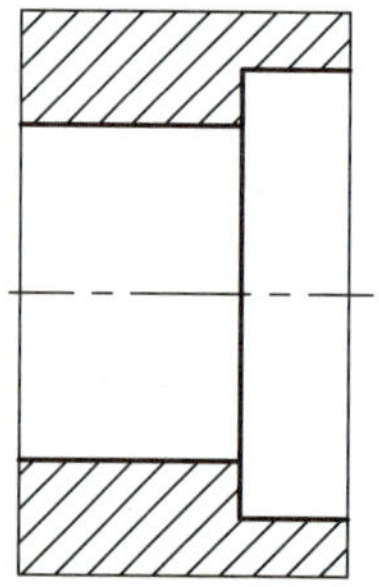	用 G71 等指令粗加工，G70 指令精加工
5	外圆粗、精车至 ϕ50 mm	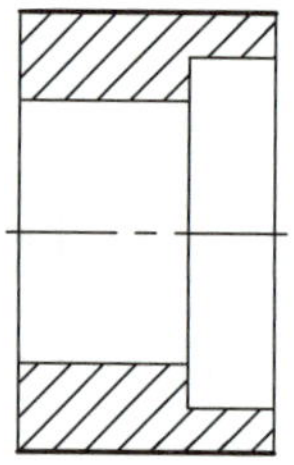	用 G90 车削
6	切断	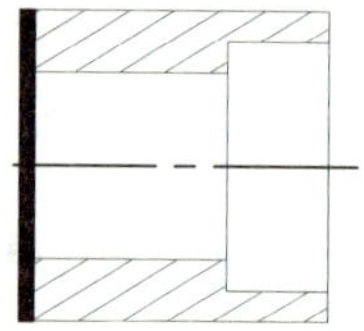	切断刀宽度 3 mm

5.3.4 参考程序

套筒零件的加工程序见表 2-5-4。

表 2-5-4 套筒零件的加工程序

零件图号：	零件名称：套筒零件
程序内容	简要说明
O0001；	程序号
N10 T0101；	换 1 号刀，调用 1 号刀补
N20 G00 X100 Z100；	换刀点、程序起点
N30 M03 S800；	主轴正转，转速 800 r/min
N40 G00 X58 Z2；	循环起点
N50 G94 X-0.5 Z0 F100；	端面切削循环
N55 G00 X100 Z100；	
N60 T0202；	换 2 号刀，调用 2 号刀补
N70 G00 X58 Z2；	
N80 G00 X20；	循环起点
N90 G71 U1 R0.5；	粗加工内孔
N100 G71 P110 Q150 U-0.2 W0.2 F200；	
N110 G01 X40 F100；	
N120 Z-10；	
N130 X30；	
N140 Z-33；	
N150 X20；	
N160 G00 Z2；	
N170 G70 P110 Q150；	精加工内孔
N180 G00 Z100；	
N190 X100；	
N200 T0101；	换 1 号刀，调用 1 号刀补
N210 G00 X58 Z2；	循环起点
N220 G90 X52 Z-35 F200；	外圆加工
N230 X50.5；	
N240 X50 F100；	
N250 G00 X100 Z100；	
N260 T0303 M03 S400；	换 3 号刀，调用 3 号刀补
N270 G00 X52Z-33；	刀具加工定位

续表

零件图号：	零件名称：套筒零件
程序内容	简要说明
N280 G01 X0 F30；	切断工件
N290 G00 X100；	*X* 轴退刀
N300 Z200；	*Z* 轴退刀
N310 M05；	主轴停转
N320 M30；	程序结束

5.3.5　仿真加工

使用数控仿真加工软件对加工程序进行检验、调试，完成零件的仿真加工。

5.3.6　车间实体零件加工

通过数控加工仿真，确定零件的加工程序，在实训车间对该零件进行首件试车。零件检测及评分见表 2-5-5。

1. 内孔车刀的安装

（1）车刀刀杆伸出刀架不宜太长，长度一般不应超出刀杆高度的 1.5 倍（车孔、槽等除外）。

（2）车刀刀杆中心线应与走刀方向垂直或平行。

（3）刀尖高度的调整：刀尖一般应比工件轴线稍高一点。

（4）装夹车刀时，刀杆下面的垫片要少而平，压紧车刀的螺钉要旋紧。

2. 对刀操作（试切法）

内孔车刀对刀操作如图 2-5-7 所示。调整好切削量，试切工件端面，保持 *Z* 轴方向不位移，输入数值；调整较小的切削量，试切工件内孔，保持 *X* 轴方向不位移，输入量取的直径值，完成对刀。

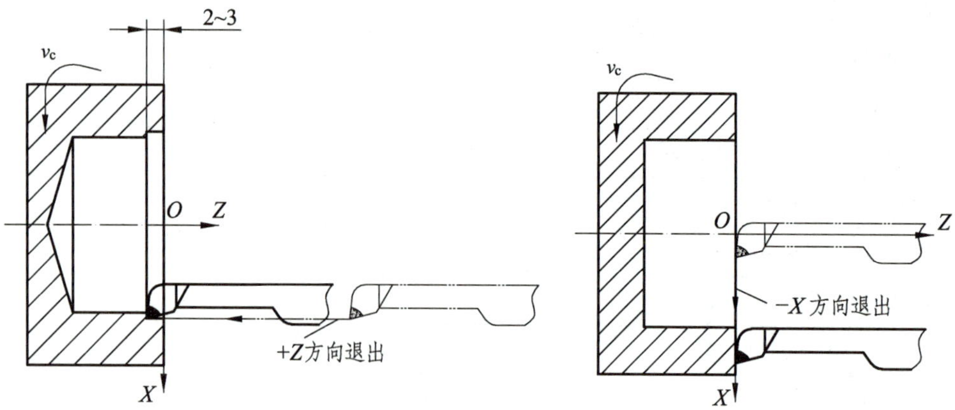

图 2-5-7　内孔车刀对刀示意图

表 2-5-5　套筒零件检测及评分表

<table>
<tr><td colspan="3">加工开始时间：</td><td colspan="2">加工结束时间：</td><td colspan="2">加工时间：</td></tr>
<tr><td colspan="2">检测项目</td><td>技术要求</td><td>配分</td><td>评分标准</td><td>检测结果</td><td>得分</td></tr>
<tr><td rowspan="2">工艺（10）</td><td>1</td><td>切削用量选择合理</td><td>5</td><td>出错一次扣 1 分</td><td></td><td></td></tr>
<tr><td>2</td><td>加工工艺制定合理</td><td>5</td><td>出错一次扣 1 分</td><td></td><td></td></tr>
<tr><td rowspan="2">仿真操作（10）</td><td>3</td><td>机床操作规范</td><td>5</td><td>出错一次扣 1 分</td><td></td><td></td></tr>
<tr><td>4</td><td>刀具、工件装夹正确</td><td>5</td><td>出错一次扣 1 分</td><td></td><td></td></tr>
<tr><td rowspan="3">安全生产（20）</td><td>5</td><td>安全操作机床</td><td>10</td><td>出错一次扣 5 分</td><td></td><td></td></tr>
<tr><td>6</td><td>工具、量具摆放整齐</td><td>5</td><td>出错一次扣 1 分</td><td></td><td></td></tr>
<tr><td>7</td><td>整理机床</td><td>5</td><td>出错一次扣 1 分</td><td></td><td></td></tr>
<tr><td rowspan="3">内、外圆（15）</td><td>8</td><td>外圆尺寸 ϕ50 mm</td><td>5</td><td>超差 0.02 mm 以上无分</td><td></td><td></td></tr>
<tr><td>9</td><td>内孔尺寸 ϕ30 mm</td><td>5</td><td>超差 0.02 mm 以上无分</td><td></td><td></td></tr>
<tr><td>10</td><td>内孔尺寸 ϕ40 mm</td><td>5</td><td>超差 0.02 mm 以上无分</td><td></td><td></td></tr>
<tr><td rowspan="2">长度（15）</td><td>11</td><td>30 mm</td><td>5</td><td>超差无分</td><td></td><td></td></tr>
<tr><td>12</td><td>10 mm</td><td>10</td><td>超差无分</td><td></td><td></td></tr>
<tr><td>程序（20）</td><td>13</td><td>程序正确、合理</td><td>20</td><td>出错一次扣 1 分</td><td></td><td></td></tr>
<tr><td colspan="3">总配分</td><td>100</td><td>总得分</td><td colspan="2"></td></tr>
<tr><td colspan="3">停工原因</td><td colspan="2"></td><td colspan="2">加工日期
年　　月　　日</td></tr>
</table>

任务 6　内螺纹零件加工

知识目标

（1）了解内螺纹的加工方法。

（2）掌握内螺纹相关知识。

（3）掌握内螺纹的加工工艺和编程方法。

能力目标

（1）能根据加工零件的结构特点正确选择加工指令。

（2）能正确加工内螺纹。

任务学习

6.1　任务布置

【任务】加工如图 2-6-1 所示的内螺纹零件，已知材料为铝，螺纹加工前，毛坯材料已经加工至尺寸 ϕ62 mm × 30 mm，具体技术要求见图纸。要求对零件进行数控车削加工工艺分析，并填写数控加工刀具卡、数控加工工序卡，编制加工程序并完成实物加工。

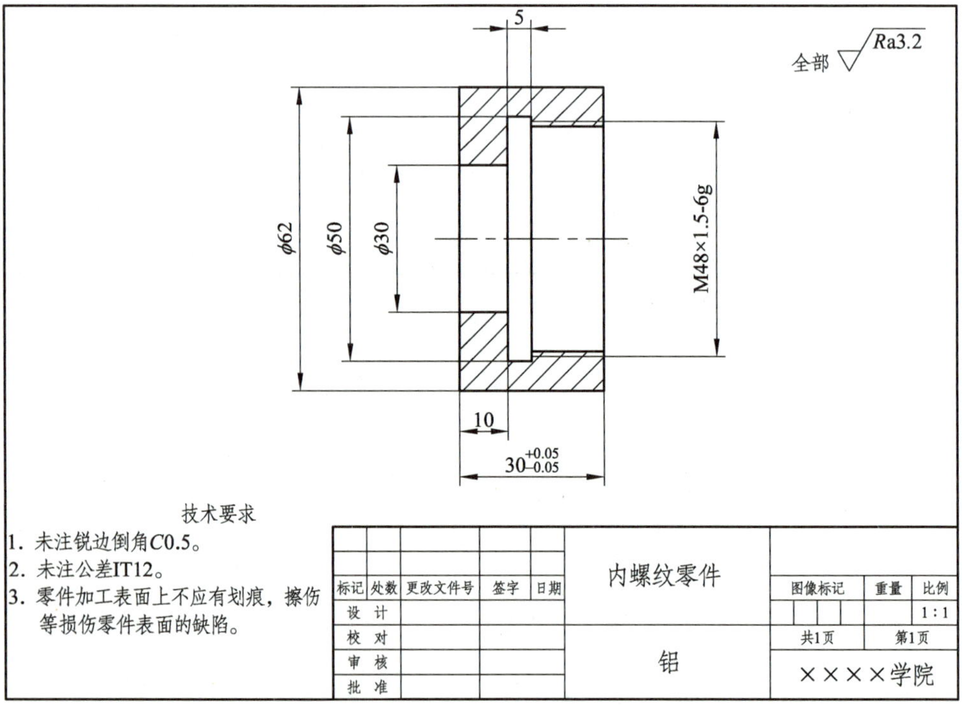

图 2-6-1　内螺纹零件

6.2 相关知识

6.2.1 攻螺纹

用丝锥在工件孔中切削出内螺纹的加工方法称为攻螺纹（俗称攻丝）。操作方便，生产效率高，工件互换性好，适合单件、小批量生产。精度等级可达到 IT6 ~ IT7 级，表面粗糙度为 Ra1.6 ~ 6.3 μm。

6.2.2 攻螺纹工具

如图 2-6-2 所示的丝锥，用来加工较小直径内螺纹的成形刀具，用高速钢制成。

铰杠：用来夹持丝锥的工具。

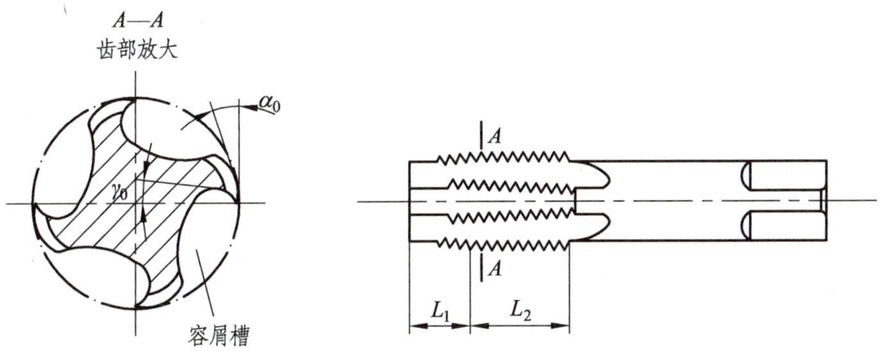

图 2-6-2 丝锥结构图

6.2.3 车削内螺纹

车削内螺纹是在车床上采用成形车刀或螺纹梳刀加工内螺纹的方法。内螺纹车刀如图 2-6-3 所示。内螺纹车刀通常适合加工较大螺纹孔，精度等级可达到 IT4 ~ IT8 级，表面粗糙度为 Ra0.4 ~ 1.6 μm。

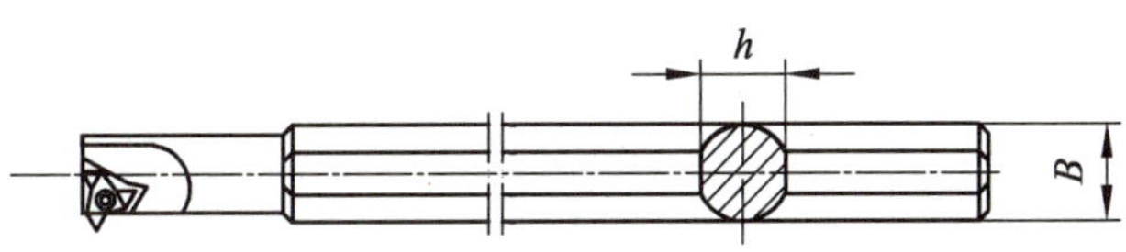

图 2-6-3 内螺纹车刀

内螺纹的加工与外螺纹的加工方法基本相同，但进、退刀方向相反，如图 2-6-4 所示。车内螺纹时由于刀具深入工件内部不易观察，刀杆细长、刚性差、切屑不易排出、切削液不易注入等，内螺纹的加工比外螺纹的加工要困难得多。

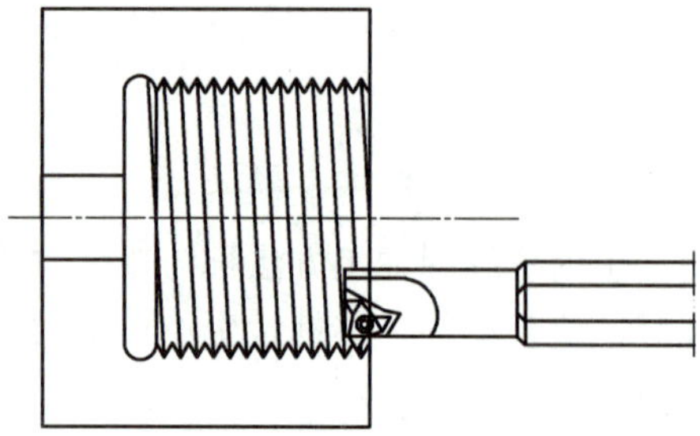

图 2-6-4　内螺纹车削示意图

在切削过程中，车刀对材料既有切削作用又有一定的挤压作用，导致车削内螺纹时会使螺纹内孔直径变大，所以车削内螺纹前的孔径 D 需要略小于螺纹的内径，可查表或根据下列经验公式计算：

加工钢料及塑性金属时：$D_{孔} = d - P$

加工铸铁及脆性金属时：$D_{孔} = d - 1.05P$

式中：d —螺纹公称直径（mm）；P —螺距（mm）。

6.2.4　内螺纹的检测

1. 通端螺纹工作塞规（T）

通端螺纹工作塞规主要用于检验内螺纹的作用中径，其次是控制内螺纹大径下极限尺寸。因此通端螺纹工作塞规应有完整的牙型，其长度等于被检螺纹的旋合长度。合格的内螺纹都应被通端螺纹工作塞规顺利地旋入，这样就保证了内螺纹的作用中径及内螺纹的大径不小于它们的下极限尺寸。

2. 止端螺纹工作规（Z）

止端螺纹工作规用于检验内螺纹一个参数，即单一中径。为了尽量减小螺距误差和牙型半角误差的影响，止端螺纹工作塞规缩短到 2 ~ 3.5 牙，并做成截短的不完整的牙型。合格的内螺纹不完全通过止端螺纹工作塞规，但仍允许旋合一部分，允许与工件内螺纹两端的螺纹部分旋合，旋合量应不超过两个螺距；对于 3 个或少于 3 个螺距的工件内螺纹，不应完全旋合通过。

6.3　任务实施

6.3.1　工艺分析

1. 零件几何特点

内螺纹零件由孔、内槽和内螺纹组成。

根据零件结构特点，选用毛坯尺寸为 ϕ 62 mm × 30 mm 的棒料，工件材料为铝。确定工件坐标系，如图 2-6-5 所示。

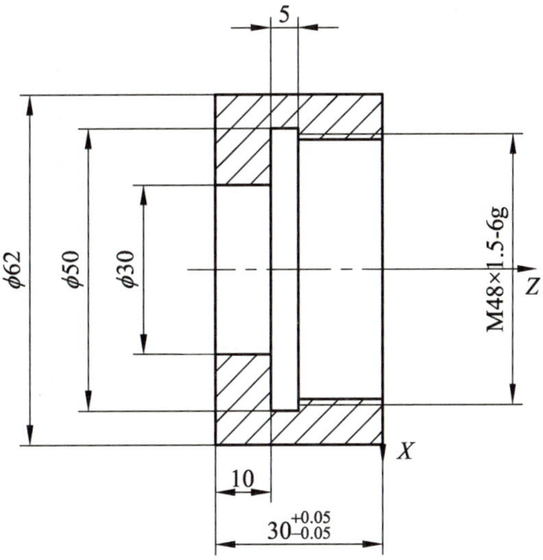

图 2-6-5　内螺纹零件工件坐标系

2. 确定装夹方案

三爪自定心卡盘（俗称三爪卡盘）装夹。零件一次装夹完成。

3. 选择刀具

内螺纹零件选择的刀具有不通孔车刀、内切槽刀（刀宽 5 mm）、60°内螺纹刀、中心钻和 ϕ20 mm、ϕ30 mm 的钻头，见表 2-6-1。

表 2-6-1　数控加工刀具卡

产品名称或代码：			零件名称：内螺纹零件		零件图号：	
序号	刀具号	刀具规格及名称	材质	数量	加工面	备注
1	T0101	内孔车刀	硬质合金	1	内孔加工	
2	T0202	内槽车刀	硬质合金	1	退刀槽	刀宽 5 mm
3	T0303	内螺纹刀	硬质合金	1	内螺纹	
4		中心钻	高速钢	1	钻中心孔	
5		ϕ20 mm 钻头	高速钢	1	钻孔	
6		ϕ30 mm 钻头	高速钢	1	扩孔	
编制：			审核：			

6.3.2　加工工序

填写加工工序卡，见表 2-6-2。

第 1 步：以外圆为定位基准，用三爪自定心卡盘夹紧。

第 2 步：选择各工步刀具及切削参数。

第 3 步：手动钻中心孔及 ϕ30 mm 孔。

表 2-6-2　内螺纹零件加工工序卡

数控加工工序卡				产品型号		零件图号		
				产品名称		零件名称	内螺纹零件	
材料牌号	铝	毛坯种类	棒料	毛坯尺寸/mm	ϕ 62 mm×30 mm	备注	1-1	
工序号	工序名称	设备名称	设备型号	程序编号	夹具代号	夹具名称	切削液	车间
1	车	数控车床	CK6140	O0001	1	自定心卡盘	油基切削液	数控车间
工步	工步内容	刀具号	刀具	量具及检具	主轴转速（r/mm）	进给速度（mm/min）	背吃刀量（mm）	备注
1	装夹零件，夹持 15~20 mm							
2	钻中心孔		中心钻	游标卡尺、内径千分尺	400			手动
3	钻 ϕ 20 mm 的孔		钻头	游标卡尺、内径千分尺	400			手动
4	钻 ϕ 30 mm 的孔		钻头	游标卡尺、内径千分尺	400			手动
5	粗加工内圆轮廓，直径方向留 0.5 mm 余量	T0101	不通孔车刀	游标卡尺、内径千分尺	800	200		自动
6	精加工内圆轮廓至图纸尺寸	T0101	不通孔车刀	游标卡尺、内径千分尺	1000	100		自动
7	车内槽	T0202	内槽车刀	游标卡尺、内径千分尺	400	30		自动
8	车内螺纹	T0303	内螺纹刀	螺纹塞规	400	1.5 mm/r		自动

第 4 步：加工螺纹底孔，采用 G90 指令。
第 5 步：切螺纹退刀槽，采用 G94 指令。
第 6 步：车内螺纹。

6.3.3　关键数值计算

车螺纹前孔径：$D_{孔}=d-p=48-1.5=46.5$（mm）

6.3.4　参考程序

内螺纹零件加工参考程序见表 2-6-3。

表 2-6-3　内螺纹零件加工参考程序

零件图号：	零件名称：内螺纹零件
程序内容	简要说明
O0001；	程序名
N10 T0101；	换 1 号刀，调用 1 号补偿
N20 M03 S800；	
N30 G00 X100 Z100；	
N40 X28 Z2；	循环起点
N50 G90 X32 Z-19 F100；	内孔加工
N60 X34；	
N70 X36；	
N80 X38；	
N90 X40；	
N100 X42；	
N110 X44；	
N120 X46；	
N130 X47.85 Z-20 F100 S1000；	
N140 G00 X100 Z100 S400；	
N150 T0202；	换 2 号刀，调用 2 号补偿
N160 G00 X28 Z2 S400；	
N170 G01 Z-20 F80；	找正加工位置
N180 X50 F30；	退刀槽加工
N190 X28；	*X* 轴向退刀
N200 G00 Z2；	*Z* 轴向退刀
N210 G00 X100 Z100；	

续表

零件图号：	零件名称：内螺纹零件
程序内容	简要说明
N220 T0303；	换 3 号刀，调用 3 号补偿
N230 G00 X44 Z2；	螺纹加工循环起点
N240 G92 X47.1 Z-17 F1.5；	内螺纹加工，加工到螺纹底径；$D_{底}=D_{大}$
N250 X47.6；	
N260 X48；	
N270 X48；	
N280 G00 X100 Z100；	
N290 M30；	程序结束

6.3.5 仿真加工

使用数控仿真加工软件对加工程序进行检验、调试，完成零件的仿真加工。

6.3.6 车间实体零件加工

通过数控加工仿真，确定零件的加工程序，在实训车间对该零件进行首件试车。零件检测及评分见表 2-6-4。

表 2-6-4 内螺纹零件检测及评分表

加工开始时间：		加工结束时间：		加工时间：		
检测项目		技术要求	配分	评分标准	检测结果	得分
工艺（10）	1	切削用量选择合理	5	出错一次扣 1 分		
	2	加工工艺制定合理	5	出错一次扣 1 分		
仿真操作（10）	3	机床操作规范	5	出错一次扣 1 分		
	4	刀具、工件装夹正确	5	出错一次扣 1 分		
安全生产（20）	5	安全操作机床	10	出错一次扣 5 分		
	6	工具、量具摆放整齐	5	出错一次扣 1 分		
	7	整理机床	5	出错一次扣 1 分		
外圆（5）	8	外圆尺寸 ϕ62 mm	5	超差 0.02 mm 以上无分		
内圆（5）	9	内孔尺寸 ϕ30 mm	5	超差 0.02 mm 以上无分		
内槽（10）	10	槽底尺寸 ϕ50 mm	5	超差无分		
	11	槽宽尺寸 ϕ5 mm	5	超差无分		

续表

加工开始时间：		加工结束时间：		加工时间：		
检测项目		技术要求	配分	评分标准	检测结果	得分
螺纹（10）	12	M48 × 1.5	10	超差无分		
程序（30）	13	程序正确、合理	30	出错一次扣 1 分		
总配分			100	总得分		
停工原因					加工日期 年　月　日	

螺纹刀的装夹注意事项如下：

（1）车刀刀杆伸出刀架不宜太长，一般长度不应超出刀杆高度的 1.5 倍（车孔、槽等除外）。

（2）车刀刀杆中心线应与走刀方向垂直或平行。

（3）刀尖高度的调整：车螺纹刀尖一般应与工件轴线等高（弹性刀杆应略高于轴线 0.2 mm）；螺纹车刀刀尖角的平分线应与工件轴线垂直，避免产生螺纹半角误差。

任务 7　拓展指令

知识目标

（1）掌握子程序指令的使用以及编程方法。
（2）掌握子程序与主程序直接衔接点的计算。
（3）掌握轮廓封闭切削循环指令 G73 的使用。
（4）掌握端面复合循环指令 G72 的使用。
（5）了解切槽复合循环指令 G75（径向）、G74（轴向）指令的使用。

能力目标

（1）能根据加工零件的结构特点正确选择加工指令。
（2）能正确运用数控仿真软件，调试、校验零件程序。
（3）熟练操作数控车床。

任务学习

学习各程序调用指令。

视频：子程序调用指令 M98/M99

1. 子程序调用指令：M98、M99

M98、M99 指令格式、参数含义及使用说明见表 2-7-1。

表 2-7-1　M98、M99 指令格式、参数含义及使用说明

指令格式	M98 P××××××； M99；
参数含义	M98：子程序调用指令。 P××××××：前两个“××”表示子程序被重复调用次数；若不指定次数，则默认调用一次；后四个“××××”表示子程序名。 M99：子程序结束指令
运行逻辑	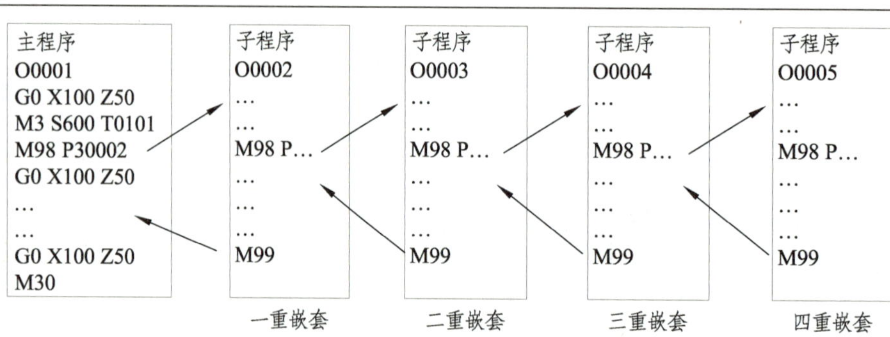
注意事项	子程序需要另外重新建立一个程序，不能与主程序放在同一程序中

在一个加工程序中，如果其中有些加工内容完全相同或相似，为了简化程序，可以把这些重复的程序段单独列出，并按一定的格式编写单独命名，称之为子程序。主程序在执行过程中如果需要某一子程序，通过调用指令来调用该子程序，子程序执行完后又返回到主程序，继续执行后面的程序段。

【实例 2-22】如图 2-7-1 所示，编写凹圆弧的加工程序段。

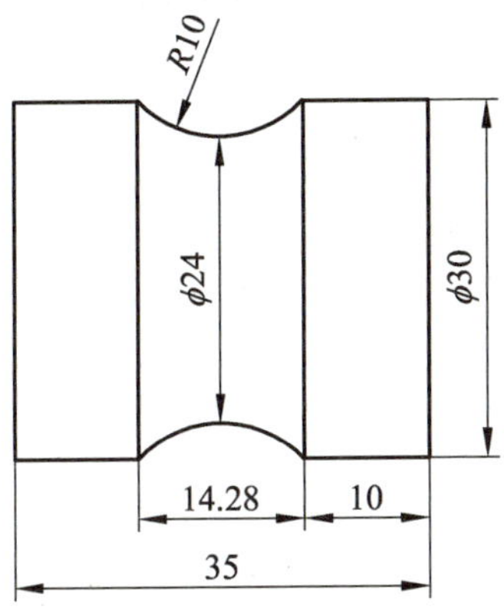

图 2-7-1　子程序调用指令编程实例 1

调用子程序指令编写：

```
O0001                  （主程序）
G00 X100 Z50;
M03 S600 T0303;
G00 X36 Z-10;          （X 定位：X 总加工量+精车起点）
M98 P31111;            （调用 3 次子程序 1111）
G00 X100 Z50;
M30;
O1111（子程序）
G01 U-2;               （每次进刀 2 mm）
G02 U0 W-14.28 R10;    （圆弧加工）
G01 Z-10;              （返回）
M99;                   （子程序结束）
```

【实例 2-23】如图 2-7-2 所示，编写槽的加工程序段。

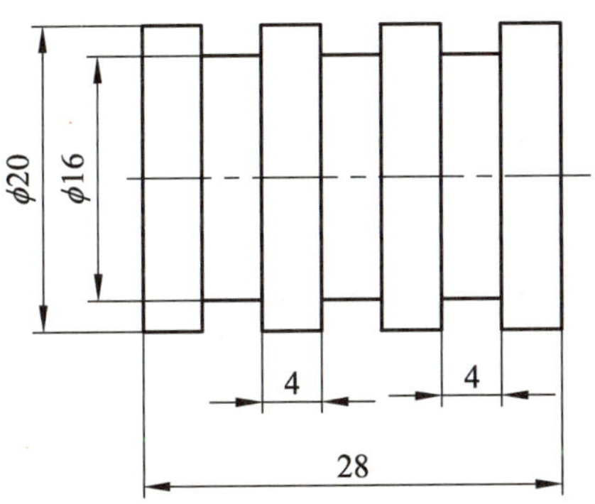

图 2-7-2　子程序调用指令编程实例 2

```
O0001              （主程序）
M03 S600 T0202;（3 mm）
G00 X22 Z0;
M98 P30002;        （调用 3 次子程序 0002）
G00 X22 Z-31;
G94 X0;
G00 X100 Z50;
M30;
O0002              （子程序）
G00 W-8;
G94 X16 F40;
W1;
M99;
```

【实例 2-24】如图 2-7-3 所示，编写槽的加工程序段。

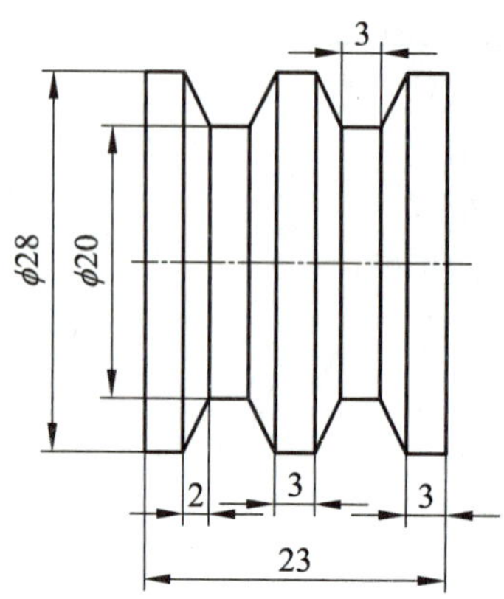

图 2-7-3　子程序调用指令编程实例 3

```
O0001；（主程序）
M03 S600 T0202；
G00 X30 Z2；
M98 P20002；
G00 X30 Z-26；
G94 X0；
G00 X100 Z50；
M30；
O0002；（子程序）
G00 W-10；
G94 X20 F40；
G00 W2；
G01 X28；
X20 W-2；
G00 X30；
W-2；
G01 X28；
X20 W2；
G00 X30；
M99；
```

2. 端面粗车复合循环指令：G72

G72 指令格式、参数含义及使用说明见表 2-7-2。

视频：端面粗车复合循环指令 G72

表 2-7-2　G72 指令格式、参数含义及使用说明

指令格式	G72 W（Δd） R（e）; G72 P（ns） Q（nf） U（Δu） W（Δw） F（f） S（s） T（t）;
参数含义	Δd：切削宽度，*Z* 轴方向每次的切削量（<刀宽）; e：*Z* 方向每次的退刀量； ns：精加工路径第一个程序段的程序段号； nf：精加工路径最后程序段的程序段号； Δu：*X* 方向的精车余量（直径表示）; Δw：*Z* 方向的精车余量； f：进给速度； s：主轴转速； t：刀具选择
作　用	主要用于长径比较小的盘类工件端面粗车，该循环与 G71 的区别仅在于切削进给方向平行于 *X* 轴

续表

运动轨迹	从 *A* 点快速移动到 *A′* 点，留出精加工余量。根据零件外轮廓形状确定粗加工范围，再按照指令所给定的切削参数进行自动分刀粗加工 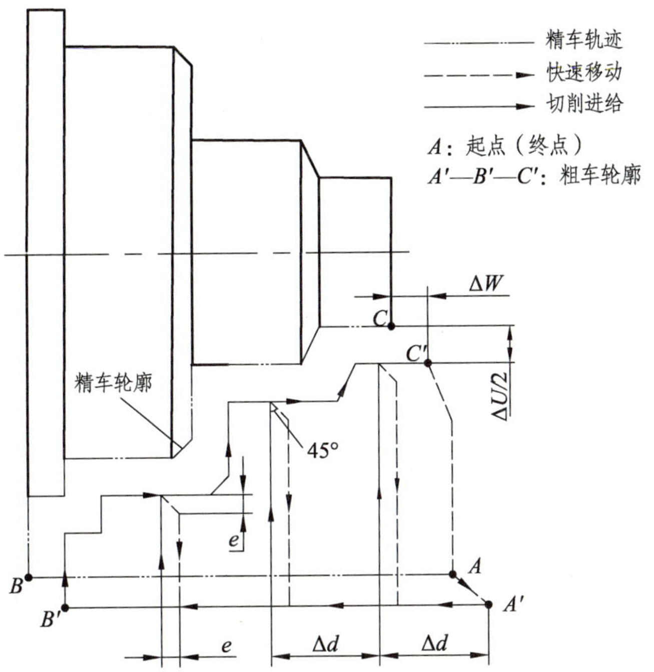
精加工余量 $U(\Delta u)$ $W(\Delta w)$ 的正负规定	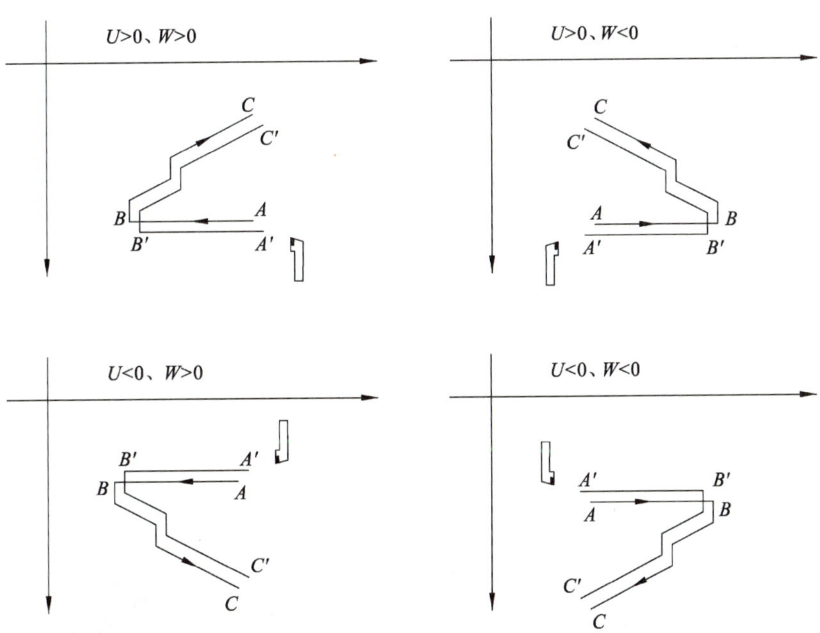 当留余量的方向与 *X*、*Z* 轴正方向一致，U（Δu）、W（Δw）的符号为正，反之为负

续表

注意事项	1. G72 指令属于单调循环指令，类同 G71； 2. 在精加工程序段 N1 段中不允许出现 *X* 轴变量； 3. G72 第一行 *W* 不能过大，如果超过切断刀刀宽，会发生撞刀； 4. *X* 轴精加工余量，不宜过大，过大会发生撞刀

【实例 2-25】如图 2-7-4 所示，编写槽的加工程序段。

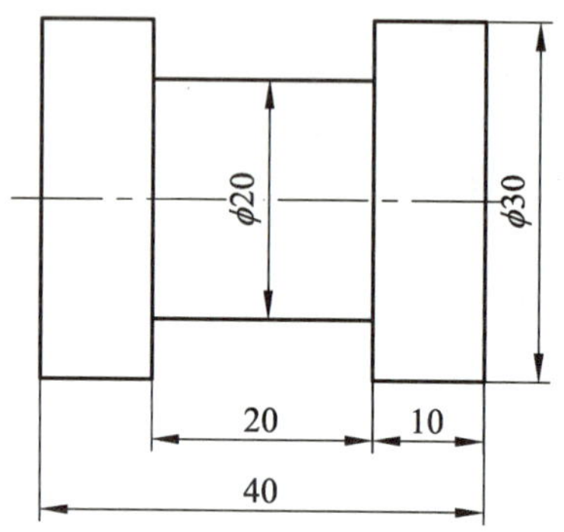

图 2-7-4　端面复合循环指令编程实例 1

```
G00 X32 Z-13;        (3 mm 刀宽)
G94 X20 F30;         (切槽，为 G72 循环留退刀空间)
G72 W2 R1;
G72 P1 Q2 U0.2;
N1 G00 Z-30;
G01 X20;
N2 Z-13;
G70 P1 Q2 F30;
G00 X100 Z50;
```

【实例 2-26】如图 2-7-5 所示，编写槽的加工程序段。

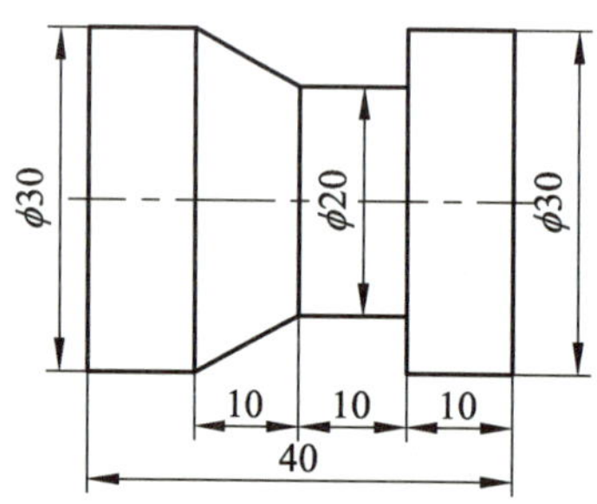

图 2-7-5　端面复合循环指令编程实例 2

```
G00 X32 Z-13;
G94 X20 W0 F30;   (切槽，为 G72 循环留退刀空间)
G72 W2 R1;
G72 P1 Q2 U0.2;
N1 G00 Z-30;
G01 X30;
X20 Z-20;
N2 Z-13;
G00 X100 Z50;
```

3. 轮廓封闭切削循环指令：G73

G73 指令格式、参数含义及使用说明见表 2-7-3。

视频：轮廓封闭切削循环指令 G73

表 2-7-3　G73 指令格式、参数含义及使用说明

指令格式	G73U（Δi） W（Δk） R（d）; G73P（ns） Q（nf） U（Δu） W（Δw） F（f） S（s） T（t）;
参数含义	Δi：*X* 轴方向退刀距离（半径指定）; Δk：*Z* 轴方向退刀距离（半径指定）; d：分割次数，这个值与粗加工重复次数相同； ns：精加工路径第一个程序段的程序段号； nf：精加工路径最后程序段的程序段号； Δu：*X* 方向的精车余量（直径表示）; Δw：*Z* 方向的精车余量
作　用	用于重复切削一个逐渐变换的固定形式，本循环可有效地切削一个用粗加工或铸造等方式已经加工成型的工件
运动轨迹	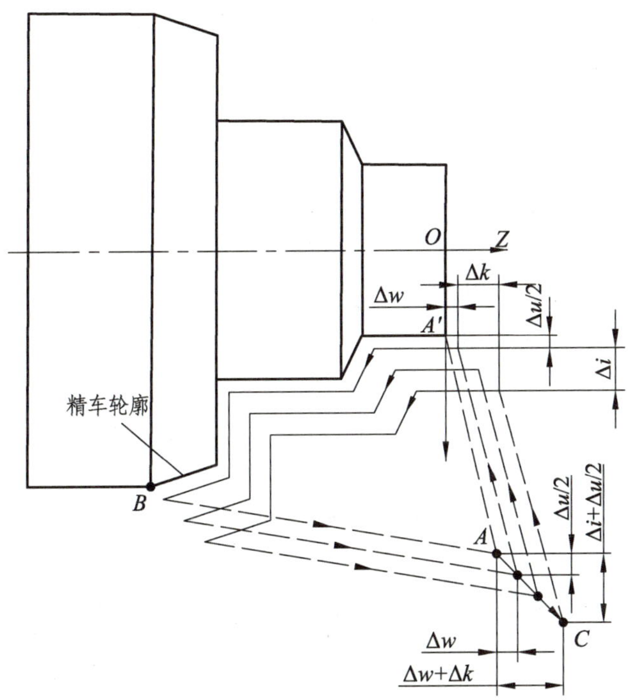
注意事项	1. 在执行 G73 指令时，处于 ns 到 nf 程序段之间的 F、S、T 无效； 2. 精加工程序段中，不能带循环指令，必须用单一指令描述精加工轨迹； 3. 精加工路径第一个程序段指定 G00 或 G01 指令； 4. 调用 G73 指令前，刀具应处于循环起点

【实例 2-27】如图 2-7-6 所示，用 G73 指令编写外轮廓槽的加工程序段。

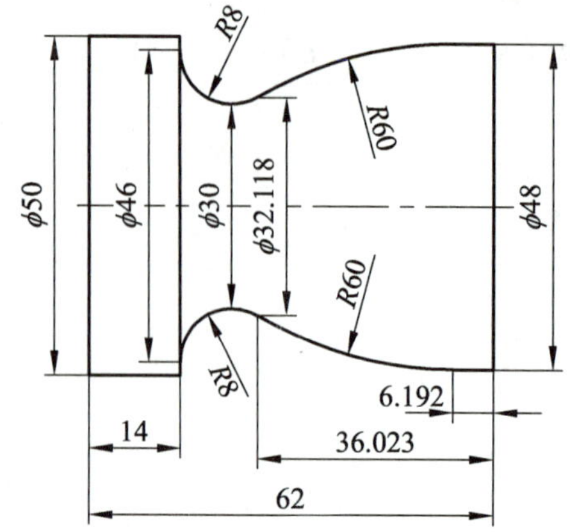

图 2-7-6 轮廓封闭切削指令编程实例 1

```
M03 S500 T0404;
G00 X52 Z2;
G73 U10 W0 R11 F1000;
G73 P1 Q2 U0 W0;
N1 G00 X48;
G01 Z-6.192;
G03 X32.118 Z-36.023 R60;
G02 X46 Z-48 R8;
N2 G01 X52;
```

【实例 2-28】如图 2-7-7 所示，用 G73 指令编写 R15 和 R10 圆弧的加工程序段。

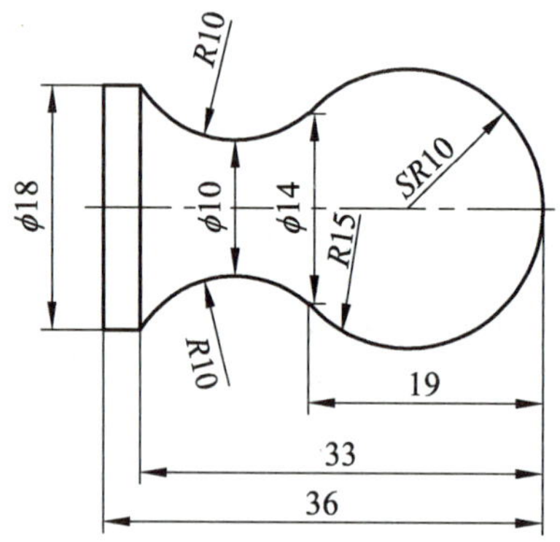

图 2-7-7 轮廓封闭切削指令编程实例 2

```
G00 X22 Z-10;
G73 U5 W0 R6 F60;
G73 P1 Q2 U0.8 W0;
N1 G01 X20;
G03 X14 Z-19 R15;
G02 X18 Z-33 R10;
G01 Z-36;
N2 G01 X22;
```

4. 轴向切槽复合循环指令：G74

G74 指令格式、参数含义及使用说明见表 2-7-4。

视频：轴向切槽复合循环指令 G74

表 2-7-4 G74 指令格式、参数含义及使用说明

指令格式	G74 R（e）; G74 X（u） Z（w） P（Δi） Q（Δk） R（Δd） F（f）;
参数含义	e：退刀量； X、Z：指定槽底终点的绝对坐标； U、W：指定槽底终点相对于循环起点的增量坐标； Δi：*X* 方向的移动量，无符号，半径值，单位：μm；

续表

参数含义	Δk：*Z* 方向的切削深度，无符号，单位：μm； Δd：槽底位置 *X* 轴方向的退刀量，无要求可省略； f：合成进给量
作　用	本循环可用于端面切削、轴向切槽，如果省略 X（U）及 P，只在 *Z* 轴操作，可用于钻孔
运动轨迹	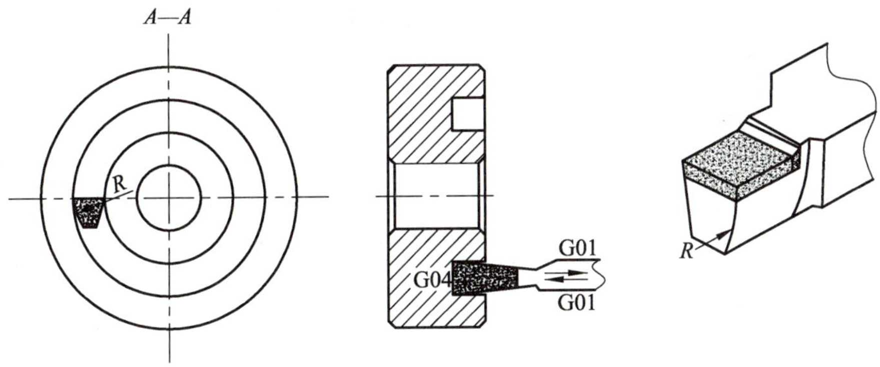 端面切槽刀的进刀方法 G74 指令切削循环路径： 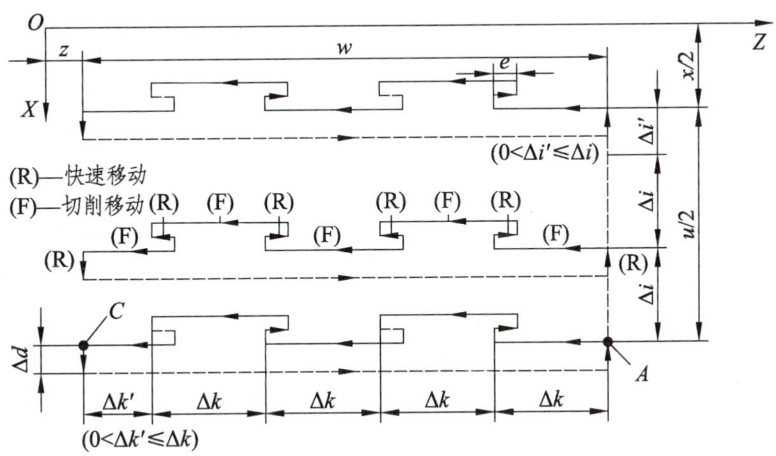
注意事项	1. X（u）或 Z（w）的值已指定，而 P（Δi）或（Δk）未指定，或者值为零，将发生报警； 2. Q（Δk）值>*Z* 轴的移动量，Z（w）或 Q（Δk）为负值，将发生报警； 3. P（Δi）值>*U*/2 或设置为负，将发生报警； 4. P（Δi）值>槽宽，将车多个端面槽； 5. 退刀量>切削深度，将发生报警

【实例 2-29】如图 2-7-8 所示，编写加工端面槽的程序段。

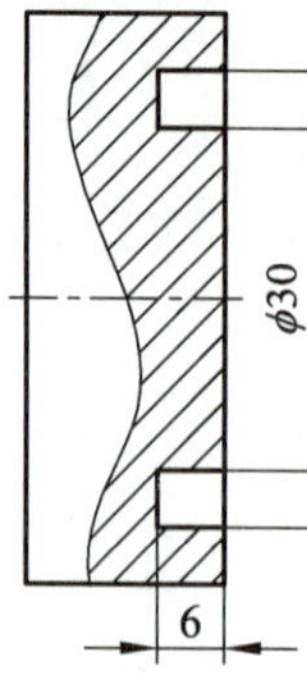

图 2-7-8　轴向切槽复合循环指令编程实例 1

切槽刀，刀宽 3 mm，刀位点为右刀尖

```
G00 X34 Z2;
G74 R1;
G74 X30 Z-6 P3000 Q2500 F30;
G00 X100 Z50;
```

【实例 2-30】如图 2-7-9 所示，编写加工带圆弧的端面槽的程序段。

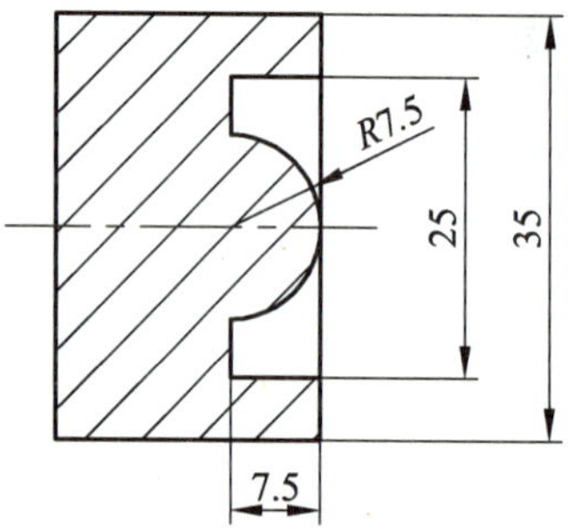

图 2-7-9　轴向切槽复合循环指令编程实例 2

```
G00 X19 Z2;
G74 R1;
G74 X15 Z-7.5 P3000 Q2500 F30;
G00 X17;
G71 U0.8 R0.5 F30;
G71 P1 Q2 U0.2 W0.1;
N1 G00 X0;
G01 Z0;
N2 G03 X15 Z-7.5 R7.5;
G70 P1 Q2;
```

5. 径向切槽复合循环指令：G75

G75 指令格式、参数含义及使用说明见表 2-7-5。

视频：径向切槽复合循环指令 G75

表 2-7-5　G75 指令格式、参数含义及使用说明

指令格式	G75 R（e）; G75 X（u） Z（w） P（Δi） Q（Δk） R（Δd） F（f）;
参数含义	e：退刀量； X、Z：指定槽底终点的绝对坐标； U、W：指定槽底终点相对于循环起点的增量坐标； Δi：*X* 方向的切削深度，无符号，半径值，单位：μm； Δk：*Z* 方向的移动量，无符号，单位：μm； Δd：槽底位置 *Z* 轴方向的退刀量，无要求可省略； f：合成进给量
作　用	本循环可用于 *X* 轴割槽及 *X* 轴啄式钻孔

续表

运动轨迹	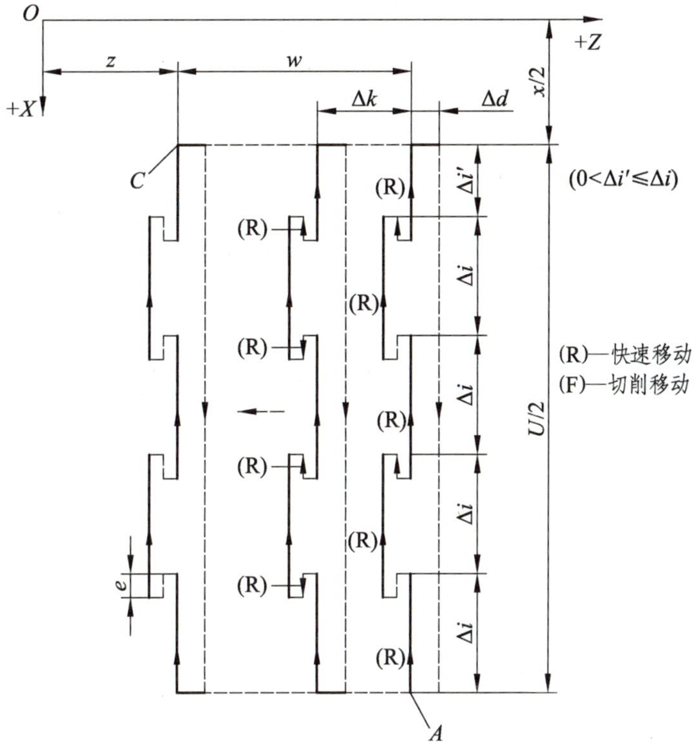
注意事项	1. X（u）或 Z（w）的值已指定，而 P（Δi）或（Δk）未指定，或者值为零，将发生报警； 2. 一般 Q（Δk）值<刀宽，若 Q（Δk）值为负值，将发生报警；若 Q（Δk）>刀宽时，将切多个相同的槽； 3. P（Δi）值>*U*/2 或设置为负，将发生报警； 4. 退刀量>切削深度，将发生报警

【实例 2-31】如图 2-7-10 所示，编写切槽和切断加工程序段。

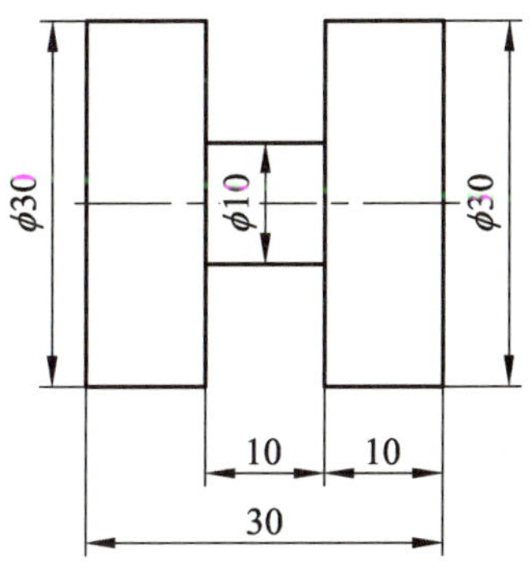 图 2-7-10　径向切槽复合循环指令编程实例	切槽： G00 X32 Z-13; G75 R1 F30; G75 X10 Z-20 P4000 Q2500; G00 X100 Z50; 切断： G00 X32 Z-33; G75 R1 F30; G75 X0 P5000; G00 X100 Z50;

6. 回参考点指令：G28

G28 指令格式、参数含义及使用说明见表 2-7-6。

表 2-7-6 G28 指令格式、参数含义及使用说明

指令格式	G28 X__ Z__;
参数含义	X、Z：指定中间点的坐标
作　用	回参考点指令可使刀具经过某一中间点快速返回到参考点； 例如：N1 G28 X30 Z30；表示刀具经中间点（30，30）返回参考点
注意事项	1. 该指令为程序段有限指令； 2. 使用回参考点指令前，为安全起见，应取消刀具的补偿； 3. 若程序段为“G28 U0 W0;”，则表示直接回参考点

7. 恒定切削速度指令

恒定切削速度为 G96，取消恒定切削速度指令为 G97。其指令格式、参数含义及使用说明见表 2-7-7。

表 2-7-7 G96、G97 指令格式、参数含义及使用说明

指令格式	G96 S__；S 表示切削速度（m/min） G50 S__；设定主轴转速上限，S 表示主轴转速（r/min） G97 S__；S 表示主轴转速（r/min）
参数含义	G96：恒定切削速度生效； G97：取消恒定切削速度
作　用	G96：使用恒定切削速度功能，可以使刀具切削点切削速度始终为常数（主轴转速×直径=常数），保证各表面加工质量一致，并且只通过改变主轴转速来控制相应的工件直径变化，维持稳定的切削速度； G97：取消线速度控制，并且仅仅控制主轴的稳定
注意事项	1. 主轴必须为受控主轴，该指令才能有效； 2. 用 G00 快速定位指令时，主轴转速不改变； 3. 当从工件大直径加工到小直径时，主轴转速可以提高得非常快，故在使用 G96 指令时，必须设定主轴转速上限； 4. 取消恒定切削速度，G97 指令后的 S 生效。如果没有重新写新的 S，则主轴以 G96 指令生效前的转速运行

8. 倒角（直线过渡）指令

直线过渡指令格式、参数含义及使用说明见表 2-7-8。

表 2-7-8 直线过渡指令格式、参数含义及使用说明

指令格式	G01 X（U）__ Z（W）__ F__ C__;
参数含义	X、Z：指定拐角点的绝对坐标； U、W：指定拐角点相对于起点的增量坐标；

续表

参数含义	F：进给量； C：指定拐角顶点到拐角起点或拐角终点的距离
作　用	可在直线与直线插补或直线与圆弧插补之间自动插入直线过渡
运动轨迹	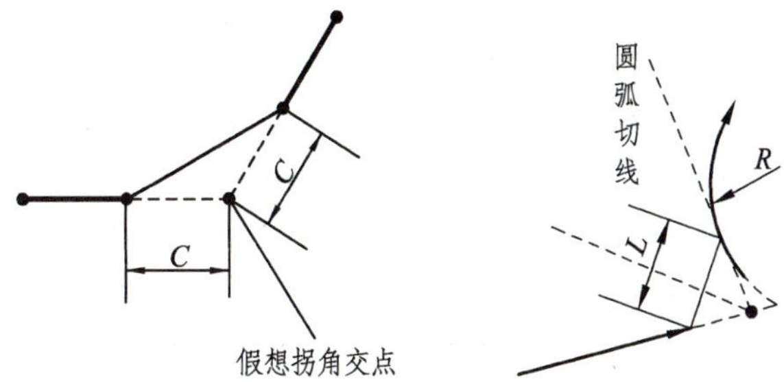
示例	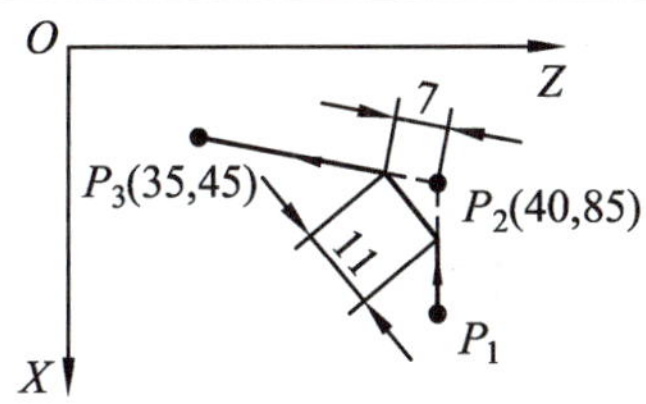 N20 G01 X40 Z85 F100 C7； N30 G01 X35 Z45 F100；
注意事项	1. 指定倒角程序段后面必须是直线插补 G01 程序段或圆弧插补 G02/G03 程序段； 2. 指定倒角后使插补超过原先的移动范围，系统将会报警

9. 倒角（圆弧过渡）指令

圆弧过渡指令格式、参数含义及使用说明见表 2-7-9。

表 2-7-9　倒角（圆弧过渡）指令格式、参数含义及使用说明

指令格式	G01 X（U）__ Z（W）__ F__，R__；
参数含义	X、Z：指定拐角点的绝对坐标； U、W：指定拐角点相对于起点的增量坐标； F：进给量； R：指定拐角半径
作　用	可在直线与直线插补或直线与圆弧插补之间自动插入圆弧过渡
运动轨迹	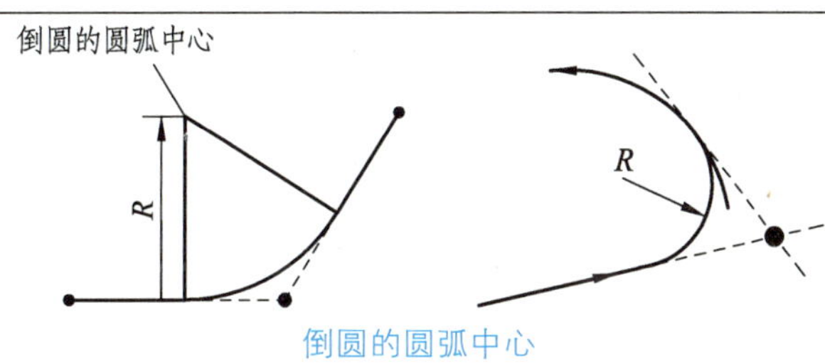

续表

示　例	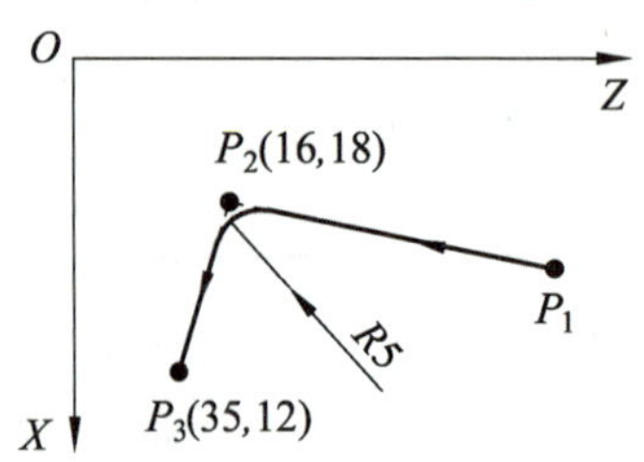 N10 G01 X16 Z18 F100，R5； N20 G01 X35 Z12；	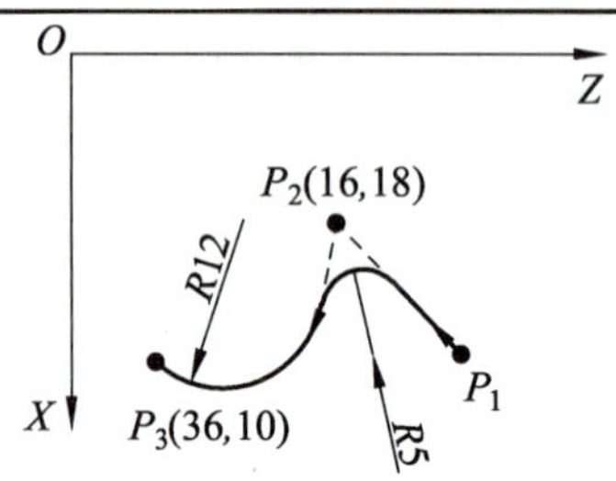 N10 G01 X16 Z18 F100，R5； N20 GO3 X36 Z10 R12；
注意事项	指定倒角程序段后面必须是直线插补 G01 程序段或圆弧插补 G02、G03 程序段	

10. 进给速度单位设定指令：G98、G99

G98、G99 指令格式、参数含义及使用说明见表 2-7-10。

表 2-7-10　G98、G99 指令格式、参数含义及使用说明

指令格式	G98：每分钟进给量，单位为 mm/min； G99：每转进给量，单位为 mm/r
作　用	用于设定进给速度的单位
注意事项	1. G98 常用于数控铣床和加工中心； 2. G99 常用于数控车床，是模态有效指令，且机床开机有效

项目 3 复杂轴类零件加工

任务 1　综合轴零件加工

知识目标

（1）掌握综合轴零件的结构特点。

（2）能正确分析零件加工工艺特点。

（3）熟悉数控系统编程指令的运用。

能力目标

（1）能正确选择设备、刀具、夹具以及切削用量。

（2）能编制加工工艺卡并编写加工程序。

（3）能正确运用数控仿真软件调试校验程序。

任务学习

1.1　任务布置

【任务】加工如图 3-1-1 所示的综合轴零件，已知材料为铝，毛坯尺寸为 ϕ30 mm × 100 mm，具体技术要求见零件加工图纸。要求对零件进行数控车削加工工艺分析，并填写数控加工刀具卡、数控加工工序卡，编制加工程序并完成实物加工。

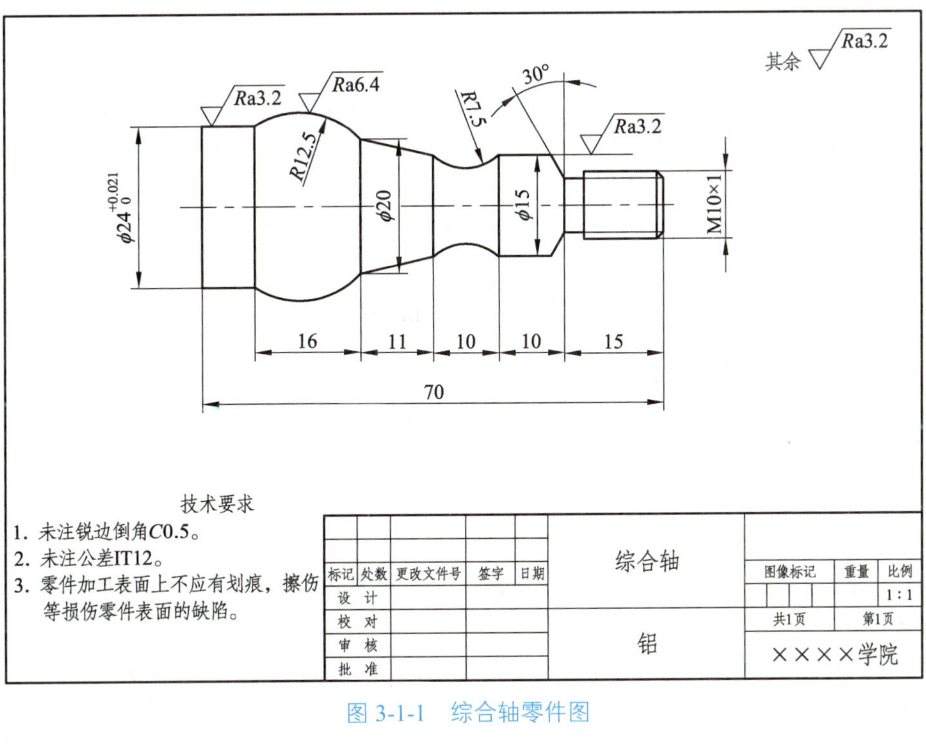

图 3-1-1　综合轴零件图

1.2 相关知识

机械加工工艺流程是工件或零件制造加工的步骤，采用机械加工的方法，直接改变毛坯的形状、尺寸和表面质量等，使其成为零件的过程称为机械加工工艺流程。机械加工工艺就是在流程的基础上，改变生产对象的形状、尺寸、相对位置和性质等，使其成为成品或半成品，是每个步骤的详细说明。如每个步骤要有详细的数据，比如粗糙度要达到多少，公差要达到多少。技术人员根据产品数量、设备条件和工人素质等情况，确定采用的工艺过程，并将有关内容写成工艺文件。总的来说，工艺流程是纲领，加工工艺是每个步骤的详细参数，工艺文件是根据实际情况编写的特定的加工工艺汇总。

其主要内容有：分析零件图及产品装配图，对零件进行工艺分析；选择毛坯；拟订工艺路线；确定各工步的加工余量，计算工序尺寸及公差；确定各工步所用的设备及刀具、夹具、量具和辅助工具；确定切削用量及工时定额；确定各主要工序的技术要求及检验方法；填写工艺文件。

在制定工艺流程的过程中，往往要对前面已初步确定的内容进行调整，以提高经济效益。在执行工艺规程过程中，可能会出现前所未料的情况，如生产条件的变化，新技术、新工艺的引进，新材料、先进设备的应用等，都要求及时对工艺规程进行修订和完善。

1.3 任务实施

1.3.1 工艺分析

1. 零件的几何特点

综合轴零件由外圆柱面、凹凸圆弧、锥面、槽和螺纹组成。从零件外形切入，可采用内外径粗车复合循环指令 G71，留精加工余量，再进行精加工，使工件达到零件外轮廓尺寸和粗糙度要求。零件右端 M10×1 的螺纹，为了使螺纹刀能顺利退出，在螺纹层左端先切退刀槽，再采用螺纹切削单一循环指令 G92 加工螺纹。最后切断工件，使工件达到所需尺寸。

根据零件结构特点，选用毛坯尺寸为 ϕ30 mm×100 mm 的棒料，工件材料为铝。确定工件坐标系，如图 3-1-2 所示。

2. 确定装夹方案

三爪自定心卡盘（俗称三爪卡盘）装夹，零件一次装夹完成。

3. 选择刀具

综合轴选择的刀具有外圆车刀、切槽刀（刀宽 3 mm）和 60°三角形螺纹刀，见表 3-1-1。

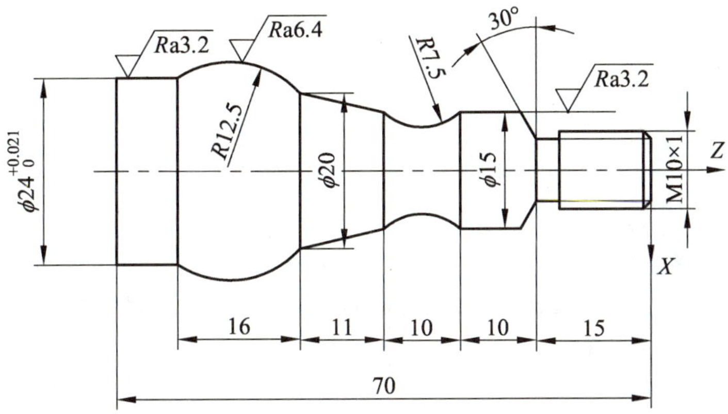

图 3-1-2　综合轴零件工件坐标系

表 3-1-1　数控加工刀具卡

产品名称或代码：			零件名称：综合轴		零件图号：	
序号	刀具号	刀具规格及名称	材质	数量	加工面	备注
1	T0101	93°外圆车刀	硬质合金	1	车端面、外轮廓	
2	T0202	切槽刀	硬质合金	1	切断	刀宽 3 mm
3	T0303	60°螺纹刀	硬质合金	1	螺纹加工	60°三角形
编制：			审核：			

1.3.2　加工工序卡

填写零件加工工序卡见表 3-1-2。

第 1 步：以外圆为定位基准，用三爪自定心卡盘夹紧。

第 2 步：选择各工步刀具及切削参数。

第 3 步：平右端面选用 93°外圆车刀，可采用 G01/G94 指令。

第 4 步：外圆柱面粗车循环切削，选用 93°外圆车刀，可采用 G71 指令。

第 5 步：外圆柱面精车，选用 93°外圆车刀，可采用 G70、G01、G03 等指令。

第 6 步：切退刀槽，采用刀宽为 3 mm 的切槽刀。

第 7 步：螺纹加工，查表得，螺纹牙深 0.649 mm，分三次进给，第一次进给 0.7 mm，第二次进给 0.4 mm，最后一次进给 0.2 mm。

1.3.3　参考程序

综合轴零件参考程序见表 3-1-3、3-1-4、3-1-5。

表 3-1-2 综合轴零件加工工序卡

数控加工工序卡				产品型号		零件图号		
				产品名称		零件名称	综合轴零件	
材料牌号	铝	毛坯种类	棒料	毛坯尺寸/mm	ϕ30 mm×100 mm	备注	1-1	
工序号	工序名称	设备名称	设备型号	程序编号	夹具代号	夹具名称	切削液	车间
1	车	数控车床	CK6140	O0001	1	自定心卡盘	油基切削液	数控车间
工步	工步内容	刀具号	刀具	量具及检具	主轴转速（r/mm）	进给速度（mm/min）	背吃刀量（mm）	备注
1	装夹零件，夹持 20 mm							
2	车右端面	T0101	93°车刀	游标卡尺	800	100	0.5	可多次切削
3	粗加工外圆轮廓，X 向留 0.4 mm，Z 向留 0.2 mm 余量	T0101	93°车刀	游标卡尺、外径千分尺、半径样板	800	200	1	自动
4	精加工外圆轮廓至图纸尺寸	T0101	93°车刀	游标卡尺、外径千分尺、半径样板	1000	100	0.5	自动
5	切退刀槽	T0202	切断刀 刀宽 3 mm	游标卡尺、外径千分尺	400	30		自动
6	切螺纹	T0303	螺纹刀	螺纹通止规	400	1 mm/r		自动
7	切　断	T0202	切断刀 刀宽 3 mm	游标卡尺、外径千分尺	400	30		自动

表 3-1-3　综合轴零件参考程序 1

零件图号：	零件名称：综合轴零件
程序内容	简要说明
O0001；	外轮廓加工程序名
N10 G98；	设定进给单位 mm/min
N20 T0101；	换 1 号刀，调用 1 号补偿
N30 M03 S800；	主轴正转，转速 800 r/min
N40 G00 X100 Z100；	程序起点
N50 X32 Z2；	循环起点
N60 G94 X-0.5 Z0 F100；	右端面切削
N70 G71 U1 R0.5；	外轮廓粗加工循环
N80 G71 P90 Q190 U0.2 W0.2 F200；	
N90 G01 X9.9 W0 F100；	外轮廓精加工第一段
N100 Z-14.5；	
N110 X8；	
N120 Z-15；	精加工程序段
N130 X15 Z-17；	
N140 Z-25；	
N150 G02 X15 Z-35 R7.5；	
N160 G01 X20 Z-46；	
N170 G03 X24 Z-62 R12.5；	
N180 G01 Z-75；	外轮廓精加工最后一段
N190 G01 X32；	
N200 G00 Z2；	
N210 M03 S1000；	提高转速
N220 G70 P90 Q190；	精加工
N230 G00 X100；	
N240 Z100；	
N250 M30；	

表 3-1-4　综合轴零件参考程序 2

零件图号：	零件名称：综合轴零件
程序内容	简要说明
O0002；	退刀槽加工程序
N10 G98；	设定进给单位 mm/min
N20 T0202；	换 2 号刀，调用 2 号补偿
N30 G00 X100 Z100；	
N40 M03 S400；	主轴正转，转速 400 r/min
N50 G00 X16 Z2 M08；	接近工件，开切削液
N60 Z-15；	退刀槽切削点
N70 G01 X8 F30；	切槽
N80 X16；	
N90 G00 X100；	
N100 Z100；	
N110 M30；	程序结束，光标返回程序头

表 3-1-5　综合轴零件参考程序 3

零件图号：	零件名称：综合轴零件
程序内容	简要说明
O0003；	（螺纹切削+切断）程序名
N10 G98；	设定进给单位
N20 T0303；	换 3 号刀，调用 3 号刀补
N30 M03 S400；	主轴正转，转速 400 r/min
N40 G00 X100 Z100；	
N50 X10 Z2 M08；	循环起点，打开切削液
N60 G92 X9.2 Z-14 F1；	螺纹单一循环切削
N70 X8.8；	
N80 X8.6；	
N90 G00 X100；	
N100 Z100；	
N110 T0202；	换 2 号刀，切断刀
N120 G00 Z-73；	
N130 X25；	
N140 G01 X-0.5 F30；	切断
N150 G00 X100；	
N160 Z100；	
N170 M30；	程序结束，光标返回程序头

1.3.4 仿真加工

使用数控仿真加工软件对加工程序进行检验、调试，完成零件的仿真加工。

1.3.5 车间实体零件加工

通过数控加工仿真，确定零件的加工程序，在实训车间对该零件进行首件试车。零件检测及评分见表 3-1-6。

表 3-1-6 综合轴零件检测及评分表

加工开始时间：		加工结束时间：		加工时间：		
检测项目		技术要求	配分	评分标准	检测结果	得分
工艺（10）	1	切削用量选择合理	5	出错一次扣 1 分		
	2	加工工艺制定合理	5	出错一次扣 1 分		
仿真操作（10）	3	机床操作规范	5	出错一次扣 1 分		
	4	刀具、工件装夹正确	5	出错一次扣 1 分		
安全生产（20）	5	安全操作机床	10	出错一次扣 5 分		
	6	工具、量具摆放整齐	5	出错一次扣 1 分		
	7	整理机床	5	出错一次扣 1 分		
外圆（10）	8	外圆尺寸 ϕ15 mm	5	超差无分		
	9	外圆尺寸 ϕ24 mm	5	超差 0.02 mm 以上无分		
长度（10）	10	70 mm	5	超差无分		
	11	12 mm	5	超差 0.02 mm 以上无分		
圆弧（10）	12	R7.5	5	超差无分		
	13	R12.5	5	超差无分		
螺纹（10）	14	M10×1	10	超差无分		
程序（20）	15	程序正确、合理	20	出错一次扣 1 分		
总配分			100	总得分		
停工原因					加工日期 年 月 日	

任务2 球头轴加工

知识目标

（1）能正确分析零件加工工艺特点，制定加工工艺。

（2）掌握数控系统编程指令的运用。

（3）掌握相关点的计算。

能力目标

（1）能正确选择装夹方法、刀具、夹具以及切削用量。

（2）能编制加工工艺卡并编写加工程序。

（3）能在数控机床上完成零件的加工。

任务学习

2.1 任务布置

【任务】加工如图 3-2-1 所示的球头轴零件，已知材料为铝，毛坯尺寸为 ϕ40 mm × 120 mm，具体技术要求如图纸。要求对零件进行数控车削加工工艺分析，并填写数控加工刀具卡、数控加工工序卡，编制加工程序并完成实物加工。

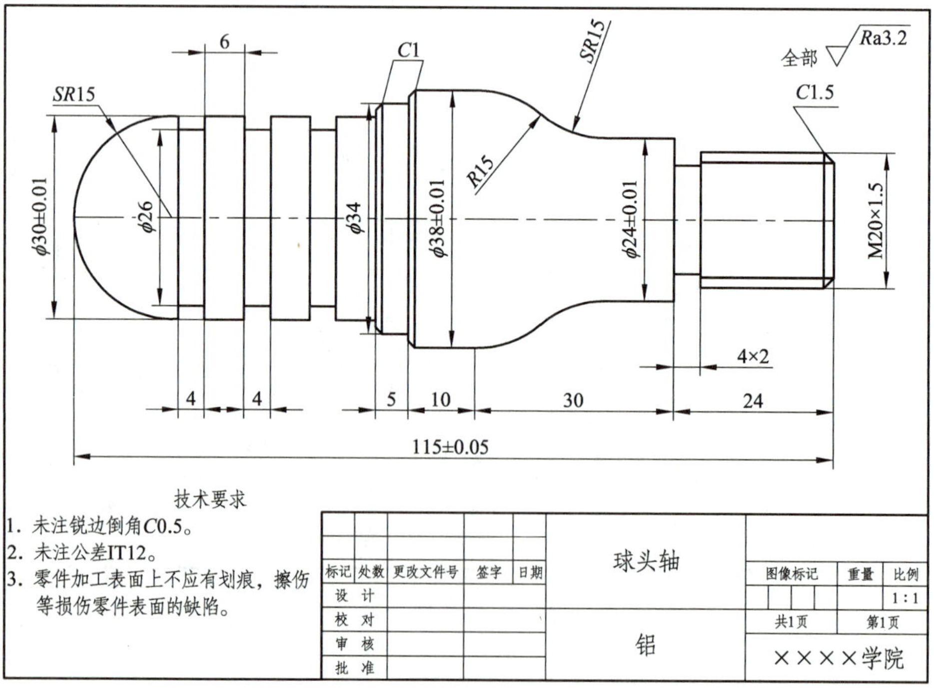

图 3-2-1 球头轴零件图

2.2 任务实施

2.2.1 工艺分析

1. 零件几何特点

分析球头轴的零件图纸，加工内容包括外圆、阶台、圆弧、槽、螺纹等。其中，$\phi(24\pm0.01)$ mm、$\phi(38\pm0.01)$ mm、$\phi(30\pm0.01)$ mm 外圆尺寸精度要求较高，表面粗糙度值 Ra 均为 3.2 μm。计算两个 $R15$ 圆弧连接处切点和 $R15$ 圆弧与 $\phi24$ mm 外圆切点的 Z 轴坐标。此零件外形符合单调性变化的规律，因此外圆的粗加工可选用内外径粗车复合循环指令 G71，槽的加工可用径向车槽多重循环指令 G75，螺纹的加工可采用螺纹切削单一循环指令 G92。

根据零件结构特点，选用毛坯尺寸为 $\phi40$ mm × 120 mm 的棒料，工件材料为铝。零件两端都要加工，加工完一端后，调头再加工另一端，坐标原点分别设在两端面与工件轴线的交点处，工件坐标系如图 3-2-2、3-2-3 所示。

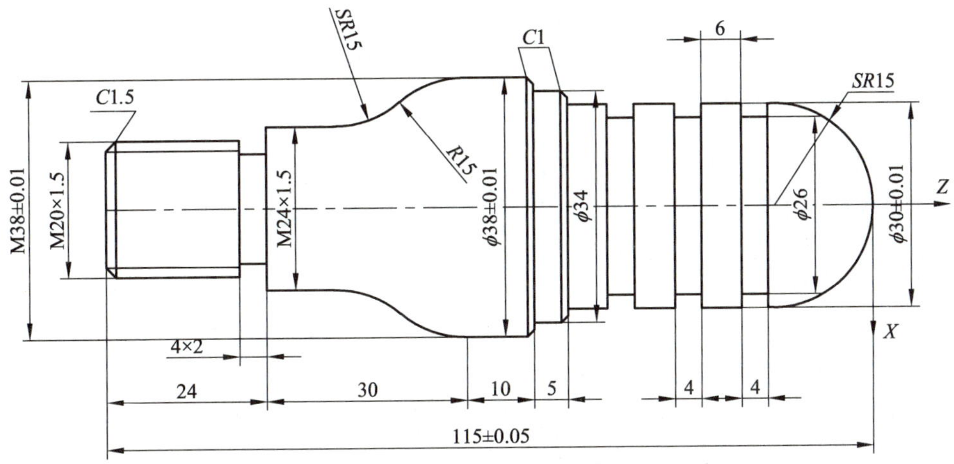

图 3-2-2　球头端加工工件坐标系（工序一）

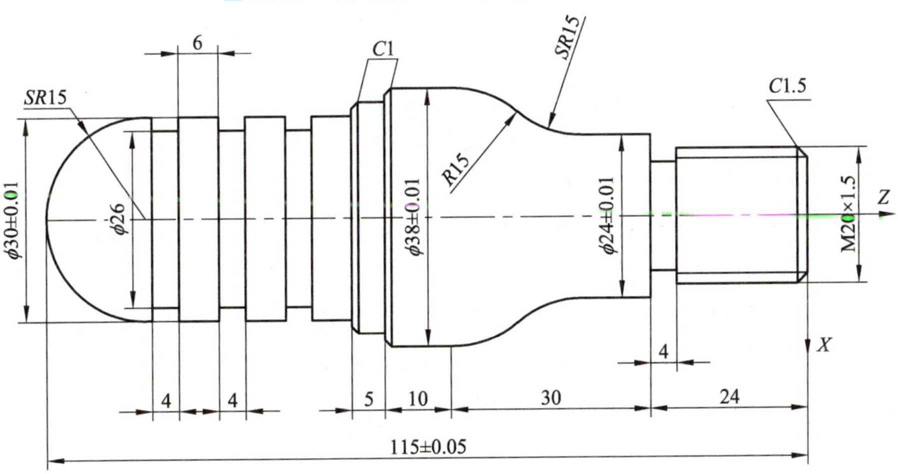

图 3-2-3　螺纹端加工工件坐标系（工序二）

2. 确定装夹方案

三爪自定心卡盘（俗称三爪卡盘）装夹。零件两次装夹完。

3. 选择刀具

球头轴零件选择的刀具有 93°外圆车刀、切槽刀（刀宽 4 mm）和 60°的三角形螺纹车刀，见表 3-2-1。

表 3-2-1 数控加工刀具卡

产品名称或代码：			零件名称：球头轴零件		零件图号：	
序号	刀具号	刀具规格及名称	材质	数量	加工面	备注
1	T0101	93°外圆车刀	硬质合金	1	车端面、外轮廓	
2	T0202	切槽刀	硬质合金	1	切　断	刀宽 4 mm
3	T0303	螺纹刀	硬质合金	1	螺纹加工	60°三角形
编制：			审核：			

2.2.2 加工工序卡

填写加工工序卡，见表 3-2-2、3-2-3。

工序一：加工零件球头端。

第 1 步：以外圆为定位基准，用三爪自定心卡盘夹紧。

第 2 步：选择各工步刀具及切削参数。

第 3 步：平端面，选用 93°外圆车刀，可采用 G01/G94 指令。

第 4 步：外圆柱面粗车循环切削，选用 93°外圆车刀，可采用 G71 指令粗车零件 ϕ（30±0.01）mm，ϕ34 mm 外圆、阶台、两处 C1 倒角及 R15 半球面。

第 5 步：外圆柱面精车，选用 93°外圆车刀，可采用 G70、G01、G03 等指令。

第 6 步：切槽，采用刀宽为 4 mm 的切槽刀加工 3 个宽 4 mm、深 2 mm 外槽至图纸尺寸。

工序二：掉头加工螺纹端。

第 1 步：调头装夹。三爪自定心卡盘夹持左端 ϕ（30±0.01）mm 外圆并打百分表找正，车削零件端面可采用 G01/G94 指令，保证工件总长。

第 2 步：外圆柱面粗车循环切削，粗车零件右端 ϕ（38±0.01）mm、ϕ(24±0.01)mm、ϕ20 mm 外圆及两处 R15 圆弧面。

第 3 步：外圆柱面精车，选用 93°外圆车刀，可采用 G70、G01、G03 等指令。

第 4 步：切槽，采用刀宽为 4 mm 的切槽刀切 4 mm × 2 mm 螺纹退刀槽。

第 5 步：螺纹加工，加工 M20 × 1.5 的螺纹。

表 3-2-2　球头轴工艺卡 1

数控加工工序卡				产品型号		零件图号		
				产品名称		零件名称	球头轴零件	
材料牌号		铝	毛坯种类	棒料	毛坯尺寸/mm	ϕ40 mm×120 mm	备注	2-1
工序号	工序名称	设备名称	设备型号	程序编号	夹具代号	夹具名称	切削液	车间
1	车	数控车床	CK6140	O0001	1	自定心卡盘	油基切削液	数控车间
工步	工步内容	刀具号	刀具	量具及检具	主轴转速（r/mm）	进给速度（mm/min）	背吃刀量（mm）	备注
1	加工零件球头端，装夹零件，夹持 60 mm							
2	车端面	T0101	93°外圆车刀	游标卡尺	800	100	0.5	可多次切削
3	粗加工外圆轮廓，ϕ（30±0.01）mm，ϕ34 mm 外圆、台阶、两处 $C1$ 倒角及 $R15$ 半球面，留精加工余量 0.4 mm	T0101	93°外圆车刀	游标卡尺、外径千分尺	800	200	1	自动
4	精加工外圆轮廓至图纸尺寸	T0101	93°外圆车刀	游标卡尺、外径千分尺	1 000	100	0.4	自动
5	切三个宽 4 mm、深 2 mm 的槽	T0202	切断刀 刀宽 4 mm		400	30	4	自动

表 3-2-3 球头轴工艺卡 2

<table>
<tr><td colspan="4" rowspan="2">数控加工工序卡</td><td>产品型号</td><td></td><td>零件图号</td><td colspan="2"></td></tr>
<tr><td>产品名称</td><td></td><td>零件名称</td><td colspan="2">球头轴零件</td></tr>
<tr><td>材料牌号</td><td>铝</td><td>毛坯种类</td><td>棒料</td><td>毛坯尺寸/mm</td><td>ϕ 40 mm×120 mm</td><td>备注</td><td colspan="2">2-2</td></tr>
<tr><td>工序号</td><td>工序名称</td><td>设备名称</td><td>设备型号</td><td>程序编号</td><td>夹具代号</td><td>夹具名称</td><td>切削液</td><td>车间</td></tr>
<tr><td>2</td><td>车</td><td>数控车床</td><td>CK6140</td><td>O0001</td><td>1</td><td>自定心卡盘</td><td>油基切削液</td><td>数控车间</td></tr>
<tr><td>工步</td><td>工步内容</td><td>刀具号</td><td>刀具</td><td>量具及检具</td><td>主轴转速（r/mm）</td><td>进给速度（mm/min）</td><td>背吃刀量（mm）</td><td>备注</td></tr>
<tr><td>1</td><td>加工零件螺纹端，装夹零件 ϕ (30±0.01)mm 外圆，夹持 55 mm 左右</td><td></td><td></td><td></td><td></td><td></td><td></td><td></td></tr>
<tr><td>2</td><td>车端面，保证零件总长</td><td>T0101</td><td>93°外圆车刀</td><td>游标卡尺</td><td>800</td><td>100</td><td>0.5</td><td>可多次切削</td></tr>
<tr><td>3</td><td>粗车零件右端 ϕ (38±0.01)mm、ϕ (24±0.01)mm、ϕ 20 mm 外圆及两处 $R15$ 圆弧面，精加工余量 0.4 mm</td><td>T0101</td><td>93°外圆车刀</td><td>游标卡尺、外径千分尺</td><td>800</td><td>200</td><td>1</td><td>自动</td></tr>
<tr><td>4</td><td>精加工外圆轮廓至图纸尺寸</td><td>T0101</td><td>93°外圆车刀</td><td>游标卡尺、外径千分尺</td><td>1 000</td><td>100</td><td>0.4</td><td>自动</td></tr>
<tr><td>5</td><td>加工 M20×1.5 螺纹</td><td>T0303</td><td>60°螺纹刀</td><td>螺纹通止规</td><td>400</td><td>1.5 mm/r</td><td></td><td>自动</td></tr>
</table>

2.2.3 关键坐标点计算

1. 计算外螺 M20 × 1.5 相关编程尺寸

已知螺纹公称直径 $D = 20$ mm，螺距 $P = 1.5$ mm，则：

螺纹切削前轴径：$D_{大}=D-0.1P=(20-0.1\times1.5)$ mm=19.85 mm

螺纹牙深：$t=0.65P=(0.65\times1.5)$ mm=0.975 mm

2. 圆弧切点坐标的计算

图 3-2-4 所示为零件圆弧部分计算示意图。工件编程坐标原点如图 3-2-4 所示，图中 B 点处的 X、Z 坐标值和 C 点 Z 坐标值未知，需要计算得出。

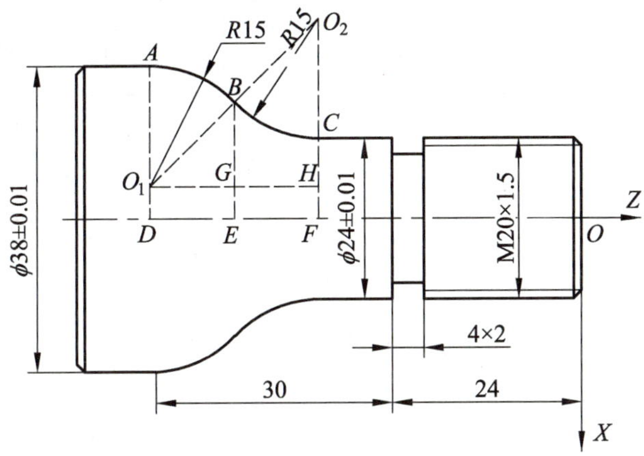

图 3-2-4　圆弧切点坐标计算示意图

作辅助线连接两个 $R15$ 圆弧的圆心 O_1、O_2，与圆弧交于点 B，B 点即为两圆弧的切点，连接切点 A 与 O_1 并延长至轴线交于点 D，连接 O_2 与切点 C 并延长至轴线交于点 F，过圆弧切点 B 作垂线交轴线于点 E，过 O_1 作轴线的平行线分别交 BE、CF 于点 G、H。

在直角△O_1BG 中，$O_1B=R=15$ mm

在直角△O_1O_2H 中，$O_1O_2=2R=30$ mm

$\because O_1A=R=15$ mm

$\therefore HF=GE=O_1D=AD-O_1A=\left(\frac{38}{2}-15\right)=4$ mm

$CH=CF-HF=(12-4)$ mm $=8$ mm

$O_2H=O_2C+CH=(15+8)$ mm=23 mm

$\because \triangle O_1BG \sim \triangle O_1O_2H$

$\therefore BG/O_2H=O_1B/O_1O_2$

$\Rightarrow BG=O_2H\cdot O_1B/O_1O_2=23\times15/30$ mm=11.5 mm

$BE=BG+GE=(11.5+4)$ mm=15.5 mm

在△O_1BG 中，由勾股定理得：$O_1G^2=O_1B^2-BG^2=(15^2-11.5^2)$ mm=92.75 mm

$\therefore O_1G=\sqrt{92.7}$ mm≈9.631 mm

⇒B 点的坐标为：X31 mm，Z-44.369 mm。

在$\triangle O_1O_2H$中，由勾股定理得

$O_1H_2=O_1O_2^2-O_2H^2=(30^2-23^2)$ mm=371 mm

$\therefore O_1H=\sqrt{371}$ mm≈19.261 mm

⇒C 点的坐标为：X24 mm，Z-34.739 mm。

2.2.4 参考程序

球头轴零件加工程序见表 3-2-4、3-2-5、3-2-6、3-2-7。

表 3-2-4 球头轴零件加工程序 1

零件图号：	零件名称：球头轴零件
程序内容	简要说明
O0001；	“球头端”外轮廓加工程序名
N10 G98 T0101；	调用 1 号刀，设置 F 单位为 mm/min
N20 M03 S800；	主轴正转，转速 800 r/min
N30 G00 X100 Z100；	
N40 X42 Z2；	循环起点
N50 G94 X-0.5 Z0 F100；	端面切削
N60 G71 U1 R0.5；	球头端外轮廓粗加工
N70 G71 P80 Q180 U0.2 W0 F200；	
N80 G01 X0 F100；	球头端外轮廓精加工程序段
N90 G42 G01 Z0；	
N100 G03 X30 Z-15 R15；	
N110 G01 Z-46；	
N120 X32；	
N130 X34 Z-47；	
N140 Z-57；	
N150 X36；	
N160 X39 Z-52.5；	
N170 Z-62；	
N180 G01 X42；	
N190 G00 Z2 S1000；	
N200 G70 P80 Q180；	球头端外轮精加工
N210 G00 G40 X100；	
N220 Z100；	
N230 M30；	程序结束，光标返回程序头

表 3-2-5　球头轴零件加工程序 2

零件图号：	零件名称：球头轴零件
程序内容	简要说明
O0002；	“球头端”槽加工程序名
N10 G98 T0202；	调用 2 号刀，设置 F 单位为 mm/min
N20 M03 S400；	主轴正转，转速 400 r/min
N30 G00 X100 Z100；	
N40 G00 X32 Z2；	接近工件
N50 Z-19；	循环起点
N60 G75 R0.5；	径向槽加工
N70 G75 X26 Z-39 P1000 Q10000 F30；	
N80 G00 X100；	
N90 Z100；	
N100 M30；	程序结束，光标返回程序头

表 3-2-6　球头轴零件加工程序 3

零件图号：	零件名称：球头轴零件
程序内容	简要说明
O0003；	“螺纹端”外轮廓加工程序名
N10 G98 T0101；	调用 1 号刀，设置 F 单位为 mm/min
N20 M03 S800；	主轴正转，转速 800 r/min
N30 G00 X100 Z100；	
N40 G00 X42 Z2；	循环起点
N50 G94 X-0.5 Z0 F100；	端面切削
N60 G71 U1 R0.5；	螺纹端外轮廓粗加工
N70 G71 P80 Q170 U0.2 W0 F200；	
N80 G01 X16.85 F100；	螺纹端外轮廓精加工程序段
N90 G42 G01 Z0；	
N100 X19.85 Z-1.5；	
N110 Z-22；	
N120 X24；	
N130 Z-34.739；	
N140 G02 X31 Z-44.369 R15；	
N150 G03 X38 Z-54 R15；	
N160 G01 Z-65；	
N170 G01 X42；	

续表

零件图号：	零件名称：球头轴零件
程序内容	简要说明
N180 G00 Z2 S1000；	
N190 G70 P80 Q170；	螺纹端外轮廓精加工
N200 G00 X100；	
N210 G40 G00 Z100；	
N220 M30；	程序结束，光标返回程序头

表 3-2-7　球头轴零件加工程序 4

零件图号：	零件名称：球头轴零件
程序内容	简要说明
O0004；	“螺纹端”退刀槽加工程序名
N10 G98 T0202；	调用 2 号刀，设置 F 单位为 mm/min
N20 M03 S400；	主轴正转，转速 400 r/min
N30 G00 X100 Z100；	
N40 G00 X26 Z2；	接近工件
N50 Z-24；	槽的加工准备
N60 G01 X16 F30；	加工槽
N70 G04 X2；	暂停 2 s
N80 G01 X26；	
N90 G00 X100 Z100；	
N100 M30；	程序结束，光标返回程序头

2.2.5　仿真加工

球头轴零件仿真加工见表 3-2-8。

表 3-2-8　球头轴零件仿真加工

零件图号：	零件名称：球头轴零件
程序内容	简要说明
O0005；	螺纹加工程序名
N10 G98 T0303；	调用 3 号刀，设置 F 单位为 mm/min
N20 M03 S400；	主轴正转，转速 400 r/min
N30 G00 X100 Z100；	
N40 X22 Z2；	循环起点

续表

零件图号：	零件名称：球头轴零件
程序内容	简要说明
N50 G92 X19 Z-22 F1.5；	螺纹加工
N60 X18.45；	
N70 X18.05；	
N80 X17.89；	
N90 G00 X100 Z100；	
N100 M30；	程序结束，光标返回程序头

使用数控仿真加工软件对加工程序进行检验、调试，完成零件的仿真加工。

2.2.6 车间实体零件加工

通过数控加工仿真，确定零件的加工程序，在实训车间对该零件进行首件试车。零件检测及评分见表 3-2-9。

表 3-2-9 球头轴零件检测及评分表

加工开始时间：		加工结束时间：		加工时间：		
检测项目		技术要求	配分	评分标准	检测结果	得分
工艺（10）	1	切削用量选择合理	5	出错一次扣 1 分		
	2	加工工艺制定合理	5	出错一次扣 1 分		
仿真操作（10）	3	机床操作规范	5	出错一次扣 1 分		
	4	刀具、工件装夹正确	5	出错一次扣 1 分		
安全生产（10）	5	安全操作机床	5	出错一次扣 5 分		
	6	工具、量具摆放整齐	5	出错一次扣 1 分		
	7	整理机床		出错一次扣 1 分		
外圆（12）	8	外圆尺寸 ϕ24 mm	3	超差 0.02 mm 以上无分		
	9	外圆尺寸 ϕ30 mm	3	超差 0.02 mm 以上无分		
	10	外圆尺寸 ϕ34 mm	3	超差无分		
	11	外圆尺寸 ϕ38 mm	3	超差 0.02 mm 以上无分		

续表

加工开始时间：		加工结束时间：		加工时间：		
检测项目		技术要求	配分	评分标准	检测结果	得分
长度（15）	12	5 mm	3	超差无分		
	13	6 mm	6	超差无分		
	14	24 mm	3	超差无分		
	15	115 mm	3	超差 0.02 mm 以上无分		
槽的尺寸（4）	16	槽径尺寸 ϕ16 mm	2	超差 0.02 mm 以上无分		
	17	槽径尺寸 ϕ26 mm	2	超差 0.02 mm 以上无分		
球头及圆弧尺寸（6）	18	*SR*15 mm	3	超差 0.02 mm 以上无分		
	19	*R*15 mm	3	超差 0.02 mm 以上无分		
螺纹尺寸（5）	20	M20 × 1.5	5	超差无分		
倒角尺寸（3）	21	*C*1	2			
	22	*C*1.5	1			
表面粗糙度（5）	23	符合图纸要求	5			
程序（20）	24	程序正确、合理	20	出错一次扣 1 分		
总配分			100	总得分		
停工原因					加工日期 年　月　日	

任务3　传动轴加工

知识目标

（1）能正确分析传动轴零件的结构特点，加工工艺特点，制定加工工艺。
（2）掌握数控系统编程指令的运用。

能力目标

（1）能正确选择装夹方法、刀具、夹具以及切削用量。
（2）能编制加工工艺卡并编制加工程序。
（3）能正确运用数控仿真系统调试校验程序，并在数控机床上完成零件的加工。

任务学习

3.1　任务布置

【任务】加工如图 3-3-1 所示的传动轴零件，已知该传动轴与轴承座配合，如图 3-3-2 所示，工件材料为铝，毛坯尺寸为 ϕ55 mm × 65 mm，具体技术要求见零件图纸。要求对零件进行数控车削加工工艺分析，并填写数控加工刀具卡、数控加工工序卡，编制加工程序并完成实物加工。

3.2　任务实施

3.2.1　工艺分析

1. 零件几何特点

传动轴零件加工内容包括外圆、阶台、圆弧、槽、内螺纹等。其中，外圆尺寸精度要求较高，表面粗糙度值 *Ra* 均为 3.2 μm，有同轴度要求，内螺纹加工，先钻孔，再内孔加工，最后加工内螺纹。此零件外形符合单调性变化的规律，因此外圆的粗加工可选用内外径粗车复合循环指令 G71，槽的加工可用直线插补 G01，螺纹的加工可采用螺纹切削单一循环指令 G92。

根据零件结构特点，选用毛坯尺寸为 ϕ55 mm × 65 mm 的棒料，工件材料为铝。零件两端都要加工，加工完一端后，调头再加工另一端，坐标原点分别设在两端面与工件轴线的交点处，工件坐标系如图 3-3-3、3-3-4 所示。

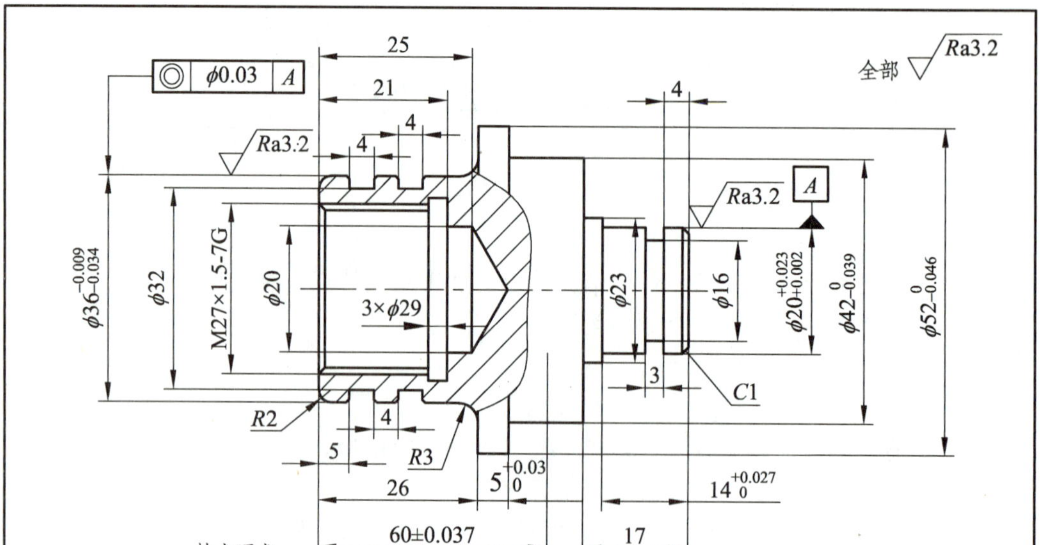

技术要求

1. 未注锐边倒角C0.5。
2. 未注公差IT12。
3. 零件加工表面上不应有划痕，擦伤等损伤零件表面的缺陷。

					传动轴			
标记	处数	更改文件号	签字	日期		图像标记	重量	比例
设计								1:1
校对					铝	共1页		第1页
审核						××××学院		
批准								

图 3-3-1　传动轴零件图

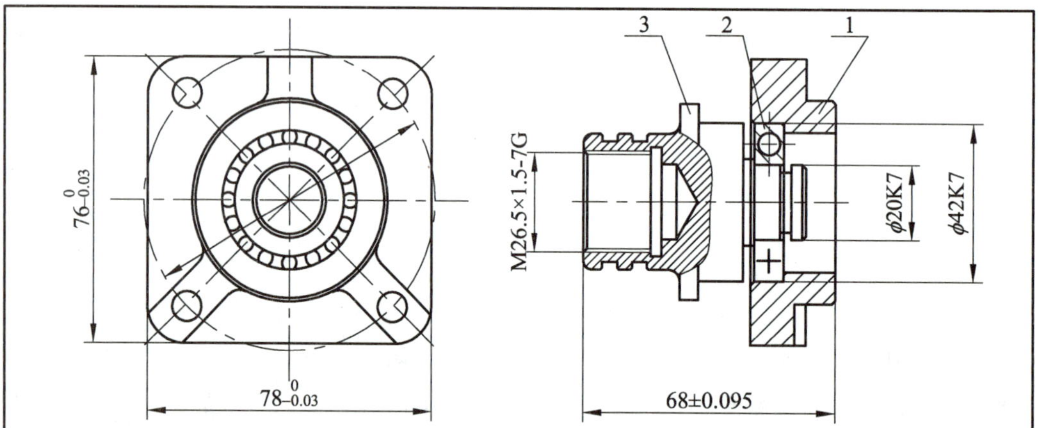

技术要求

1.必须按照设计、工艺要求及本规定和有关标准进行装配；
2.各零、部件装配后相对位置应准确；
3.零件在装配前必须清理和清洗干净；
4.装配过程中零件不得磕碰、划伤和锈蚀。

3	传动轴	2Al2	1
2	轴承	GCrl5	1
1	轴承座	2Al2	1
序号	零件名称	材料	数量

装配图				
制图				
审核				

图 3-3-2　轴承装配图

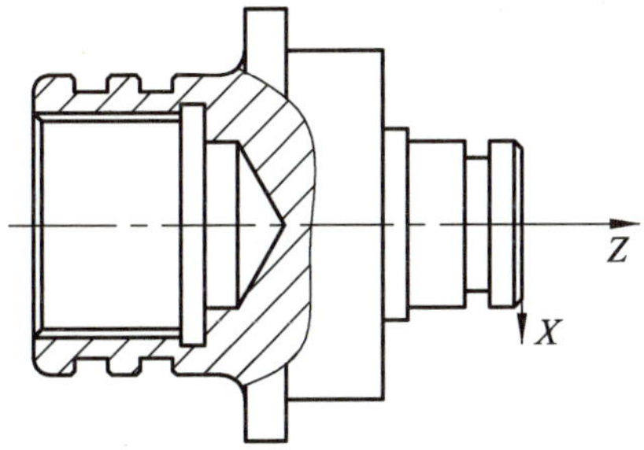

图 3-3-3 圆柱端加工工件坐标系（工序一）

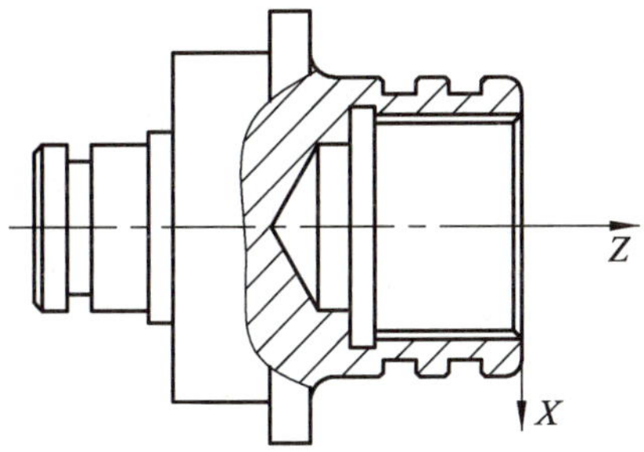

图 3-3-4 内螺纹端加工工件坐标系（工序二）

2. 确定装夹方案

三爪自定心卡盘（俗称三爪卡盘）装夹。零件二次装夹完成。

3. 选择刀具

传动轴零件选择的刀具有 93°外圆车刀、切槽刀（刀宽 3 mm）、ϕ20 mm 的钻头、内孔车刀和 60°的三角形内螺纹车刀，见表 3-3-1。

表 3-3-1 数控加工刀具卡

产品名称或代码：			零件名称：传动轴零件		零件图号：	
序号	刀具号	刀具规格及名称	材质	数量	加工面	备注
1	T0101	93°外圆车刀	硬质合金	1	车端面、外轮廓	
2	T0202	切槽刀	硬质合金	1	切断	刀宽 3 mm
3	T0303	内孔车刀	硬质合金	1	内孔加工	
4	T0404	内槽刀	硬质合金	1	内退刀槽加工	刀宽 3 mm
5	T0305	内螺纹刀	硬质合金	1	内螺纹加工	60°三角形
6		ϕ20 mm 的钻头	高速钢	1	钻孔	
		中心钻	高速钢	1	钻中心孔	
编制：			审核：			

3.2.2 加工工序卡

填写加工工序卡，见表 3-3-2、3-3-3。

表 3-3-2 传动轴加工工序卡 1

<table>
<tr><td colspan="4" rowspan="2">数控加工工序卡</td><td>产品型号</td><td></td><td>零件图号</td><td colspan="2"></td></tr>
<tr><td>产品名称</td><td></td><td>零件名称</td><td colspan="2">球头轴零件</td></tr>
<tr><td>材料牌号</td><td>铝</td><td>毛坯种类</td><td>棒料</td><td>毛坯尺寸/mm</td><td>ϕ 55 mm×65 mm</td><td>备注</td><td colspan="2">2-1</td></tr>
<tr><td>工序号</td><td>工序名称</td><td>设备名称</td><td>设备型号</td><td>程序编号</td><td>夹具代号</td><td>夹具名称</td><td>切削液</td><td>车间</td></tr>
<tr><td>1</td><td>车</td><td>数控车床</td><td>CK6140</td><td>O0001</td><td>1</td><td>自定心卡盘</td><td>油基切削液</td><td>数控车间</td></tr>
<tr><td>工步</td><td>工步内容</td><td>刀具号</td><td>刀具</td><td>量具及检具</td><td>主轴转速（r/mm）</td><td>进给速度（mm/min）</td><td>背吃刀量（mm）</td><td>备注</td></tr>
<tr><td>1</td><td>加工零件圆柱端，装夹零件，夹持 25 mm</td><td></td><td></td><td></td><td></td><td></td><td></td><td></td></tr>
<tr><td>2</td><td>车端面</td><td>T0101</td><td>93°外圆车刀</td><td>游标卡尺</td><td>800</td><td>100</td><td>0.5</td><td>可多次切削</td></tr>
<tr><td>3</td><td>粗加工外圆轮廓、$\phi 52^{+0}_{-0.046}$ mm、$\phi 42^{+0}_{-0.039}$ mm、ϕ 23 mm、$\phi 20^{+0.023}_{+0.002}$ mm 外圆，留精加工余量 0.4 mm</td><td>T0101</td><td>93°车刀</td><td>游标卡尺、外径千分尺</td><td>800</td><td>200</td><td>1</td><td>自动</td></tr>
<tr><td>4</td><td>精加工外圆轮廓至图纸尺寸</td><td>T0101</td><td>93°车刀</td><td>游标卡尺、外径千分尺</td><td>1000</td><td>100</td><td>0.4</td><td>自动</td></tr>
<tr><td>5</td><td>切宽 3 mm、深 2 mm 的槽</td><td>T0202</td><td>切断刀、刀宽 3 mm</td><td>游标卡尺、外径千分尺</td><td>400</td><td>30</td><td>4</td><td>自动</td></tr>
</table>

表 3-3-3　传动轴加工工序卡 2

数控加工工序卡				产品型号		零件图号		
				产品名称		零件名称	球头轴零件	
材料牌号	铝	毛坯种类	棒料	毛坯尺寸/mm	ϕ 55 mm×65 mm	备注	2-2	
工序号	工序名称	设备名称	设备型号	程序编号	夹具代号	夹具名称	切削液	车间
2	车	数控车床	CK6140	O0001	1	自定心卡盘	油基切削液	数控车间
工步	工步内容	刀具号	刀具	量具及检具	主轴转速（r/mm）	进给速度（mm/min）	背吃刀量（mm）	备注
1	加工零件内螺纹端，装夹零件 $\phi 42^{+0}_{-0.039}$ mm 外圆，夹持 25 mm 左右，打表找正							
2	车端面，保证零件总长	T0101	93°外圆车刀	游标卡尺、外径千分尺	800	100	0.5	可多次切削
3	粗车零件内螺纹端 $\phi 36^{-0.009}_{-0.034}$ mm、$R3$ 的外圆，留精加工余量 0.4 mm	T0101	93°车刀	游标卡尺、外径千分尺	800	200	1	自动
4	精加工外圆轮廓至图纸尺寸	T0101	93°车刀	游标卡尺、外径千分尺	1000	100	0.4	自动
5	切两个宽 4 mm、深 2 mm 的槽	T0202	切断刀 刀宽 3 mm	游标卡尺、外径千分尺	400	30	4	自动
6	打中心孔		钻头		400			手动
7	钻孔 ϕ 20 mm		钻头		400			手动
8	内孔加工	T0303	内孔车刀		800	150		自动
9	内退刀槽加工	T0404	内槽刀		400	30		自动
10	加工 M27×1.5-7G 螺纹	T0305	60°内螺纹刀	螺纹塞规	400	1.5 mm/r		自动

工序一：加工圆柱端。

第 1 步：以外圆为定位基准，用三爪自定心卡盘夹紧。

第 2 步：选择各工步刀具及切削参数。

第 3 步：平端面，选用 90°外圆车刀，可采用 G01/G94 指令。

第 4 步：粗车循环切削外圆柱面，选用 90°外圆车刀，可采用 G71 指令粗车零件 $\phi52_{-0.046}^{+0}$ mm、$\phi42_{-0.039}^{+0}$ mm、ϕ23 mm、$\phi20_{+0.002}^{+0.023}$ mm 外圆。

第 5 步：精车外圆柱面，选用 90°外圆车刀，可采用 G70、G01 等指令。

第 6 步：切槽，采用刀宽为 3 mm 的切槽刀加工宽 3 mm、深 2 mm 外槽至图纸尺寸。

工序二：掉头加工螺纹端。

第 1 步：调头装夹。三爪自定心卡盘夹持外径 $\phi42_{-0.039}^{+0}$ mm 外圆并打百分表找正，车削零件端面可采用 G01/G94 指令，保证工件总长。

第 2 步：粗车循环切削外圆柱面，选用 90°外圆车刀，可采用 G71 指令粗车零件内螺纹端 $\phi36_{-0.034}^{-0.009}$ mm、$R3$ 的外圆。

第 3 步：精车外圆柱面，选用 90°外圆车刀，可采用 G70、G01、G03 等指令。

第 4 步：切槽，采用刀宽为 3 mm 的切槽刀加工宽 4 mm、深 2 mm 外槽。

第 5 步：打中心孔。

第 6 步：钻孔 ϕ20 mm。

第 7 步：加工螺纹退刀槽。

第 8 步：加工螺纹，加工 M27 × 1.5-7G 的内螺纹。

3.2.3 关键数值计算

车螺纹前孔径：$D_{孔}=d-p=27-1.5=25.5$ mm。

3.2.4 参考程序

传动轴零件加工程序见表 3-3-4、3-3-5、3-3-6、3-3-7、3-3-8、3-3-9、3-3-10。

表 3-3-4 传动轴零件加工程序 1

零件图号：	零件名称：传动轴零件
程序内容	简要说明
O0001;	“外圆端”外轮廓加工程序名
N10 G98 T0101;	调用 1 号刀，设置 F 单位为 mm/min
N20 M03 S800;	主轴正转，转速 800 r/min
N30 G00 X100 Z100;	
N40 X55 Z2;	循环起点
N50 G94 X-0.5 Z0 F100;	端面切削
N60 G71 U1 R0.5;	外轮廓粗加工
N70 G71 P80 Q180 U0.2 W0.2 F200;	

续表

零件图号：	零件名称：传动轴零件
程序内容	简要说明
N80 G01 X18 W0 F100；	精加工程序段
N90 Z0；	
N100 X20 Z-1；	
N110 Z-14；	
N120 X23；	
N130 Z-17；	
140 X42 C0.5；	
N150 Z-29；	
N160 X52 C0.5；	
N170 Z-36；	
N180 G01 X55；	
N190 G00 Z2；	
N200 M03 S1000；	提高转速
N210 G70 P80 Q180；	精加工
N220 G00 X100；	
N230 Z100；	
N240 M30；	程序结束，光标返回程序头

表 3-3-5　传动轴零件加工程序 2

零件图号：	零件名称：传动轴零件
程序内容	简要说明
O0002；	“外圆端”槽加工程序名
N10 G98 T0202；	调用 2 号刀，设置 F 单位为 mm/min
N20 M03 S400；	主轴正转，转速 400 r/min
N30 G00 X100 Z100；	
N40 X22 Z2；	循环起点
N50 G01 Z-7 F100；	
N60 X16 F30；	加工槽
N70 X22；	
N80 G00 X100 Z100；	
N90 M30；	程序结束，光标返回程序头

表 3-3-6　传动轴零件加工程序 3

零件图号：	零件名称：传动轴零件
程序内容	简要说明
O0003；	“螺纹端”外轮廓加工程序名
N10 G98 T0101；	调用 1 号刀，设置 F 单位为 mm/min
N20 M03 S800；	主轴正转，转速 800 r/min
N30 G00 X100 Z100；	
N40 X55 Z2；	循环起点
N50 G94 X-0.5 Z0 F100；	端面加工
N60 G71 U1 R0.5；	外轮廓粗加工
N70 G71 P80 Q150 U0.2 W0.2 F200；	
N80 G01 X32 F100；	精加工程序段
N90 Z0；	
N100 G03 X36 Z-2 R2；	
N110 G01 Z-23；	
N120 G02 X42 Z-26 R3；	
N130 G01 X51；	
N140 X52 Z-26.5；	
N150 G01 X55；	
N160 G00 Z2；	
N170 M03 S1000；	提高转速
N180 G70 P80 Q150；	精加工
N190 G00 X100 Z100；	
N200 M30；	程序结束，光标返回程序头

表 3-3-7　传动轴零件加工程序 4

零件图号：	零件名称：传动轴零件
程序内容	简要说明
O0004；	“螺纹端”槽加工程序名
N10 G98 T0202；	调用 2 号刀，设置 F 单位为 mm/min
N20 M03 S400；	主轴正转，转速 400 r/min
N30 G00 X100 Z100；	
N40 X38 Z2；	接近工件
N50 Z-8；	对齐第一个槽的加工位置

续表

零件图号：	零件名称：传动轴零件
程序内容	简要说明
N60 G94 X32.2 Z-8 F30；	切第一个槽
N70　X32 Z-9；	
N80 G01 Z-16；	对齐第二个槽的加工位置
N90 G94 X32.2 Z-16 F30；	切第二个槽
N100　X32 Z-17；	
N110 M03 S800；	提高转速
N120 Z-7.5；	第一个槽倒角
N130 G01 X36 F100；	
N140 X35 Z-8；	
N150 X37；	
N160 Z-9.5；	
N170 X36；	
N180 X35 Z-9；	
N190 X37；	第二个槽倒角
N200 Z-15.5；	
N210 X36；	
N220 X35 Z-16；	
N230 X37；	
N240 Z-17.5；	
N250 X36；	
N260 X35 Z-17；	
N270 X37；	退刀
N280 G00 X100 Z100；	回换刀点
N290 M30；	程序结束，光标返回程序头

表 3-3-8　传动轴零件加工程序 5

零件图号：	零件名称：传动轴零件
程序内容	简要说明
O0005；	内孔加工程序名
N10 G98 T0303；	调用 3 号刀，设置 F 单位为 mm/min
N20 M03 S800；	主轴正转，转速 800 r/min

续表

零件图号：	零件名称：传动轴零件
程序内容	简要说明
N30 G00 X100 Z100；	
N40 X55 Z2；	接近工件
N50 G01 X20；	循环起点
N60 G71 U1 R0.5；	粗加工孔内壁
N70 G71 P80 Q120 U−0.2 W0.2 F150；	
N80 G01 X27.5 F100；	内孔精加工程序段
N90 Z0；	
N100 X25.5 Z−1；	
N110 Z−21；	
N120 G01 X20；	
N130 Z2；	
N140 M03 S1000；	提高转速
N150 G70 P80 Q120；	精加工
N160 G00 Z100；	先 Z 向退刀
N170 X100；	
N180 M30；	程序结束，光标返回程序头

表 3-3-9　传动轴零件加工程序 6

零件图号：	零件名称：传动轴零件
程序内容	简要说明
O0006；	内孔退刀槽加工程序名
N10 G98 T0404；	调用 4 号刀，设置 F 单位为 mm/min
N20 M03 S400；	主轴正转，转速 400 r/min
N30 G00 X100 Z100；	
N40 X38 Z2；	接近工件
N50 GO1 X24；	对准内孔槽的加工位置
N60 Z−21 F100；	
N70 X29 F30；	内孔槽的加工
N80 X24；	离开加工面
N90 Z2；	
N100 G00 Z100；	退到换刀点
N110 X100；	
N120 M30；	程序结束，光标返回程序头

表 3-3-10　传动轴零件加工程序 7

零件图号：	零件名称：传动轴零件
程序内容	简要说明
O0007；	内螺纹加工程序名
N10 G98 T0305；	调用 3 号刀，设置 F 单位为 mm/min
N20 M03 S400；	主轴正转，转速 800 r/min
N30 G00 X100 Z100；	
N40 X38 Z2；	接近工件
N50 G01 X22；	循环起点
N60 G92 X26 Z-19 F1.5；	切削内螺纹
N70 X26.4；	
N80 X26.7；	
N90 X26.9；	
N100 X27；	
N110 G00 X100 Z100；	退刀
N120 M30；	程序结束，光标返回程序头

3.2.5　仿真加工

使用数控仿真加工软件对加工程序进行检验、调试，完成零件的仿真加工。

3.2.6　车间实体零件加工

通过数控加工仿真，确定零件的加工程序，在实训车间对该零件进行首件试车。零件检测及评分见表 3-3-11。

表 3-3-11　传动轴零件检测及评分表

加工开始时间：			加工结束时间：		加工时间：	
检测项目		技术要求	配分	评分标准	检测结果	得分
工艺（10）	1	切削用量选择合理	5	出错一次扣 1 分		
	2	加工工艺制定合理	5	出错一次扣 1 分		
仿真操作（10）	3	机床操作规范	5	出错一次扣 1 分		
	4	刀具、工件装夹正确	5	出错一次扣 1 分		
安全生产（10）	5	安全操作机床	5	出错一次扣 5 分		
	6	工具、量具摆放整齐	5	出错一次扣 1 分		
	7	整理机床		出错一次扣 1 分		

续表

加工开始时间：			加工结束时间：		加工时间：	
检测项目		技术要求	配分	评分标准	检测结果	得分
外圆（15）	8	外圆尺寸 ϕ52 mm	3	超差 0.02 mm 以上无分		
	9	外圆尺寸 ϕ42 mm	3	超差 0.02 mm 以上无分		
	10	外圆尺寸 ϕ23 mm	3	超差无分		
	11	外圆尺寸 ϕ20 mm	3	超差 0.02 mm 以上无分		
	12	外圆尺寸 ϕ36 mm	3	超差 0.02 mm 以上无分		
长度（18）	13	5 mm	6	超差无分		
	14	17 mm	3	超差无分		
	15	26 mm	3	超差无分		
	16	60 mm	3	超差 0.02 mm 以上无分		
	17	21 mm	3			
槽的尺寸（2）	18	槽径尺寸 ϕ16 mm	1	超差 0.02 mm 以上无分		
	19	槽径尺寸 ϕ32 mm	1	超差 0.02 mm 以上无分		
螺纹尺寸（5）	20	M27×1.5-7G	5	超差无分		
倒角尺寸（5）	21	*C*1	1.5			
	22	*C*0.5（7 处）	3.5			
表面粗糙度（5）	23	符合图纸要求	5			
程序（20）	24	程序正确、合理	20	出错一次扣 1 分		
总配分			100	总得分		
停工原因					加工日期 年 月 日	

项目 4 数控铣床的操作

数控铣床是机床设备中应用非常广泛的加工机床，它可以进行平面铣削、平面型腔铣削、外形轮廓铣削、三维及三维以上复杂型面铣削，还可进行钻削、镗削、螺纹切削等孔加工。加工中心、柔性制造单元等都是在数控铣床的基础上产生和发展起来的。

任务 1　数控铣床面板操作

知识目标

（1）熟悉数控铣床操作面板。

（2）熟悉数控铣床各按键的功能。

（3）熟悉数控铣床手工操作。

（4）熟悉数控铣床的自动操作。

能力目标

（1）掌握数控铣床操作面板。

（2）掌握数控铣床面板按键的功能。

（3）掌握数控铣床手动操作。

（4）掌握数控铣床自动操作。

任务学习

1.1　认识数控铣床操作面板

FANUC 0i-MC 系统数控铣床操作面板，如图 4-1-1 所示。

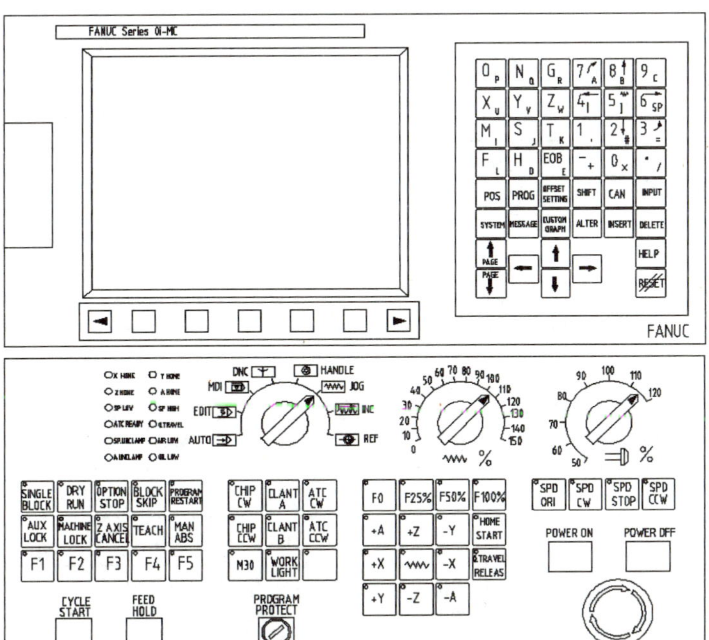

图 4-1-1　FANUC 0i-MC 系统数控铣床操作面板

1.1.1 数控系统 MDI 面板

数控系统 MDI 面板如图 4-1-2 所示，各按键说明见表 4-1-1。

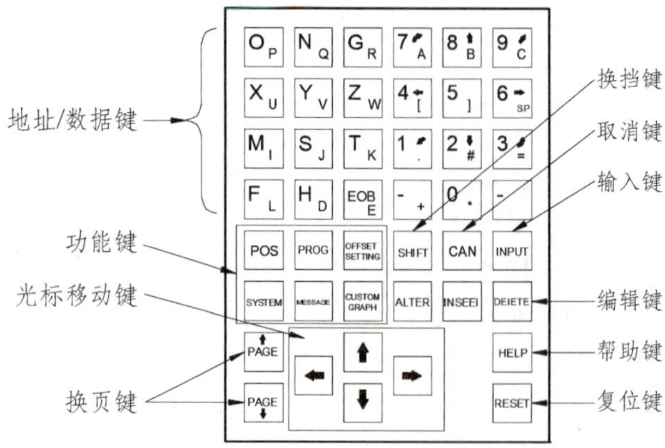

图 4-1-2 数控系统 MDI 面板

表 4-1-1 FANUC 0i-MC 系统 MDI 面板各键名称与功能说明

步骤	中文	英文	功能说明
1	地址/数据键	O/P、7/A 等	输入字母、数字等文字； 通过 SHIFT 键切换，可输入按键右下角所示字符
2	分号键	EOB	输入程序段结束符号“;”
3	功能键	POS	在 CRT 上显示当前机床位置的坐标
		PROG	在 EDIT 方式，编辑和显示程序； 在 MDI 方式，输入和显示 MDI 数据； 在 AUTO 方式下显示程序与执行进度
		OFFSET SETTING	设定刀补、工件坐标系、变量等
		SYSTEM	设置、编辑参数；显示、编辑 PMC 程序等
		MESSAGE	显示报警信息
		CUSTOM GRAPH	动态显示刀具路径
4	换挡键	SHIFT	按下该键可以在同一键的两个字符间切换
5	取消键	CAN	删除最后一个进入输入行的字符或符号
6	输入键	INPUT	非 EDIT 方式下程序段与各种数据的输入
7	编辑键 替换键	ALTER	由输入字替换光标所在字符
	编辑键 插入键	INSERT	在光标后输入字符
	编辑键 删除键	DELETE	删除光标所在位置的字符

续表

步骤	中文	英文	功能说明
8	换页键	PAGE	↓向程序结束方向翻页，↑向程序开始方向翻页
9	光标移动键	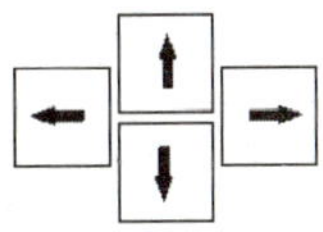	分别向四个方向移动光标
10	帮助键	HELP	显示帮助信息
11	复位键	RESET	解除报警，CNC 复位

1.1.2　CRT 显示操作软键

按下 MDI 面板某一功能键（如 POS 键），属于所选功能的一组软键就会出现，如图 4-1-3 所示。

按下一个“章节选择软键”，所选章节的屏幕就会显示出来；若目标章节的屏幕没有显示出来，可按下“菜单继续软键”进行搜索，直到目标章节显示后，按“操作选择软键”以显示要进行操作的数据。

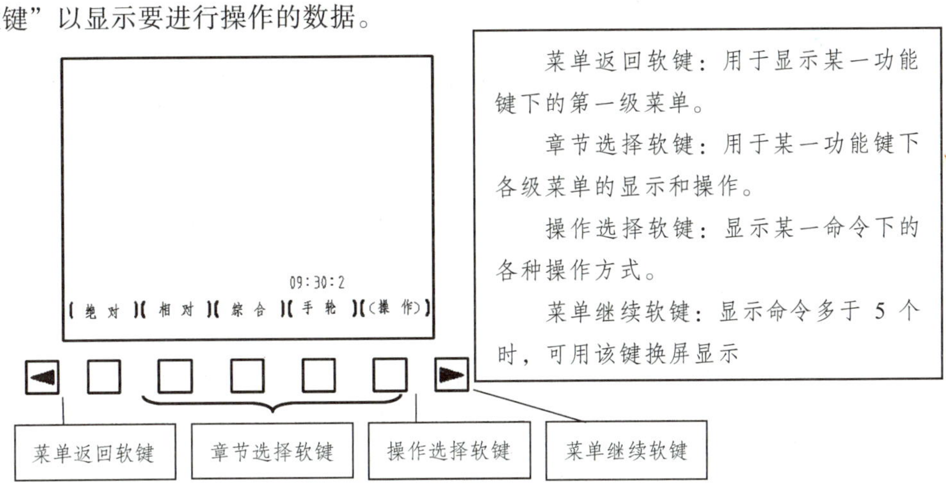

图 4-1-3　CRT 显示操作软键

1.1.3　机床操作面板

图 4-1-1 所示的下半部分为机床操作面板，其各键说明见表 4-1-2。

表 4-1-2　机床操作面板各键名称与功能说明

步骤	图形/英文键名	名称	功能说明
1	如图 4-1-4 所示	机床指示灯	显示机床状态
2	方式选择波段开关如图 4-1-5 所示	AUTO	自动运行方式
		EDIT	程序编辑方式
		MDI	半自动方式或手动数据输入方式

续表

步骤	图形/英文键名	名称	功能说明
2	方式选择波段开关如图 4-1-5 所示	DNC	数据（包括程序）传输方式
		HANDLE	手轮进给方式
		JOG	点动进给方式
		INC	增量进给方式
		REF	返回参考点方式

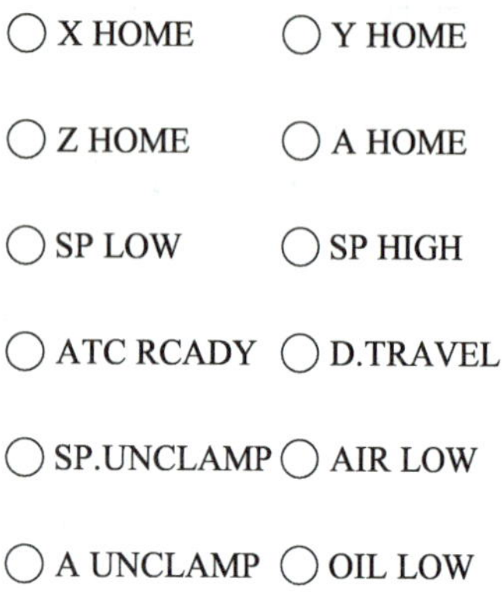

图 4-1-4　机床指示灯

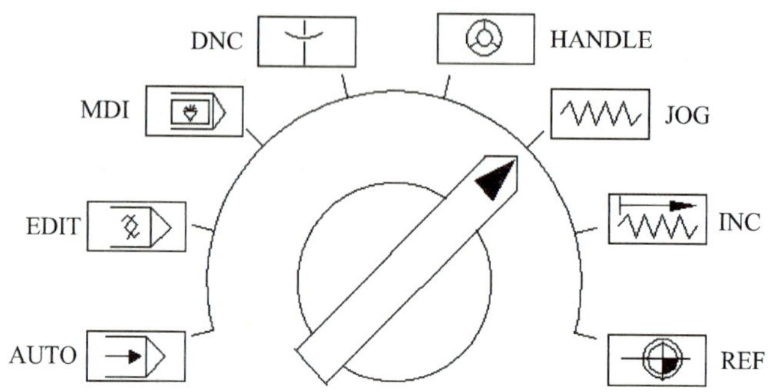

图 4-1-5　方式选择

步骤	图形/英文键名	名称	功能说明
3	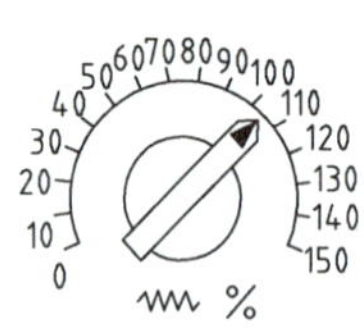	进给倍率开关	在 0～150%范围内调整进给速度
4	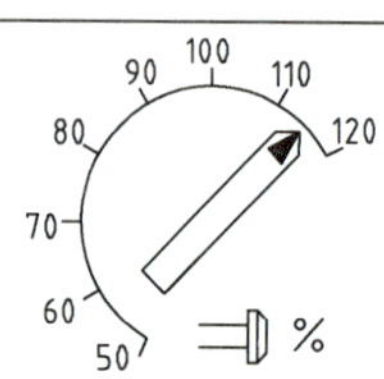	主轴转速调整	在 50%～120%范围内调整主轴转速
5	SINGLE BLOCK	单段方式	按一次循环启动键，执行一条程序段
6	DRY RUN	空运行方式	机床按空运行速度不按编程速度执行程序，以加快程序运行速度；主要用于 Z 轴锁紧和外部零点 Z 向偏置提高的程序运行，检查程序格式、刀具轨迹是否正确
7	OPTION STOP	选择停止	按下该键，程序中的 M01 有效，否则 M01 无效
8	BLOCK SKIP	程序段跳读方式	跳过或不执行带有“/”符的程序段

续表

步骤	图形/英文键名	名称	功能说明
9	PROGRAM RESTART	程序重新开始	程序中断后，可以控制程序从断点处继续往下执行
10	AUX LOCK	辅助锁紧	锁住 S、F、T 不动
11	MACHINE LOCK	机床锁定	机械部件锁定不动
12	Z AXIS CANCLE	*Z* 轴锁紧	单独锁紧 *Z* 轴不动
13	TEACH	示教	手动进给切削时编写程序
14	MAN ABS	手动绝对	手动移动机床时，坐标位置正常显示
15	CHIP CW	排屑正转	排屑器正向旋转排屑
	CHIP CCW	排屑反转	排屑器反向旋转排屑
16	CLANT A	冷却液 A	冷却液开关 A
	CLANT B	冷却液 B	冷却液开关 B
17	ATC CW	刀库旋转	刀库正向旋转
	ATC CCW	刀库旋转	刀库反向旋转
18	WORK LIGHT	机床照明灯	机床照明灯开关
19	NEUTRAL		
20	F0、25%、50%、100%	快移倍率选择键	机床快速移动速度倍率选择键
21	+Z、+Y、+X、+A、-Z、-X、-Y、-A	坐标轴地址与方向键	坐标轴地址与方向
22	RAPID	快速移动键	快移速度可由“快移倍率选择键”调控
23	HOME START	回零键	控制“*Z*、*X*、*Y*”轴回参考点
24	O，TRAVEL RELEASE	超程解除开关	解除超程引起的急停状态
25	SPD ORI	主轴定向	主轴定向
	SPD CW	主轴正转	主轴顺时针回转
	SPD STOP	主轴停转	主轴停止转动
	SPD CCW	主轴反转	主轴逆时针回转
26	POWER ON	系统开	接通 CNC 电源
	POWER OFF	系统关	断开 CNC 电源
27	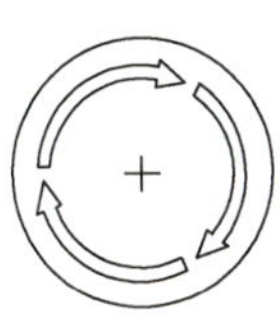	急停开关	使机床紧急停止，断开伺服驱动电源

续表

步骤	图形/英文键名	名称	功能说明
28	CYCLE START	循环启动	在自动工作方式下，启动加工程序
29	FEED HOLD	进给保持	自动运行时进给停止
30	PROGRAM PROTECT	程序保护开关	钥匙开关，控制存储器中程序的编辑、数据传输等

1.2 数控铣床手动操作

1.2.1 启闭机床

启闭机床的具体操作步骤见表 4-1-3。

表 4-1-3 数控铣床“手动启动、关闭机床”操作步骤

步骤	操作动作	机床动作或 CRT 显示画面
1	接通机床电柜电源	稍等一会，CRT 显示如图 4-1-6 所示的画面，机床启动完毕。 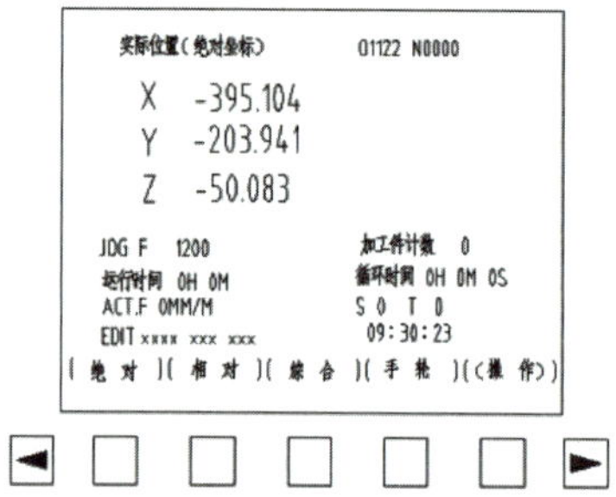 图 4-1-6 机床启动就绪画面
2	按“POWER ON”键接通系统电源，指示灯亮	
3	如图 4-1-6 所示的画面，机床启动完毕	
4	移动机床各坐标轴到行程中间位置，防止机床变形和回参考点超程	
5	按“POWER OFF”键关闭系统电源	
6	切断机床电柜电源	

1.2.2 回参考点

机床回参考点具体操作步骤见表 4-1-4。

表 4-1-4 数控铣床“手动回参考点”操作步骤

步骤	操作动作	机床动作或 CRT 显示画面
1	开启机床	如图 4-1-6 所示
2	按图 4-1-6 所示画面中（综合）软键	CRT 显示如图 4-1-7 所示的画面
3	将“方式选择”开关旋至“REF”方式	如图 4-1-5 所示
4	按“+Z”地址键	该键指示灯闪烁

续表

步骤	操作动作	机床动作或 CRT 显示画面
5	按“HOME START”键	机床执行 Z 轴回零，Z 轴回零后机床指示灯亮起
6	按“+X、+Y”地址键	该键指示灯闪烁
7	按“HOME　START”键	执行 X、Y 轴回零，X、Y 轴回零后指示灯亮起

CRT 显示如图 4-1-8 所示画面，机床完成回参考点操作，正确建立了机床坐标系。

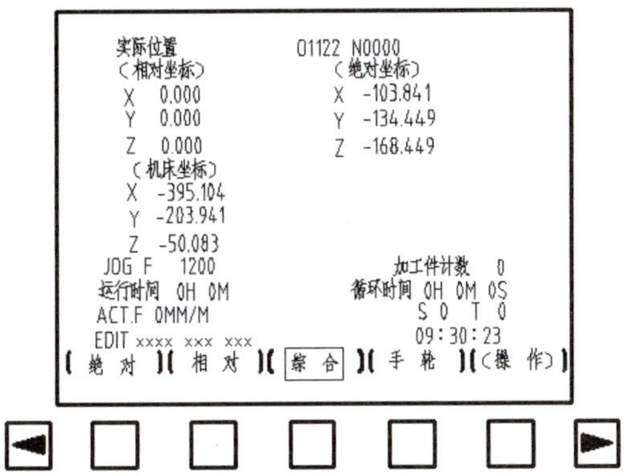

图 4-1-7　综合坐标画面

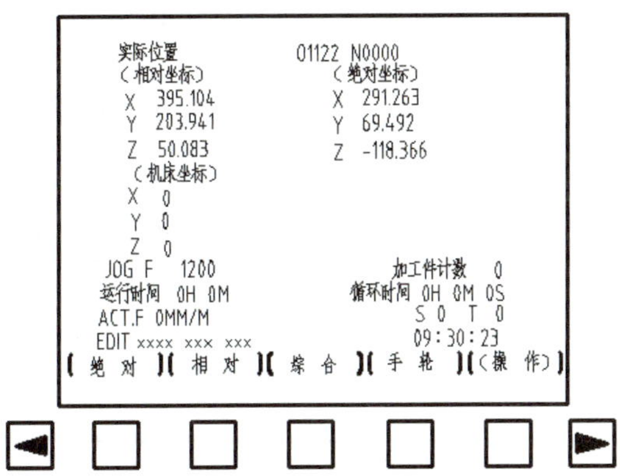

图 4-1-8　机床回参考点画面

“相对坐标”指机床测量基点相对上次设定坐标移动的距离和方向；

“绝对坐标”指机床测量基点在当前工件坐标系中的坐标值；

“机床坐标”指机床测量基点在机床坐标系中的坐标值

注意：

1. 增量式位置反馈系统，开机后先回参考点，才能建立机床坐标系；

2. Z 轴先回零，可以防止发生撞刀事故；

3. 机床加工中发生以下情况，必须重新回参考点：① 发生撞刀，影响控制精度；② 机床坐标轴超程；③ 机床坐标轴锁紧，执行空运行校验程序后

1.2.3 JOG 点动

机床 JOG 点动具体操作步骤见表 4-1-5。

表 4-1-5 数控铣床“手动 JOG 点动”操作步骤

步骤	操作动作	机床动作或 CRT 显示画面
机床已回过参考点		
1	将“方式选择”开关旋至“JOG”方式	如图 4-1-5 所示
2	按机床面板上“坐标轴地址”键	机床在所选坐标轴方向移动。按一下，动一下，不按不动；一直按一直移动
3	同时按“坐标轴地址”键和“快速移动”键	机床执行快速移动
4	按“F0、25%、50%、100%”键	调节机床快速移动倍率
注意：这种操作用于长距离、粗略移动机床，移动机床要防止超程		

1.2.4 INC 增量进给

机床 INC 增量进给具体操作步骤见表 4-1-6。

表 4-1-6 数控铣床“手动 INC 增量进给”操作步骤

步骤	操作动作	机床动作或 CRT 显示画面
机床已回过参考点		
1	将“方式选择”开关旋至“INC”方式	如图 4-1-5 所示
2	据需要按“F0、25%、50%、100%”键	分别选定增量值 0.001 mm、0.01 mm、0.1 mm、1 mm
3	按一下机床面板上“坐标轴地址”键	机床在该坐标轴所选方向移动 0.001 mm、0.01 mm、0.1 mm、1 mm
注意：这种操作用于短距离、精准移动机床		

1.2.5 HANDLE 手轮进给

机床手轮进给具体操作步骤见表 4-1-7。

表 4-1-7 数控铣床“手动手轮进给”操作步骤

步骤	操作动作	机床动作或 CRT 显示画面
机床已回过参考点		
1	将“方式选择”开关旋至“HANDLE”位置	如图 4-1-5 所示，选用手轮方式

续表

步骤	操作动作	机床动作或 CRT 显示画面
2	旋转“手轮轴选择”旋钮，选定机床移动轴 X、Y、Z 或Ⅳ轴	手轮操作面盘，如图 4-1-9 所示。 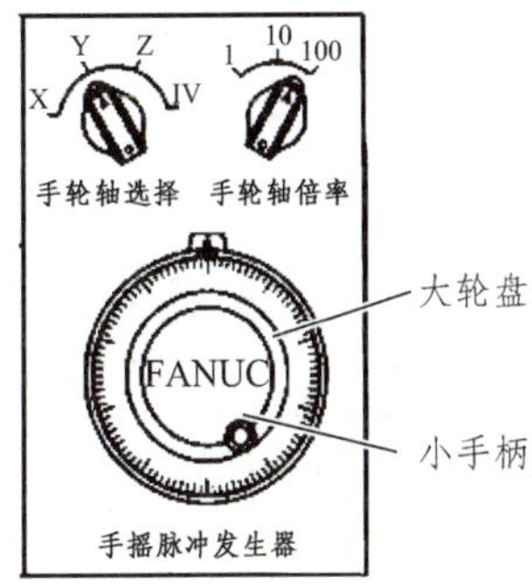 图 4-1-9　手轮操作面盘
3	旋转“手轮轴倍率”旋钮，选定手轮每转一格机床移动的距离； 手轮倍率选“1”，手轮转一格机床移动 0.001 mm；选“10”→0.01 mm；选“100”→0.1 mm	
4	顺时针转动手轮	机床向坐标轴正方向移动
	逆时针转动手轮	机床向坐标轴负方向移动
注意：长距离移动机床可摇小手柄来实现；短距离或精确调整机床位置，转大轮盘调整		

1.2.6　主轴操作

机床主轴具体操作步骤见表 4-1-8。

表 4-1-8　数控铣床“手动操作主轴”操作步骤

步骤	操作动作	机床动作或 CRT 显示画面
机床已回过参考点		
1	将“方式选择”开关旋至“MDI”方式	如图 4-1-5 所示
2	按 MDI 面板上“PROG”键	CRT 显示如图 4-1-10（a）所示的画面
3	按 MDI 面板上“字母、数字”键，在输入行键入“M03 S300;”	
4	按 MDI 面板上“INSERT”键插入	CRT 显示如图 4-1-10（b）所示的画面
5	在图 4-1-10（b）所示的画面中，移动光标到“O0000”之前	
6	按机床面板上“CYCLE START”键	机床主轴以 300 r/min 正转
7	将“方式选择”开关旋至“JOG”方式	如图 4-1-5 所示
8	按机床面板上“SPD STOP”键	主轴停转
9	按机床面板上“SPD CW”或“SPD CCW”键	主轴重新启动，以 300 r/min 正转或反转
10	旋转“主轴转速调整”旋钮	主轴转速在 300×（50%～120%）范围变速

续表

步骤	操作动作	机床动作或CRT显示画面

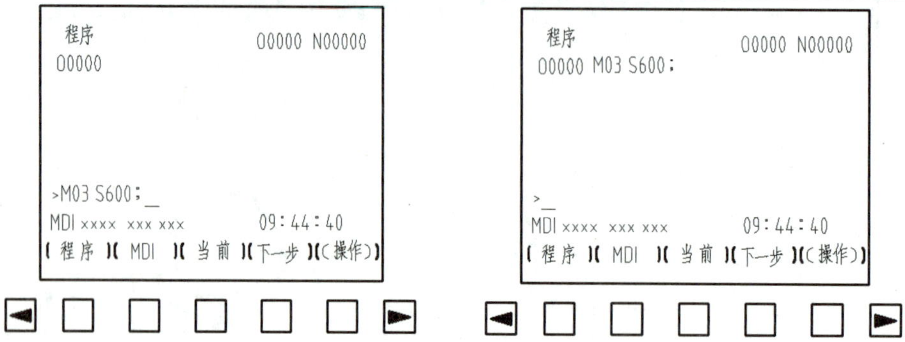

(a) (b)

图 4-1-10　MDI 编程画面

注意：

1. 自动加入程序号 O0000。

2. 要完全删除在 MDI 方式中编写的程序，可在图 4-1-10 中输入字符“O”，按 MDI 面板上“DELETE”键。

3. 在 MDI 方式中编写的程序，最长可达 10 段，可以调用子程序，最多 4 级嵌套。

1.3　程序编辑

1.3.1　新程序的输入

程序编辑具体操作步骤见表 4-1-9。

表 4-1-9　数控铣床“程序编辑”操作步骤

步骤	操作动作	机床动作或CRT显示画面
1	将“方式选择”开关旋至“EDIT”方式	如图 4-1-5 所示
2	按 MDI 面板上“PROG”键	屏幕显示如图 4-1-11 所示的画面
3	在图 4-1-11 中按【列表】软键	屏幕显示如图 4-1-12 所示的画面

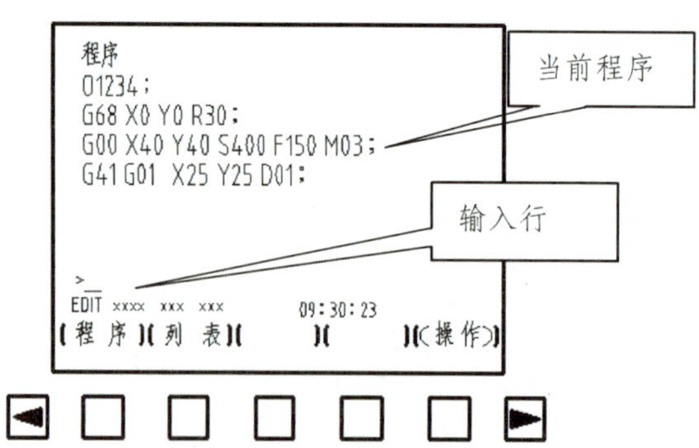

图 4-1-11　程序编辑画面

续表

步骤	操作动作	机床动作或 CRT 显示画面
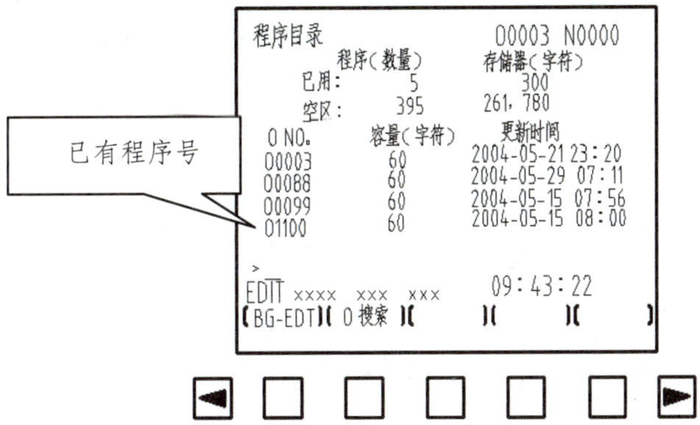图 4-1-12　程序号列表画面		
4	按 MDI 面板上“字母、数字”键，在图 4-1-12 输入行中，键入图 4-1-12 列表中没有的程序号，如“O8989”，按“INSERT”键插入	屏幕显示如图 4-1-13 所示的画面 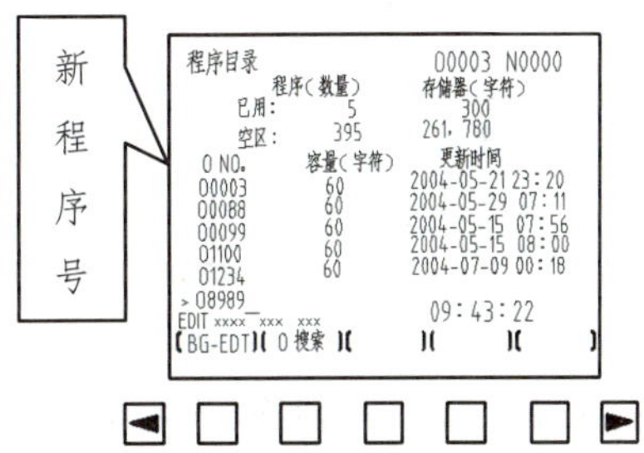图 4-1-13　新程序号输入画面
5	按“EOB”键，在图 4-1-12 输入行中，键入“;”字符，按“INSERT”键插入	
6	按“字母、数字、EOB”键，编辑一个完整的程序段，按“INSERT”键输入一个完整程序段	
7	即输即存，编辑整个程序	最终屏幕画面样式如图 4-1-11 所示

1.3.2　旧程序的编辑

1. 程序号的检索

程序号检索具体操作步骤见表 4-1-10。

表 4-1-10　数控铣床“程序号检索”操作步骤

步骤	操作动作	机床动作或 CRT 显示画面
1	在图 4-1-12 输入行中输入要查找的程序号，如 O1234	屏幕画面样式如图 4-1-13 所示
2	按图 4-1-12 所示中【O 搜索】]软键	
3	检索结束后，搜索到的程序显示在画面上	如图 4-1-11 所示
4	检索结束后，如果没找到该程序	屏幕出现 P/S 报警 NO.71

2. 字的检索

字的检索具体操作步骤见表 4-1-11。

表 4-1-11　数控铣床“字的检索”操作步骤

<table>
<tr><th>步骤</th><th>操作动作</th><th>机床动作或 CRT 显示画面</th></tr>
<tr><td>1</td><td>在“EDIT”方式下，按 MDI 面板上“PROG”键</td><td>屏幕显示如图 4-1-11 所示的画面</td></tr>
<tr><td>2</td><td>如图 4-1-11 所示，按【(操作)】软键</td><td rowspan="3">屏幕显示如图 4-1-14 所示的画面

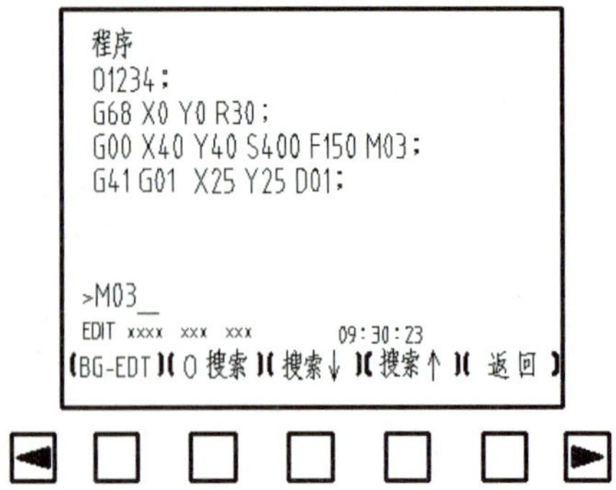

图 4-1-14　字检索画面</td></tr>
<tr><td>3</td><td>在输入行中键入要检索的字，如“M03”</td></tr>
<tr><td>4</td><td>如图 4-1-14 所示，按【搜索↓】或【搜索↑】软键，进行字的检索</td></tr>
<tr><td rowspan="2">5</td><td>检索结束后，光标停留在检索的字上</td><td></td></tr>
<tr><td>检索结束后，如果没找到该字</td><td>屏幕出现 P/S 报警 NO.71</td></tr>
</table>

3. 字的插入、替换、删除

机床字的插入、替换、删除具体操作步骤见表 4-1-12。

表 4-1-12　数控铣床“字的插入、替换、删除”操作步骤

<table>
<tr><th>步骤</th><th>操作动作</th><th>机床动作或 CRT 显示画面</th></tr>
<tr><td>1</td><td>选择“EDIT”方式，按“PROG”键</td><td>屏幕显示如图 4-1-11 所示的画面</td></tr>
<tr><td rowspan="2">2</td><td>按“光标移动”键</td><td rowspan="2">光标定位在需要编辑的字上</td></tr>
<tr><td>或执行“字的检索”操作</td></tr>
<tr><td>3.1</td><td>在图 4-1-11 输入行中键入新字，按 MDI 面板上“INSERT”键</td><td>在光标定位的字后插入新字</td></tr>
<tr><td>3.2</td><td>在图 4-1-11 输入行中键入新字，按 MDI 面板上“ALTER”键</td><td>光标定位处的字被新字替换</td></tr>
<tr><td>3.3</td><td>直接按 MDI 面板上“DELETE”键</td><td>光标定位处的字被删除</td></tr>
<tr><td>4</td><td>在图 4-1-11 输入行中键入新字，按一下“CAN”键</td><td>删除输入行中最后一个字符</td></tr>
</table>

4. 删除一个程序段

删除一个程序段具体操作步骤见表 4-1-13。

表 4-1-13　数控铣床“删除一个程序段”操作步骤

步骤	操作动作	机床动作或 CRT 显示画面
1	选择“EDIT”方式，按“PROG”键	屏幕显示如图 4-1-11 所示的画面
2	在图 4-1-11 中移动光标或检索将要删除的程序段的第一个指令字	光标定位在将要删除的程序段的第一个指令字上（包括段号）
3	按 MDI 面板上“EOB”键	在图 4-1-11 输入行显示“;”
4	按 MDI 面板上“DELETE”键	该程序段被删除

5. 删除连续多个程序段

删除连续多个程序段具体操作步骤见表 4-1-14。

表 4-1-14　数控铣床“删除连续多个程序段”操作步骤

步骤	操作动作	机床动作或 CRT 显示画面
1	选择“EDIT”方式，按“PROG”键	屏幕显示如图 4-1-11 所示的画面
2	在图 4-1-11 中移动光标或检索将要删除的程序段的第一个指令字	光标定位在将要删除的程序段的第一个指令字上（包括段号）
3	键入将要删除的最后一个程序段的第一个指令字（包括段号）	在图 4-1-11 输入行中显示该指令字
4	按 MDI 面板上“DELETE”键	多个程序段被删除

1.3.3　程序的管理

1. 删除程序（一个或多个程序）

删除程序具体操作步骤见表 4-1-15。

表 4-1-15　数控铣床“删除程序（一个或多个程序）”操作步骤

<table>
<tr><th>步骤</th><th>操作动作</th><th>机床动作或 CRT 显示画面</th></tr>
<tr><td>1</td><td>选择“EDIT”方式，按“PROG”键</td><td>如图 4-1-11 所示</td></tr>
<tr><td>2</td><td>按图 4-1-11 中【列表】软键</td><td>如图 4-1-12 所示</td></tr>
<tr><td rowspan="2">3.1</td><td>在图 4-1-12 中键入将要被删除的程序号“O1234”</td><td>在图 4-1-12 的输入行中显示该程序号</td></tr>
<tr><td>按 MDI 面板上“DELETE”键</td><td>该程序被删除</td></tr>
<tr><td rowspan="2">3.2</td><td>在图 4-1-12 中键入将要被删除的程序号的范围，如“O1234，O8989”</td><td>O1234：代表将要被删除程序的起始程序号；
O8989：代表将要被删除程序的终止程序号</td></tr>
<tr><td>按 MDI 面板上“DELETE”键</td><td>程序号从 O1234～O8989 之间的程序被删除</td></tr>
<tr><td rowspan="2">3.3</td><td>在图 4-1-12 中键入“0～9999”</td><td>在图 4-1-12 的输入行中显示“0～9999”</td></tr>
<tr><td>按 MDI 面板上“DELETE”键</td><td>存储区中所有的程序都被删除</td></tr>
<tr><td colspan="3">注意：程序删除后不能恢复，删除要谨慎</td></tr>
</table>

2. 拷贝程序

拷贝程序具体操作步骤见表 4-1-16。

表 4-1-16 数控铣床“拷贝程序”操作步骤

A. 拷贝一个完整的程序，生成另一个程序		
步骤	操作动作	机床动作或 CRT 显示画面
1	选择“EDIT”方式，按“PROG”键	当前程序号 O1234，如图 4-1-11 所示
2	在图 4-1-11 中，按【(操作)】软键	如图 4-1-14 所示
3	在图 4-1-14 中，按【菜单继续键】软键	屏幕显示如图 4-1-15 所示
4	在图 4-1-15 中，按【EX-EDT】软键	屏幕显示如图 4-1-16 所示
5	在图 4-1-16 中，按【复制】软键	屏幕显示如图 4-1-17 所示
6	在图 4-1-17 中，按【全部】软键	屏幕显示如图 4-1-18 所示
7	在图 4-1-18 中，只用“数字键”输入新建的程序号，如“1235”	图 4-1-18 的输入行中显示“1235”
8	按 MDI 面板上的“INPUT”键	图 4-1-18 的输入行中字符消失，存储器中创建了程序号“O1235”，但是没有容
	在图 4-1-18 中，按【执行】软键	完成拷贝，生成新程序 O1235
9	打开程序号列表画面	如图 4-1-12 所示，程序号“O1235”已经显现在存储器存储的程序列表中

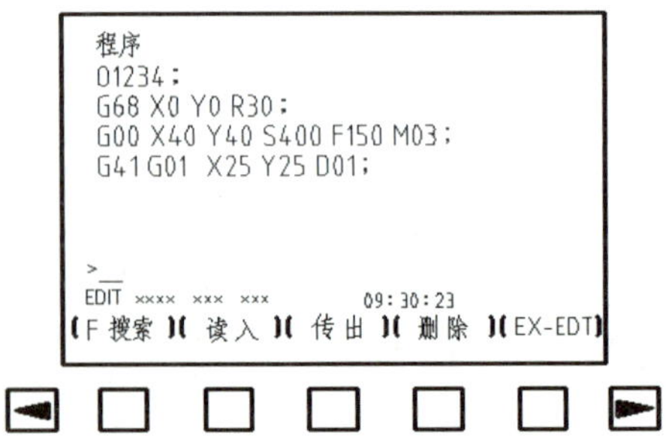

图 4-1-15

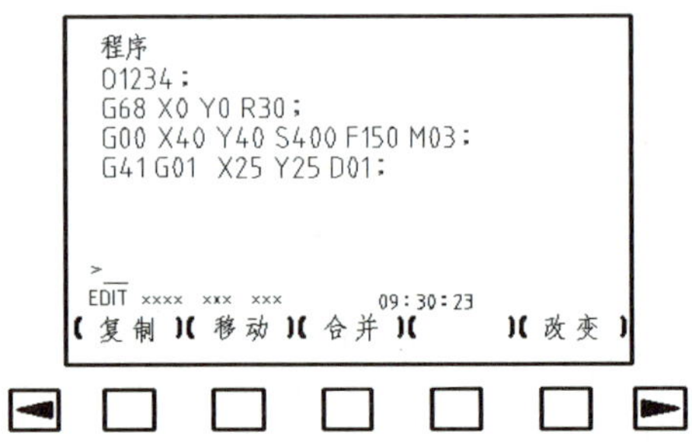

图 4-1-16

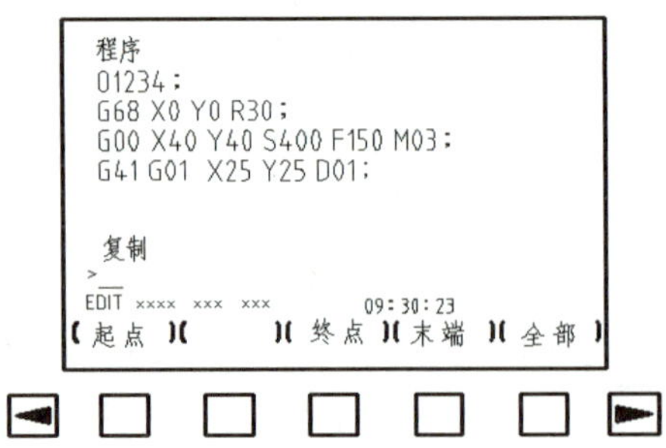

图 4-1-17

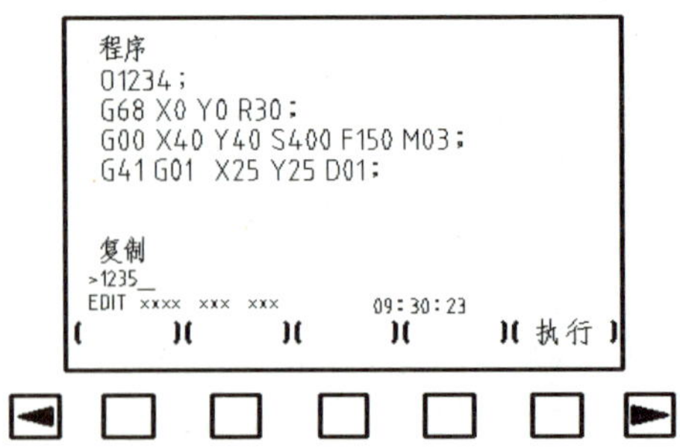

图 4-1-18

续表

B. 拷贝程序的一部分，生成另一个程序		
步骤	操作动作	机床动作或 CRT 显示画面
1	执行“拷贝一个完整程序”中的 1～5 步	操作过程见上表。屏幕显示如图 4-1-17 所示
2	在图 4-1-17 中，移动光标到拷贝范围的开头	确定拷贝范围(从“起点”到“终点”之间的程序容或从“起点”到程序结束处的容)，屏幕显示如图 4-1-18 所示
	在图 4-1-17，按【起点】软键	
3.1	在图 4-1-17 中，移动光标到拷贝范围的末尾	
	在图 4-1-17 中，按【终点】软键	
3.2	在图 4-1-17 中直接按【末端】软键	
4	在图 4-1-18 中，用“数字键”只输入新建程序的数字号，如“1235”	图 4-1-18 的输入行中显示“1235”
5	按 MDI 面板上的“INPUT”键	图 4-1-18 输入行中字符消失
6	在图 4-1-18 中，按【执行】软键	完成拷贝，生成新程序 O1235
7	打开程序号列表	可以看见新生成的程序号“O1235”

3. 移动程序

移动程序具体操作步骤见表 4-1-17。

表 4-1-17　数控铣床“移动程序”操作步骤

步骤	操作动作	机床动作或 CRT 显示画面
1	执行“拷贝一个完整程序”中的 1～4 步	如图 4-1-16 所示
2	在图 4-1-16 中，按【移动】软键	屏幕显示如图 4-1-19 所示
3	在图 4-1-19 中，移动光标到移动范围的开头	确定移动程序范围（从“起点”到“终点”之间的程序或从“起点”到程序结束处的程序），屏幕显示如图 4-1-20 所示
	在图 4-1-19 中，按【起点】软键	
4.1	在图 4-1-19 中，移动光标到移动范围的末尾	
	在图 4-1-19 中，按【终点】软键	
4.2	在图 4-1-19 直接按【末端】软键	
5	在图 4-1-20 中，用“数字键”只输入新建程序的数字号，如“1235”	图 4-1-20 输入行中显示“1235”
6	按 MDI 面板上的“INPUT”键	图 4-1-20 输入行中字符消失
7	在图 4-1-20 中，按【执行】软键	完成移动，生成新程序

续表

步骤	操作动作	机床动作或 CRT 显示画面

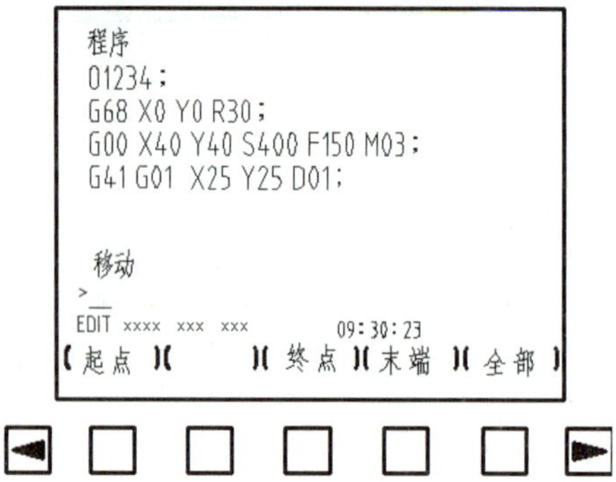

图 4-1-19

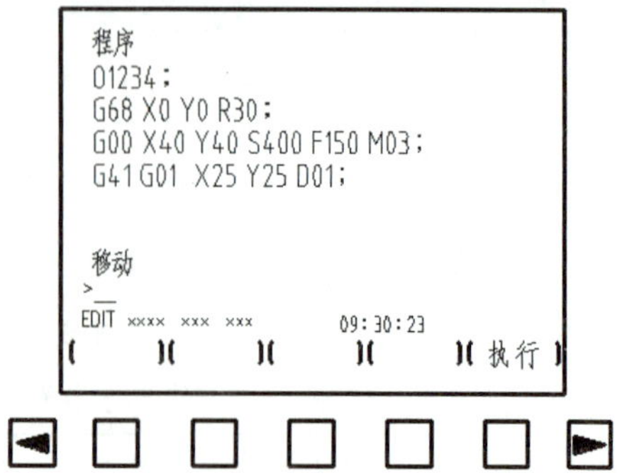

图 4-1-20

4. 合并程序

合并程序具体操作步骤见表 4-1-18。

表 4-1-18 数控铣床“合并程序”操作步骤

步骤	操作动作	机床动作或 CRT 显示画面
1	执行“拷贝”过程中的 1～4 步	如图 4-1-16 所示
2	在图 4-1-16 中，按【合并】软键	屏幕显示如图 4-1-21 所示
3.1	在图 4-1-21 中，移动光标到某一位置 然后按【终点】软键	确定程序插入的位置（在光标处插入或在结尾处插入），屏幕显示如图 4-1-22 所示
3.2	或在图 4-1-21 中，直接按【末端】软键	
4	在图 4-1-22 中，用“数字键”只输入新建程序的数字号，如“1237”	图 4-1-22 输入行中显示“1237”
5	按 MDI 面板上的“INPUT”键	图 4-1-22 输入行中字符消失
6	在图 4-1-22 中，按【执行】软键	完成合并，在原有程序号中生成新程序

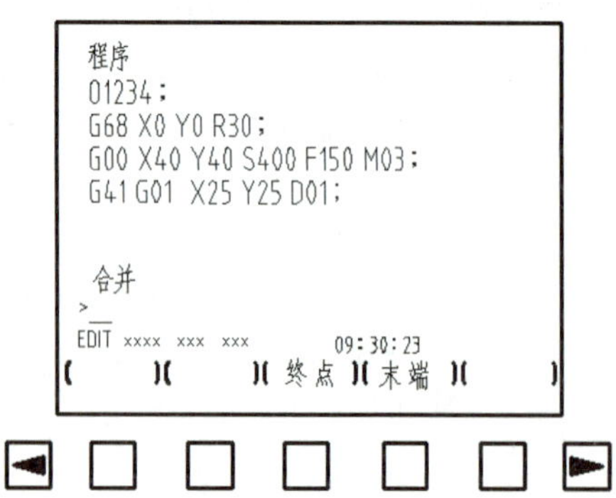

图 4-1-21

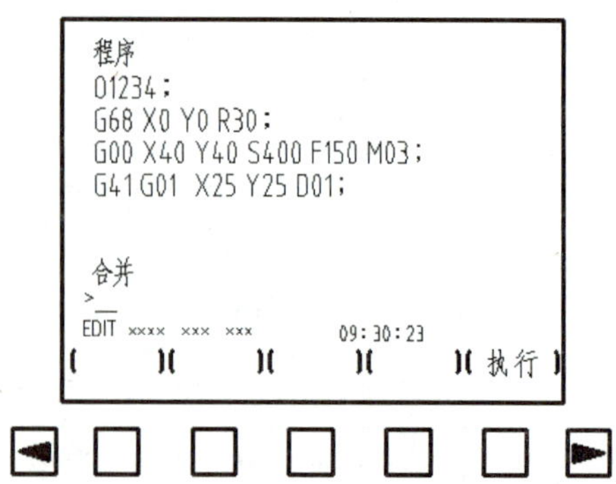

图 4-1-22

5. 字的全部替换

字的全部替换具体操作步骤见表 4-1-19。

表 4-1-19　数控铣床“字的全部替换”操作步骤

步骤	操作动作	机床动作或 CRT 显示画面
1	执行“拷贝”过程中的 1～4 步	如图 4-1-16 所示
2	在图 4-1-16 中，按【改变】软键	屏幕显示如图 4-1-23 所示
3	在图 4-1-23 中，键入要被替换的字或地址	图 4-1-23 输入行显示该指令字
4	在图 4-1-23 中，按【之前】软键	屏幕显示如图 4-1-24 所示
5	在图 4-1-24 中，键入新的字或地址	图 4-1-24 输入行显示新字

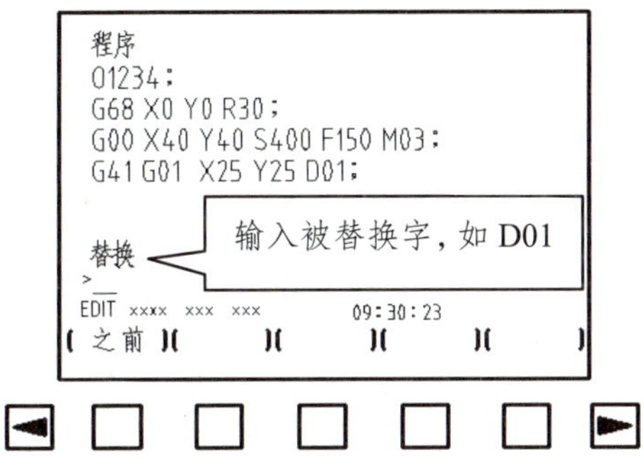

图 4-1-23

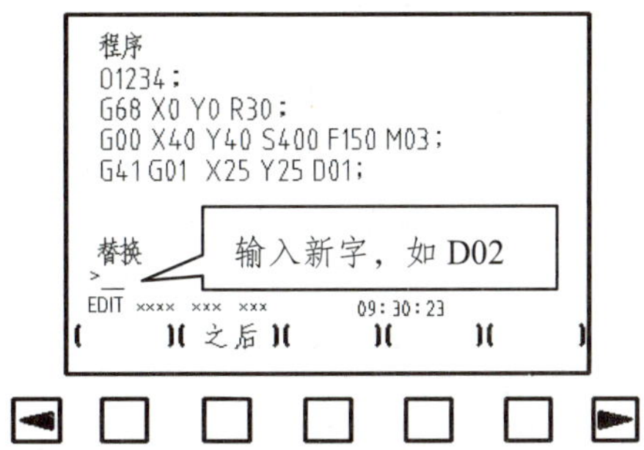

图 4-1-24

步骤	操作动作	机床动作或 CRT 显示画面
6	在图 4-1-24 中，按【之后】软键	屏幕显示如图 4-1-25 所示
7.1	在图 4-1-25 中，按【执行】软键	新字替换光标后所有指定的字或地址
7.2	在图 4-1-25 中，按【跳转】软键	只搜索光标后的第一个指定的字或地址
7.3	在图 4-1-25 中，按【EX-SGL】软键	搜索并替换光标后第一个找到的指定字或地址
注意：①最多可以替换 15 个字符；②可替换字或地址，不能只替换数字		

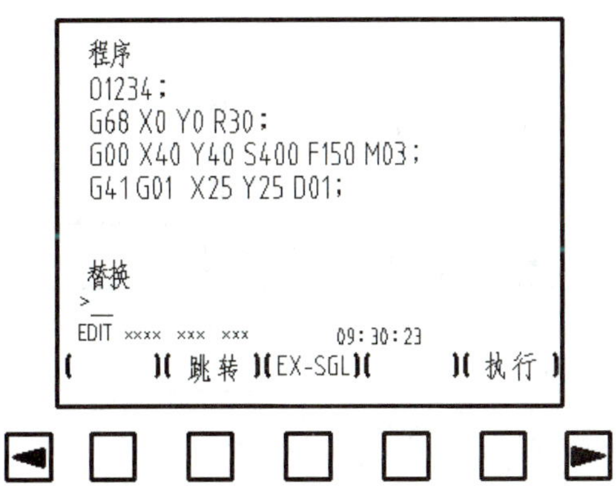

图 4-1-25

示例：

●用 X30 替换 X100Y200：

“[替换] X100Y200 [之前] X30 [之后] [执行]”。

●用 WHILE 替换 IF：

“[替换] IF [之前]WHILE [之后] [执行]”。

1.4 对刀与数据设置

1.4.1 相对坐标显示操作与设置

相对坐标显示操作与设置具体操作步骤见表 4-1-20。

表 4-1-20 数控铣床“相对坐标显示操作与设置”操作步骤

步骤	操作动作	机床动作或 CRT 显示画面
1	开机，执行手动回参考点	
2	将“方式选择”开关旋至“JOG”方式	
3	按 MDI 面板上“POS”键	如图 4-1-6 所示
4	在图 4-1-6 中，按【相对】软键	屏幕显示如图 4-1-26 所示
5.1	在图 4-1-26 输入行中键入“坐标轴地址+数据”	屏幕显示选定坐标轴地址闪烁
	按【预置】软键	该轴相对坐标值改为输入数据值
5.2	在图 4-1-26 输入行中键入坐标轴地址	屏幕显示选定坐标轴地址闪烁
	按【归零】软键	该轴相对坐标值清为 0
5.3	在图 4-1-26 中，直接按【归零】软键	屏幕显示如图 4-1-27 所示
	在图 4-1-27 中，按【所有轴】软键	*X*、*Y*、*Z* 的相对坐标值都清为 0
	在图 4-1-27 的输入行中输入某一坐标轴地址	屏幕显示选定坐标轴地址闪烁
	在图 4-1-27 中，按【执行】软键	该轴相对坐标值清为 0

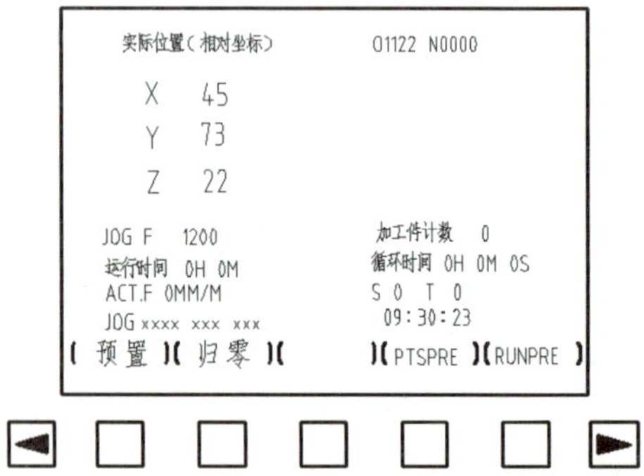

图 4-1-26

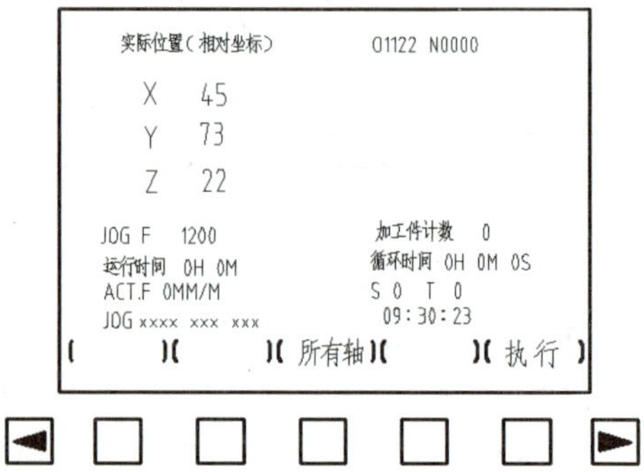

图 4-1-27

1.4.2 零点偏置值设置

零点偏置值设置具体操作步骤见表 4-1-21。

表 4-1-21 数控铣床“零点偏置值设置”操作步骤

步骤	操作动作	机床动作或 CRT 显示画面
1	开机，手动回参考点	
2	将“方式选择”开关旋至“JOG”方式	
3	通过“对刀”等操作，机床移动到某一位置	
4	按 MDI 面板上“OFFSET SETTING”键	屏幕显示如图 4-1-28 所示
5	在图 4-1-28 中，按【工件系】软键	屏幕显示如图 4-1-29 所示
6.1	在图 4-1-29 中，直接按“换页键”或“光标移动”键	光标定位，选定需要设置零点偏置值的坐标系
	按【(操作)】软键	屏幕显示如图 4-1-30 所示
6.2	在图 4-1-29 中，按【(操作)】软键	
	在图 4-1-30 中，键入数字“0~6”	光标定位，选定需要设置零点偏置值的坐标系
	按【搜索】软键	
7.1	在图 4-1-30 中，键入“X0 或 Y0 或 Z0”	当前刀具测量基点在机床坐标系中的坐标值，自动显示在选定坐标系零点偏置值的位置上，并存储
	按【测量】软键	
7.2	在图 4-1-30 中，键入“坐标轴地址+数据”	输入数据和原有偏置值相加
	按【+输入】软键	
7.3	在图 4-1-27 中，键入“坐标轴地址+数据”	输入数据替代原有偏置值
	按【输入】软键	

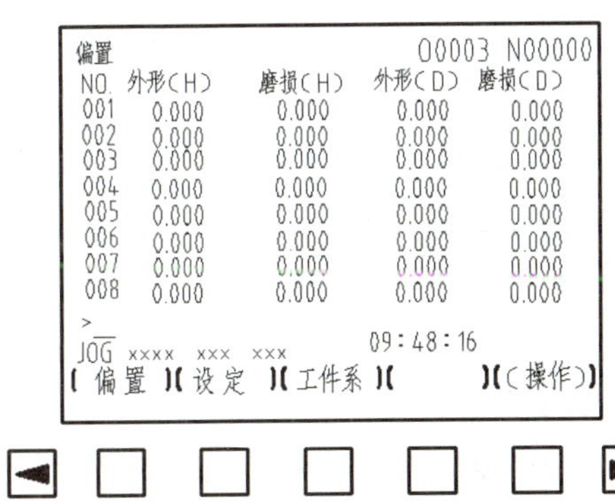

图 4-1-28

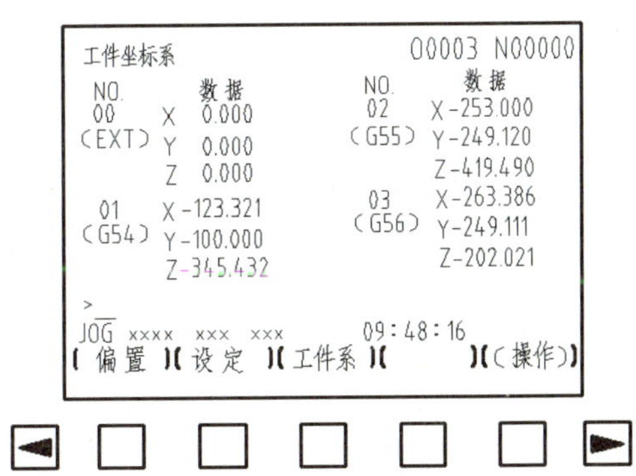

图 4-1-29

续表

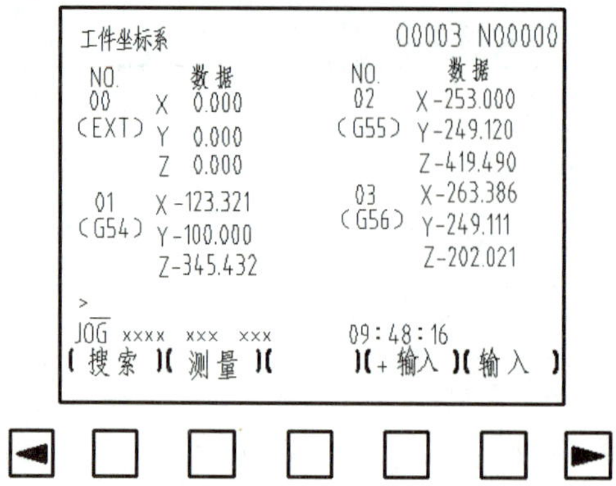

图 4-1-30

1.4.3 刀具补偿值设置

刀具补偿值设置具体操作步骤见表 4-1-22。

表 4-1-22 数控铣床“刀具补偿值设置”操作步骤

步骤	操作动作	机床动作或 CRT 显示画面
1	开机，执行手动回参考点	
2	将“方式选择”开关旋至“JOG”方式	
3	按 MDI 面板上“OFFSET SETTING”键	屏幕显示如图 4-1-28 所示的画面
4.1	在图 4-1-28 中，直接按“换页键”或“光标移动”键	光标定位，选定需要设置补偿值的刀具号
	然后按【(操作)】软键	屏幕显示如图 4-1-31 所示的画面
4.2	在图 4-1-28 中，按【(操作)】软键	
	在图 4-1-31 中，键入“偏置号”数字	光标定位，选定需要设置补偿值的刀具号
	按【搜索】软键	
5.1	在图 4-1-31 中，键入“补偿值”数据	输入的数据显示在指定刀具号的补偿位置上
	按【输入】软键	
5.2	在图 4-1-31 中，键入“补偿值”数据	输入数据和原有偏置值相加
	按【+输入】软键	

续表

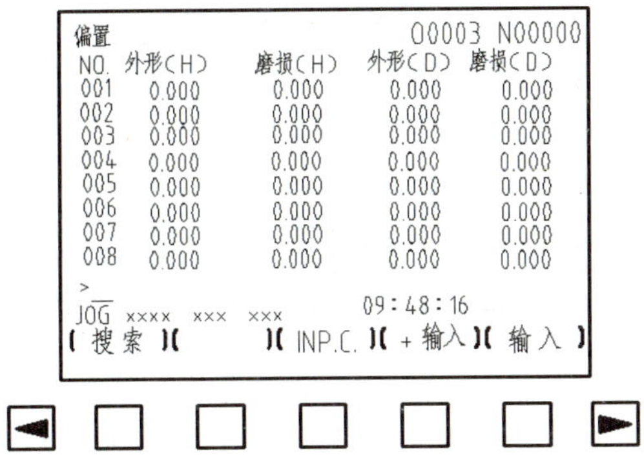

图 4-1-31

注意：

1. 外形数据和磨损数据设置时可正可负，二者代数和之后综合补偿；

2. H 数据用于刀具长度补偿，D 数据用于刀具半径补偿

1.5 数控铣床自动操作

1.5.1 空运行

空运行的目的是校验程序格式和粗略判断刀具轨迹是否正确。

空运行具体操作步骤见表 4-1-23。

表 4-1-23 数控铣床“空运行”操作步骤

步骤	操作动作	机床动作或 CRT 显示画面
1	开机，手动回参考点	
2	移动刀具离开工件上表面 50 mm 左右	在安全的情况下，距离小，轨迹看得清楚
3	选定“EDIT”方式，按“PROG”键	搜索要运行的程序，如图 4-1-11 所示
4	选定“AUTO”方式	屏幕显示如图 4-1-32 所示
5	在图 4-1-32 中，按【监视】软键	屏幕显示如图 4-1-33 所示
6	按机床操作面板上“DRY RUN”键+“Z AXIS CANCLE”键	
7	按机床操作面板上“CYCLE START”键	机床自动运行。程序格式有错误，机床报警停止运动；机床运行轨迹不对，按“RESET”键中断自动运行

续表

步骤	操作动作	机床动作或 CRT 显示画面
8	记住机床报警时显示出错的程序段号。在“EDIT”方式下显示程序，移动光标到出错的程序段	如图 4-1-11 所示。数控系统能预处理 2 个程序段，从光标所在的程序段往下多看几段程序，找出错误并进行修改
9	切换成“AUTO”方式	重新运行，直到程序调试完毕
10	解除 Z 轴锁紧，Z 轴回参考点	由于数据正常运算、而锁紧轴不动，二者不匹配有差距，必须通过参考点方式“对齐”

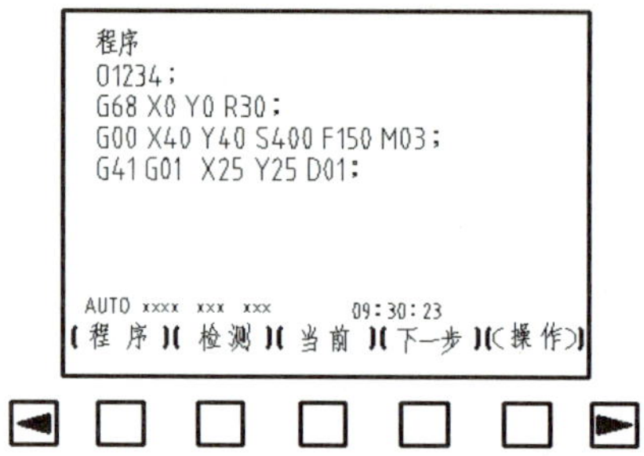

图 4-1-32

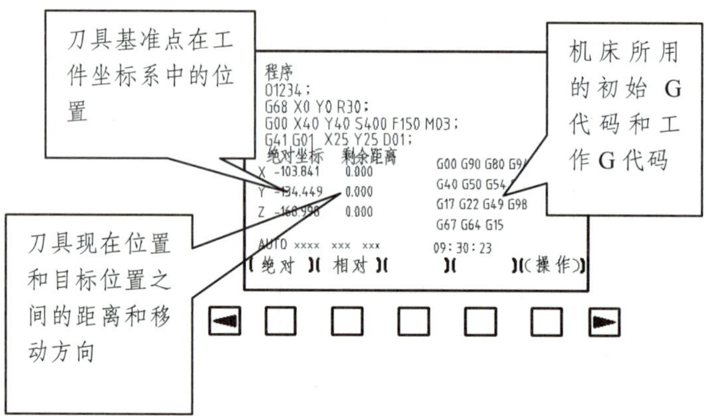

图 4-1-33

1.5.2 图形显示

图形显示功能也用于校验程序格式和刀具路径，这种方法比空运行判断刀具路径要来得更直观、准确。

图形显示具体操作步骤见表 4-1-24。

表 4-1-24　数控铣床“图形显示”操作步骤

步骤	操作动作	机床动作或 CRT 显示画面
1	开机，手动回参考点	
2	移动刀具离开工件上表面 50 mm 左右	
3	选定“EDIT”方式，按“PROG”键，搜索要运行的程序	如图 4-1-11 所示
4	选定“AUTO”方式	如图 4-1-32 所示
5	按 MDI 面板上“CUSTOM GRAPH”键	屏幕显示如图 4-1-34 所示
6	在图 4-1-34 中，输入必要的参数	屏幕显示如图 4-1-35 所示，参数含义见下表
	然后按图 4-1-34 中【执行】软键	
7	在图 4-1-35 中按【(操作)】软键	屏幕显示如图 4-1-36 所示
8	在图 4-1-36 中按【自动】软键或【开始】软键	屏幕显示刀具中心运行轨迹，如图 4-1-37 所示，机床不动

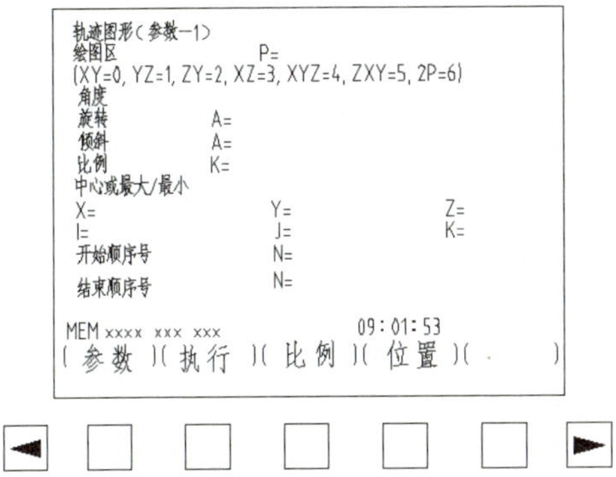

图 4-1-34

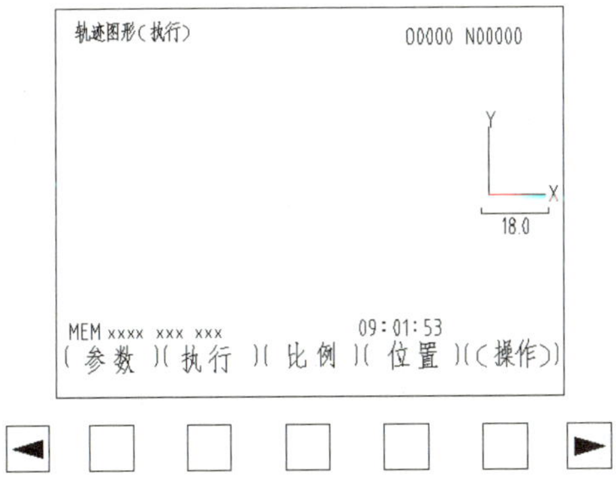

图 4-1-35

参数含义
绘图区：选定绘图平面
角度：当绘图平面参数选择 4、5 时，设置图形水平旋转和垂直旋转的角度
比例：0—根据设定的最大值和最小值，系统自动决定绘图比例。 0.01～100：放大或缩小绘图显示；设定为 1.0 时，用实际尺寸绘图
中心或最大/最小： 当比例设定为 0 时，地址 X、Y、Z 中输入工件上 X、Y、Z 正方向的最大尺寸；地址 I、J、K 中输入工件上 X、Y、Z 负方向的最大尺寸，这样就指定了绘图的 X 范围，系统根据 CRT 显示屏的尺寸自动调整绘图比例。 当比例设定为非 0 时，在地址 X、Y、Z 中输入 CRT 中心点在工件上的位置坐标值，I、J、K 无效
开始顺序号、结束顺序号： 程序从头开始运行，但图形只显示两者中间的部分

续表

步骤	操作动作	机床动作或 CRT 显示画面
	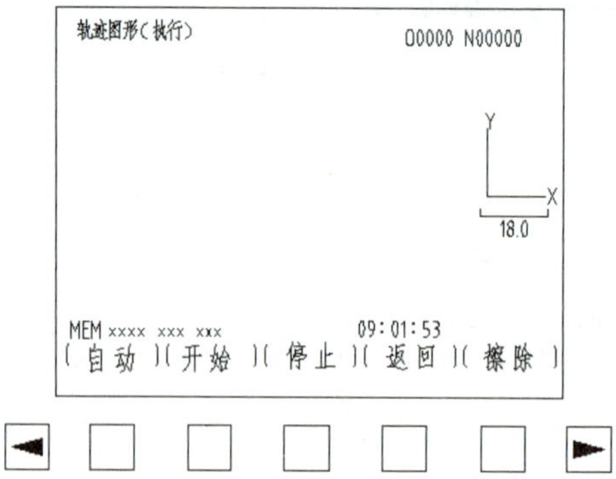 图 4-1-36	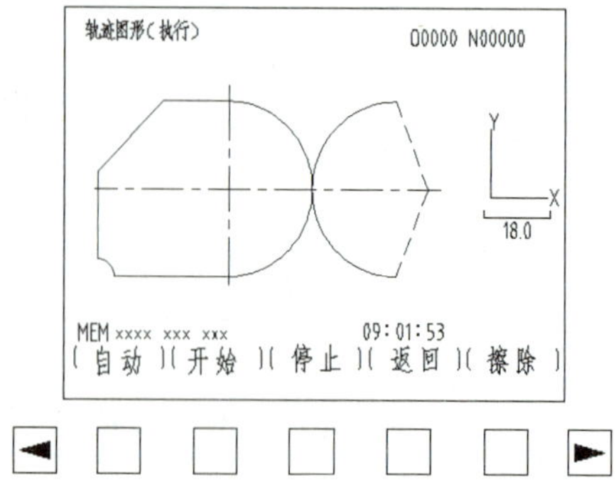 图 4-1-37

1.5.3 单程序段运行

单程序段运行多用于刀具完成工件的试切加工，主要检测刀具运行轨迹的准确性等。具体操作步骤见表 4-1-25。

表 4-1-25 数控铣床“单程序段运行”操作步骤

步骤	操作动作	机床动作或 CRT 显示画面
1	开机，手动回参考点	
2	移动刀具离开工件上表面 50 mm 左右	
3	选定“EDIT”方式，按“PROG”键，搜索要运行的程序	如图 4-1-11 所示
4	选定“AUTO”方式	如图 4-1-32 所示
5	在图 4-1-32 中，按【监视】软键	如图 4-1-33 所示
6	按机床操作面板上“SINGLE BLOCK”键	该键指示灯亮起
7	将“进给倍率调整开关”调到 0	
8	按“CYCLE START”键	按下该键，机床运行一个程序段。图 4-1-33 中“剩余距离”中显示该程序段要移动的距离和方向
9	目测图 4-1-33 中显示的“距离和方向”并与刀具-工件实际距离比较，判断大致正确后，缓慢打开“进给倍率开关”	机床运行该程序段
10	若图 4-1-33 中显示的“距离和方向”经判断是错误的，按“RESET”键复位	机床停止运行
	选定“EDIT”方式，按“PROG”键，编辑修改程序，必要时测量工件，修改切削用量等	如图 4-1-11 所示
	重新运行	
11	重复 8、9、10 操作步骤	直至整个程序加工完成

1.5.4 存储器自动运行

存储器自动运行具体操作步骤见表 4-1-26。

表 4-1-26 数控铣床“存储器自动运行”操作步骤

步骤	操作动作	机床动作或 CRT 显示画面
1	开机，手动回参考点	
2	对刀，设定工件零点偏置值	
3	设定刀具半径补偿值、长度补偿值	
4	选定“EDIT”方式，按“PROG”键，搜索要运行的程序	如图 4-1-11 所示
5	选定“AUTO”方式	如图 4-1-32 所示
6	在图 4-1-32 中，按【监视】软键	如图 4-1-33 所示
7	按机床操作面板上“CYCLE START”键	机床自动运行，切削工件
注意：在自动运行期间，可以通过相应按键观察各种坐标系、程序、程序列表、零点偏置、刀具补偿、刀具路径显示等画面，也可以同时按“功能键+CAN”关屏，保护显示器，按任一功能键重新开屏		

1.5.5 后台编辑

机床正在执行一个加工程序时，可在显示屏上编辑另一个程序，称为后台编辑。这种功能可以有效减少机床的停顿时间。具体操作步骤见表 4-1-27。

表 4-1-27 数控铣床“后台编辑”操作步骤

步骤	操作动作	机床动作或 CRT 显示画面
1	机床在“AUTO”方式下加工工件	如图 4-1-32 所示
2	在图 4-1-32 中，按【操作】软键	屏幕显示如图 4-1-38 所示
3	在图 4-1-38 中，按【BG-EDT】软键	屏幕显示如图 4-1-39 所示
4	在图 4-1-39 中，可直接输入新程序	
	在图 4-1-39 中，输入原有程序号，按【O 搜索】软键	打开该程序，可对该程序进行普通编辑
	在图 4-1-39 中，可按【搜索↑】软键、【搜索↓】软键，对显示的程序进行字的搜索	
5	编辑结束后按[BG-EDT]软键返回前台加工画面	屏幕显示如图 4-1-32 所示

续表

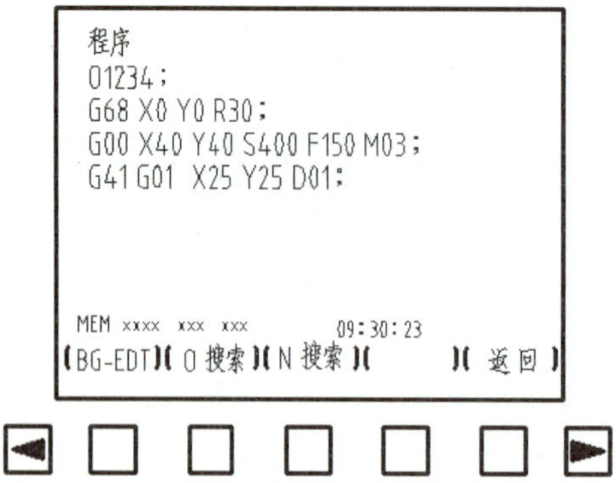

图 4-1-38

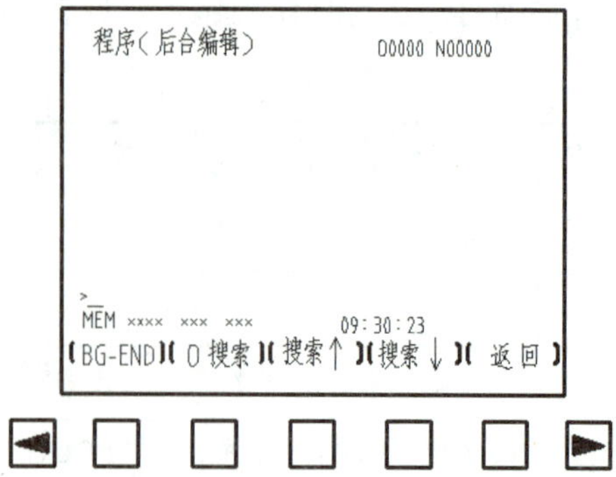

图 4-1-39

注意：在后台编辑过程中，不能按“RESET”键，否则机床将中断运行，停止加工

1.5.6 程序传输（RS-232 传输程序）

选用一台计算机安装专用程序传输软件，如 Winpcin，用专用数据传输线把数控系统 RS-232C 串行端口和计算机 RS-232 串行端口连接起来（需在机床和计算机非通电状态下连接）。在数据通信时，必须是接收方首先进入等待接收状态。下面用 Winpcin 传输软件为例说明传输程序的具体操作方法。

1. 设置通信参数

设置通信参数具体操作步骤见表 4-1-28。

表 4-1-28 数控铣床“设置通信参数”步骤

步骤	操作动作	机床动作或 CRT 显示画面
1	从计算机进入 Winpcin 工具软件	进入如图 4-1-40 所示的 Winpcin 画面
2	在图 4-1-40 中点击“RS232 Config”键	进入如图 4-1-41 所示“通信参数设置”画面
3	在图 4-1-41 中将传输软件与数控系统的串行通信参数设置一致	如图 4-1-41 所示，如“BAUDRATE（波特率）常设为 9600、PARITY（齐偶校验）不校验、STOPBITS（停止位）为 2、DATABITS（数据位）为 8”
4	在图 4-1-41 中点击“Text Format”键	设定文本模式的通信参数
5	在图 4-1-41 中点击“Save & Activate”键	将通信参数保存并激活
6	在图 4-1-41 中点击“Back”键	返回至图 4-1-40 所示的画面，表示通信参数设置就绪

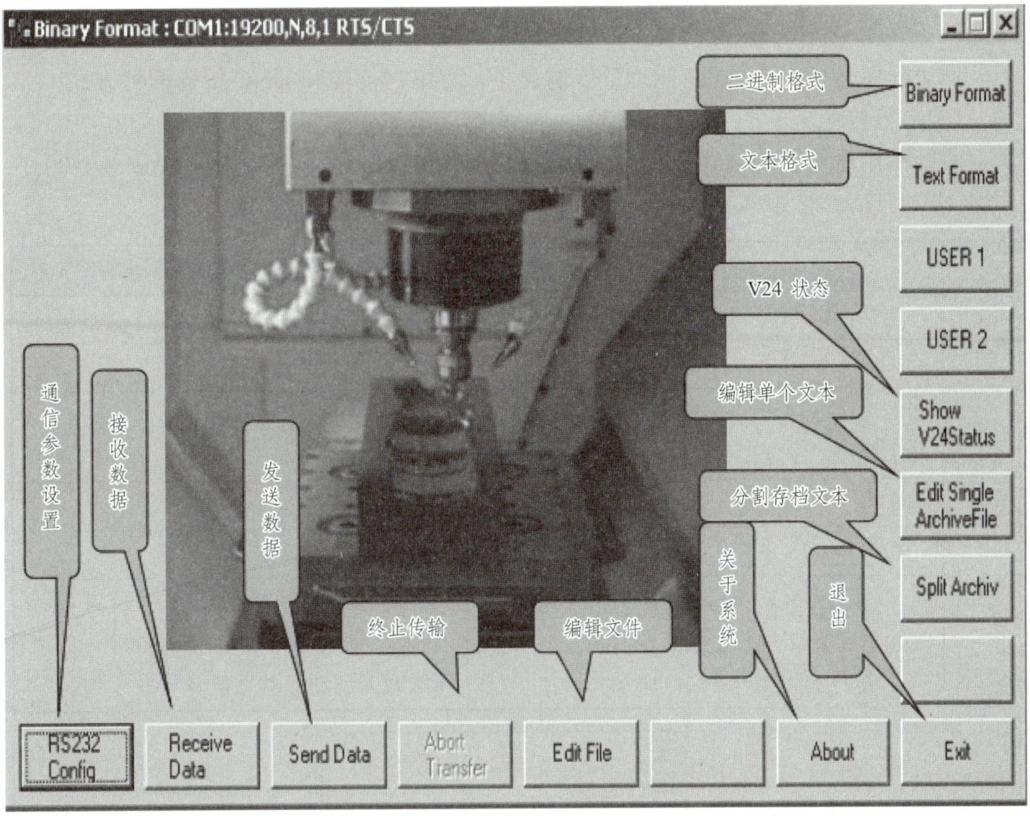

图 4-1-40　Winpcin 界面

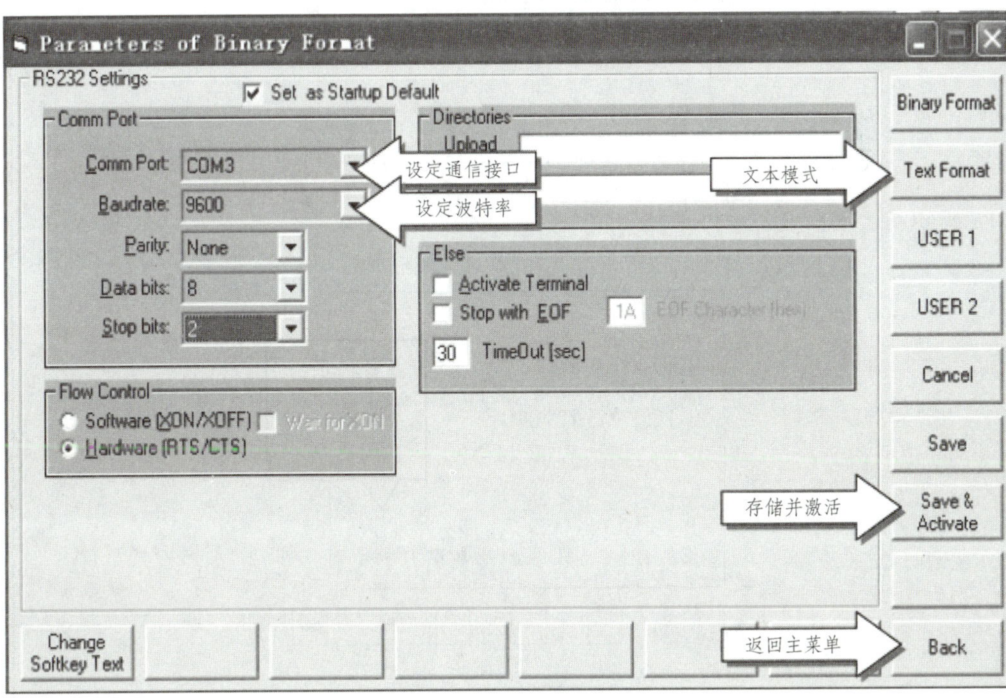

图 4-1-41　通信参数设置

2. 发送程序

发送程序是指由计算机向 CNC 传输程序，有串行传输和 DNC 传输两种方式。

1）串行传输

串行传输适用于传输容量小于数控系统存储的情况。具体操作步骤见表 4-1-29。

表 4-1-29　数控铣床“串行传输”操作步骤

步骤	操作动作	机床动作或 CRT 显示画面
1	选择“EDIT”方式，按“PROG”键	如图 4-1-11 所示
2	在图 4-1-11 中，按【(操作)】软键	如图 4-1-14 所示
3	在图 4-1-14 中，按最右边的【菜单继续键】软键	屏幕显示如图 4-1-15 所示
4	在图 4-1-15 中输入新程序号，如“O2121”	
	在图 4-1-15 中按【读入】软键	屏幕显示如图 4-1-42 所示
	在图 4-1-42 中按【执行】软键	此时在 CRT 的右下角出现闪烁的“LSK”，屏幕显示如图 4-1-43 所示，表示数控系统处于接收等待状态

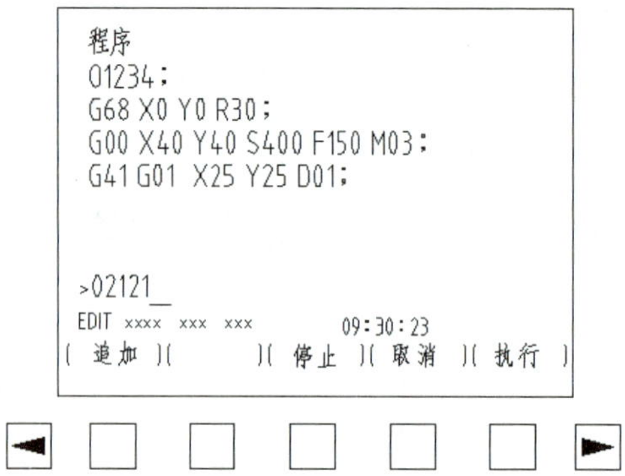

图 4-1-42　程序读入画面

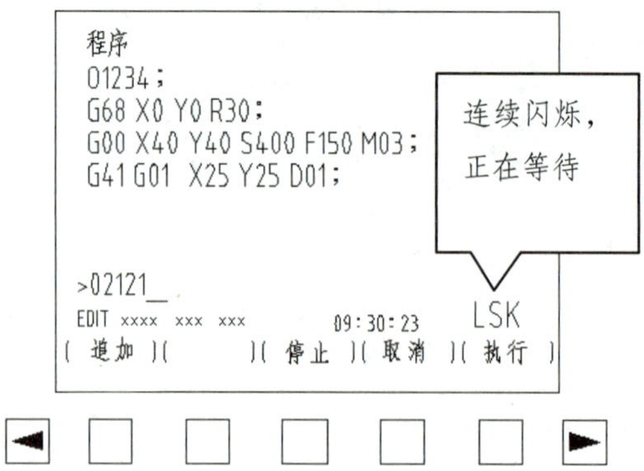

图 4-1-43　CNC 正在等待

续表

步骤	操作动作	机床动作或 CRT 显示画面
5	从计算机进入 Winpcin 工具软件	进入如图 4-1-40 所示的 Winpcin 画面
	在图 4-1-40 中点击“Send Data”键	进入如图 4-1-44 所示“程序发送”画面
	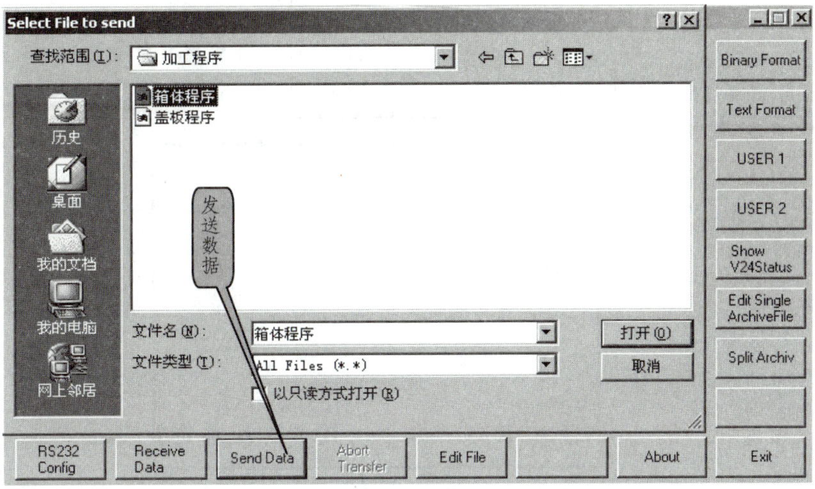 图 4-1-44　程序发送界面	
	在图 4-1-44 文件目录中找到要发送的文件名（文本文件形式），点击“打开（O）”	即可将文件发送出去
6	从机床上进入图 4-1-13 所示的“程序号列表画面”	可以看见输入的程序“O2121”

2）DNC 传输

DNC，又称在线传输或在线加工（Digital New Culture），它是 CNC 直接向外设读取数据的方式，这些数据并不保存到 CNC 中，适用于数控系统容纳不下的大程序。具体操作步骤见表 4-1-30。

表 4-1-30　数控铣床“DNC 传输”操作步骤

步骤	操作动作	机床动作或 CRT 显示画面
1	工件在机床上定位，夹紧；对刀设定工件零点偏置值和刀具参数补偿值	
2	将“方式选择”开关旋至“DNC”	如图 4-1-5 所示
	按 MDI 面板上“PROG”键	
	按机床操作面板上“CYCLE START”键	CRT 的右下角出现闪烁的“LSK”，表示系统处于加工等待状态，如图 4-1-45 所示

续表

步骤	操作动作	机床动作或 CRT 显示画面
3	从计算机进入 Winpcin 工具软件	进入如图 4-1-40 所示的 Winpcin 画面
	在图 4-1-40 中点击“Send Data”键	进入如图 4-1-44 所示的“程序发送”画面
	在图 4-1-44 文件目录中找到要发送的文件名（文本文件形式），点击“打开（O）”	即可将文件发送出去，机床开始执行发送的程序，边运行边加工

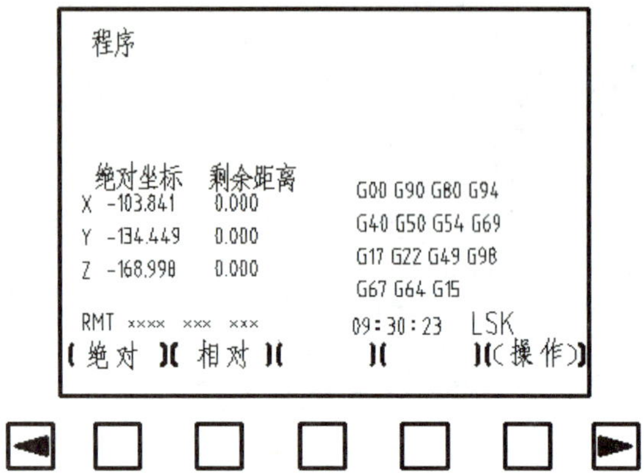

图 4-1-45　DNC 加工等待画面

3. 接收程序

接收程序是将数控系统中的程序保存在外围计算机上。具体操作步骤见表 4-1-31。

表 4-1-31　数控铣床“接收程序”操作步骤

步骤	操作动作	机床动作或 CRT 显示画面
1	从计算机进入 Winpcin 工具软件	进入如图 4-1-40 所示的 Winpcin 画面
	在图 4-1-40 中点击“Receive Data”键	进入如图 4-1-46 所示的“程序接收”画面
	在图 4-1-46 中选择文件保存路径并给文件命名，点击“保存（S）”	计算机即进入接收等待状态
2	选择“EDIT”方式，按“PROG”键	如图 4-1-11 所示
	在图 4-1-11 中，按【（操作）】软键	如图 4-1-14 所示
	在图 4-1-14 中，按最右边的【菜单继续键】软键	屏幕显示如图 4-1-15 所示
3.1	在图 4-1-15 中输入程序号如“O1234”	表示单独输出一个程序
3.2	在图 4-1-15 中输入程序号如“O～9999”	存储在机床中的所有程序都将被输出

续表

步骤	操作动作	机床动作或 CRT 显示画面
3.3	在图 4-1-15 中输入程序号如“O####，O****”	存储在机床中程序号在 O####～O****之间的程序都将被输出
4	在图 4-1-15 中按【传出】软键	屏幕显示如图 4-1-47 所示
	在图 4-1-47 中按【执行】软键	在 CRT 的右下角出现闪烁的“输出”字样，屏幕显示如图 4-1-48 所示，表示数控系统正在输出程序
5	在图 4-1-48 中闪烁的“输出”字样消失	表示 CNC 中程序传输结束
6	在图 4-1-46 中点击“Abort Transfer”键终止传输	
	点击“Edit File”键	查看传输进来的程序数据

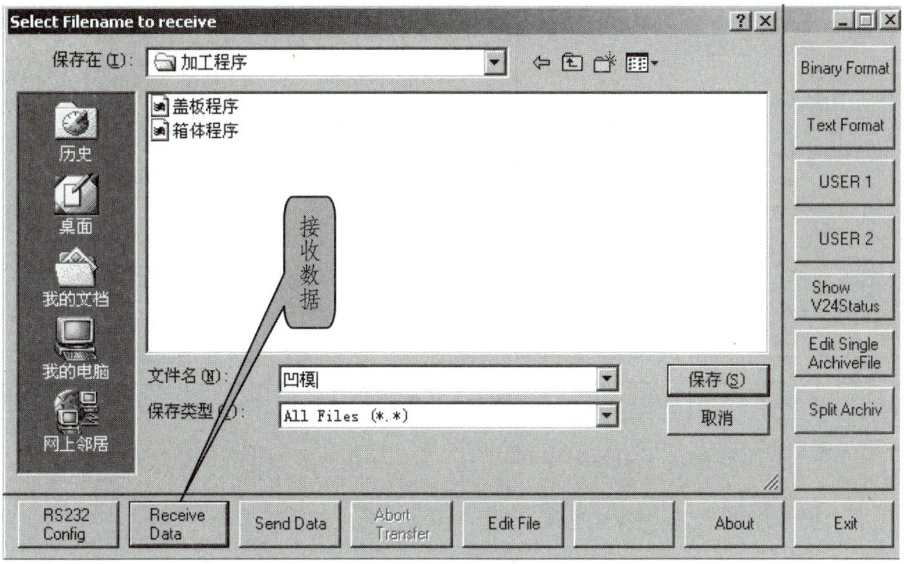

图 4-1-46　程序接收

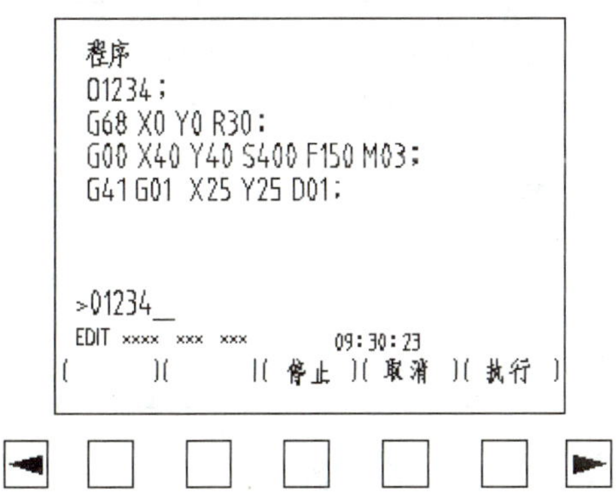

图 4-1-47　程序输出画面

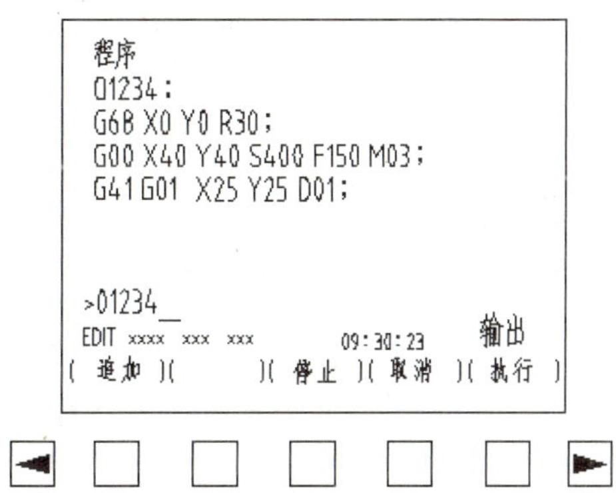

图 4-1-48　CNC 程序输出执行画面

1.5.7　几种常用数据设定

1. 顺序号间隔数设置与顺序号自动插入

顺序号间隔数设置与顺序号自动插入具体操作步骤见表 4-1-32。

表 4-1-32　数控铣床“顺序号间隔数设置与顺序号自动插入”操作步骤

步骤	操作动作	机床动作或 CRT 显示画面
1	将“方式选择”开关旋至“MDI”方式	
	按 MDI 面板上“OFFSET SETTING”键	屏幕显示如图 4-1-28 所示
2	在图 4-1-28 中，按【设定】软键	屏幕显示如图 4-1-49 所示
3	在图 4-1-49 中，移动光标到“参数写入”位置，在下面输入行输入数据“1”	
	按 MDI 面板上“INPUT”键	机床报警，屏幕显示如图 4-1-50 所示

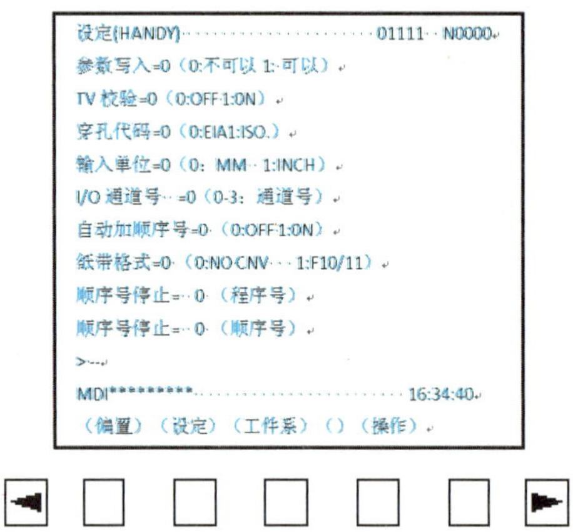

图 4-1-49　参数设定画面

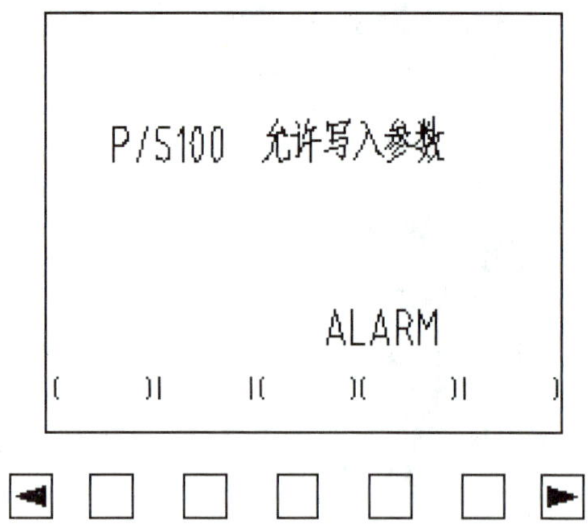

图 4-1-50　参数设定报警画面

步骤	操作动作	机床动作或 CRT 显示画面
4	按 MDI 面板上“SYSTEM”键	屏幕显示如图 4-1-51 所示
	在图 4-1-51 中，按【(操作)】软键	屏幕显示如图 4-1-52 所示

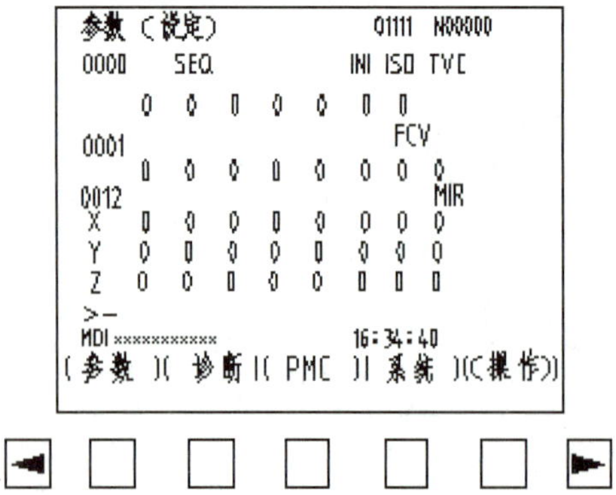

图 4-1-51　参数选择画面

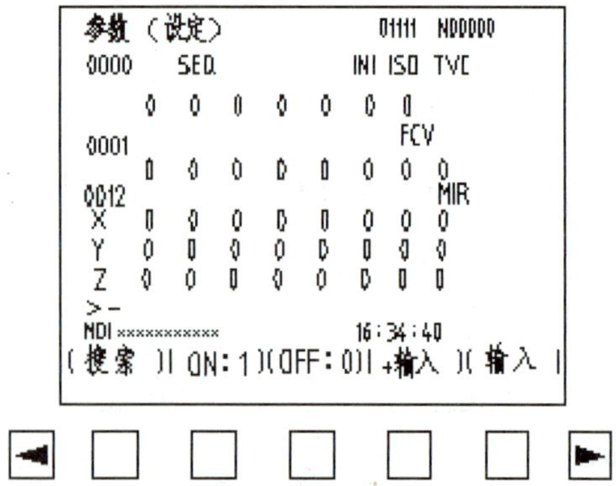

图 4-1-52　参数修改画面

续表

<table>
<tr><th>步骤</th><th>操作动作</th><th>机床动作或 CRT 显示画面</th></tr>
<tr><td rowspan="2">5</td><td>在图 4-1-52 输入行中输入数据“3216”</td><td rowspan="2">屏幕显示如图 4-1-53 所示</td></tr>
<tr><td>在图 4-1-52 中按【搜索】软键</td></tr>
<tr><td rowspan="2">6</td><td>在图 4-1-53 中移动光标到参数“3216”处，输入程序段号增量值，如“10”</td><td rowspan="2">屏幕显示如图 4-1-54 所示</td></tr>
<tr><td>在图 4-1-53 中按【输入】软键</td></tr>
<tr><td colspan="3">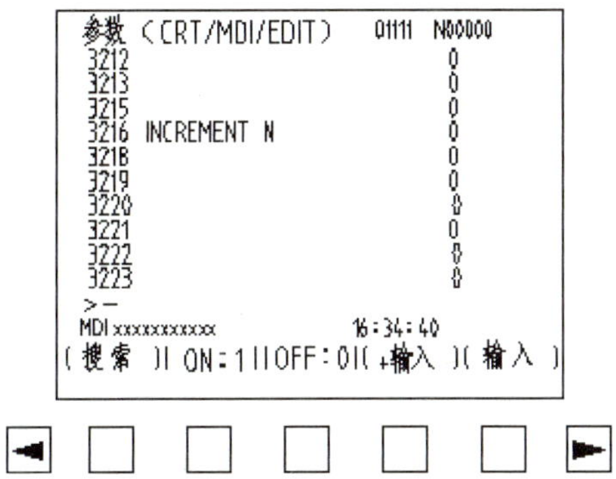
图 4-1-53　3216 参数显示画面
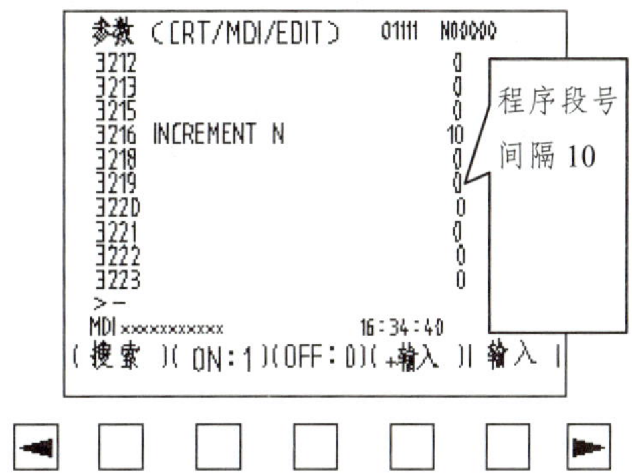
图 4-1-54　3216 参数设定画面</td></tr>
<tr><td rowspan="4">7</td><td>按 MDI 面板上“OFFSET SETTING”键</td><td>如图 4-1-28 所示</td></tr>
<tr><td>在图 4-1-28 中，按【设定】软键</td><td rowspan="3">如图 4-1-49 所示</td></tr>
<tr><td>在图 4-1-49 中，移动光标到“参数写入”位置，在输入行输入数据“0”</td></tr>
<tr><td>按 MDI 面板上“INPUT”键</td></tr>
<tr><td>8</td><td>按 MDI 面板上“RESET”键</td><td>消除报警</td></tr>
<tr><td rowspan="2">9</td><td>在图 4-1-49 中，移动光标到“自动加顺序号”位置，在输入行输入数据“1”</td><td rowspan="2">打开“编辑程序时自动生成程序段号”功能。在编辑程序时自动生成程序段号“N#####”，以参数“3216”中设定的增量值逐段增加</td></tr>
<tr><td>按 MDI 面板上“INPUT”键</td></tr>
<tr><td colspan="3">注：程序段号的生成过程见本任务中“1.3.2　旧程序的编辑”，它可以作为一个指令字任意插入、替换、删除</td></tr>
</table>

2. 设置、显示加工件计数和运行时间

设置、显示加工件计数和运行时间具体操作步骤见表 4-1-33。

表 4-1-33　数控铣床“设置、显示加工件计数和运行时间”操作步骤

步骤	操作动作	机床动作或 CRT 显示画面
1	将“方式选择”开关旋至“MDI”方式	
	按 MDI 面板上“OFFSET SETTING”键	屏幕显示如图 4-1-28 所示
2	在图 4-1-28 中，按【设定】软键	屏幕显示如图 4-1-49 所示
3	连续按 MDI 面板上“PAGE↓”键	屏幕显示如图 4-1-55 所示
4	在图 4-1-55 中，移动光标选定参数需要修改的位置，按“数字”键在输入行输入数据	修改参数
	按 MDI 面板上的“INPUT”键	
5	按 MDI 面板上的“POS”键，就可在 CRT 屏幕上显示“加工件数”、“循环时间”等	如图 4-1-6、图 4-1-7、图 4-1-8 所示

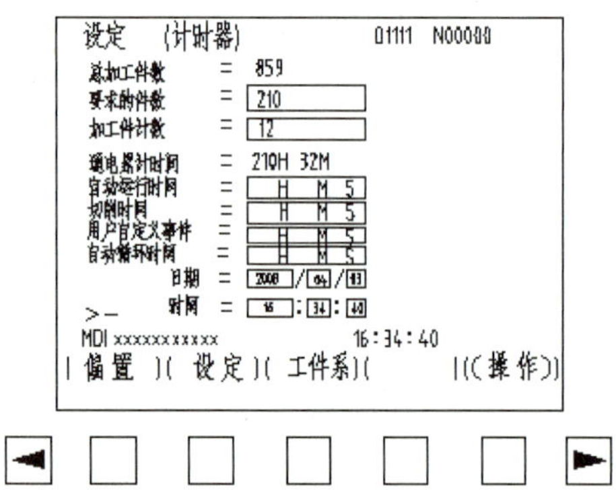

图 4-1-55　计时器参数修改画面

总加工件数：每执行 1 次 M02、M30，该值自动加 1，该参数自动显示在此画面，不可修改
要求的件数：用来设定需要加工的零件数
加工件计数：每执行 1 次 M02、M30，该值自动加 1，当达到要求的件数时，该值自动复位为 0
通道累计时间：显示开机总的时间，该参数自动显示在此画面，不可修改
自动运行时间：自动运行过程的总时间，不包括停止和进给暂停时间，可输入数据进行修改
切削时间：显示切削总时间，可输入数据进行修改
用户自定义时间：不用
自动循环时间：一次自动循环的运行时间。在复位状态按下循环启动键后，该值自动预设为 0，当电源关闭后，该值也会被预设为 0
日期：显示和设定日期
时间：显示和设定时间

任务 2　数控铣床对刀操作

知识目标

（1）熟悉数控铣床 X、Y 轴的对刀操作方法。

（2）熟悉数控铣床 Z 轴的对刀操作方法。

能力目标

掌握数控铣床的对刀操作。

任务学习

2.1　数控铣床的对刀

2.1.1　X、Y 轴方向对刀

工件在机床上正确安装后，工件原点在机床坐标系中的坐标值即零点偏置值必须通过对刀操作才能获得，零点偏置值设定之后，机床才知道工件的装夹位置。

1. 立铣刀（寻边器）对刀

对于如图 4-2-1 所示的工件，可以采用立铣刀试切工件对刀（见图 4-2-2），也可用寻边器接触工件对刀（见图 4-2-3），具体操作见表 4-2-1。

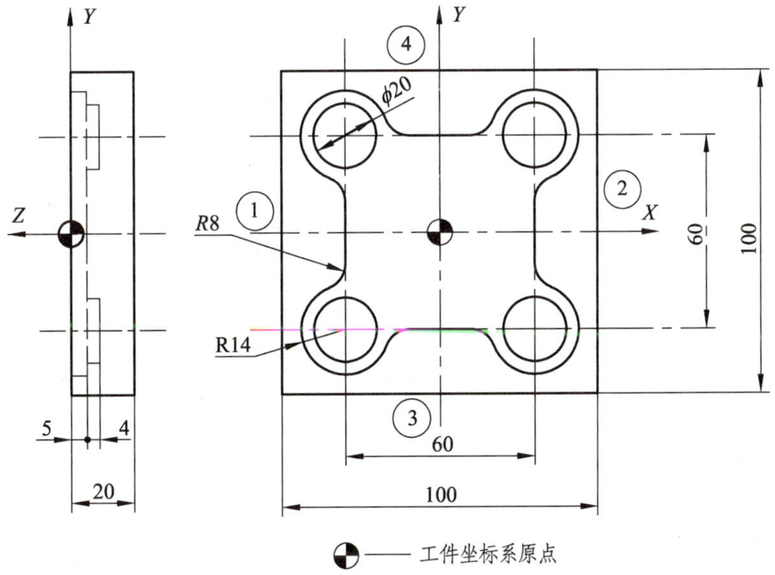

图 4-2-1　工件

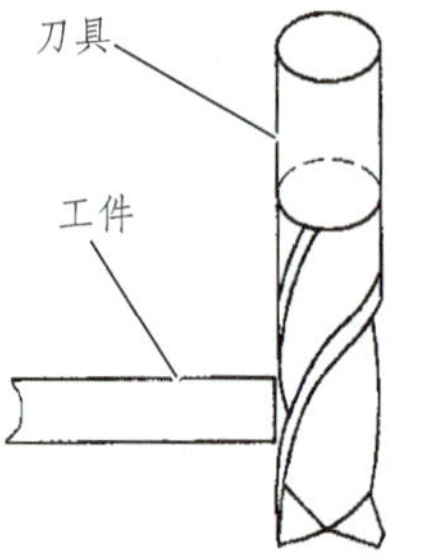

图 4-2-2　立铣刀侧刃对刀

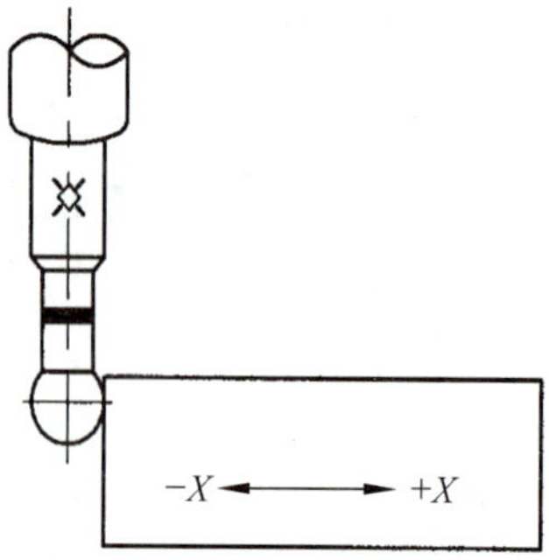

图 4-2-3　寻边器接触对刀

表 4-2-1　数控铣床“X、Y 轴方向对刀”操作步骤

步骤	操作动作	机床动作或 CRT 显示画面
1	开机，手动回参考点	
2	将“方式选择”开关旋至“MDI”方式	
3	按 MDI 面板上“PROG”键	
4	按 MDI 面板上“字母、数字”键，在程序 O0000 中输入“M03 S200;”	如图 4-1-10 所示
5	按“CYCLE　START”键	主轴以 200 RPM 正转
6	选择“JOG”或“HANDLE”方式，控制刀具或寻边器在一定高度上接触工件的一边	如图 4-2-1 中①边
7	按 MDI 面板上“POS”键、【相对】软键	如图 4-1-26 所示
8	输入“X”字符，按【归零】软键	X 相对坐标清为 0
9	抬高刀具或寻边器，移动接触工件另一边	如图 4-2-1 中②边，X 相对坐标显示一个数值，如 α，记住 $\alpha/2$
10	抬高刀具或寻边器，反向移动机床	控制机床移动到 X 相对坐标显示在 $\alpha/2$ 处
11	按“OFFSET SETTING”键、【工件系】软键、【操作】软键	如图 4-1-30 所示
12	选定工件坐标系零点存储区	
13	在输入行中输入“X0”	
14	按【测量】软键	当前测量基点 X 方向的机床坐标值自动显示并存储
15	将“X”改为“Y”，重复 6 ~ 14 步	可获得 Y 向的机床坐标值

2. 杠杆表对刀

对于圆孔或圆柱面，除可以用寻边器对刀外，还可以采用杠杆表对刀，如图 4-2-4 所示。

拨动主轴转一周时，表针的摆动量在允许的对刀误差范围内，如 0.01 mm，此时可认为主轴的旋转中心与被测孔中心重合，则孔中心在机床坐标系下的坐标值可知。具体操作见表 4-2-2。

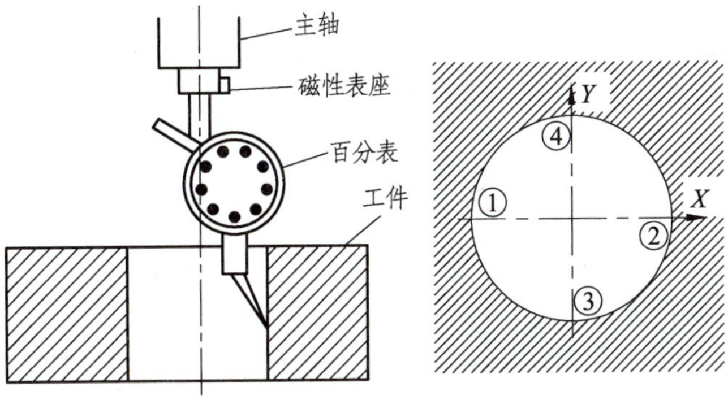

图 4-2-4　用杠杆表以孔对刀

表 4-2-2　数控铣床"杠杆表对刀"操作步骤

步骤	操作动作	机床动作或 CRT 显示画面
1	开机，执行手动回参考点	
2	调整机床位置，让主轴的旋转中心与被测孔中心重合	如图 4-2-4 所示
3	按 MDI 面板上"OFFSET SETTING"键、【工件系】软键、【(操作)】软键	如图 4-1-30 所示
4	选定工件坐标系零点存储区	
5	在图 4-1-30 输入行中输入"X0"	孔中心位置 X 方向的机床坐标值自动显示并存储
	按【测量】软键	
6	在图 4-1-30 缓存区中输入"Y0"	孔中心位置 Y 方向的机床坐标值自动显示并存储
	按【测量】软键	

2.1.2　Z 轴方向对刀

Z 轴方向零点偏置值的设置与刀具长度补偿值的设定、编程方法有关。工件坐标系 Z 轴方向零点偏置值的设置方法不同，其刀具长度补偿值、编程方法也需作相应的调整。

1. 主轴端面对刀和刀具长度补偿

主轴端面对刀和刀具长度补偿具体操作步骤见表 4-2-3。

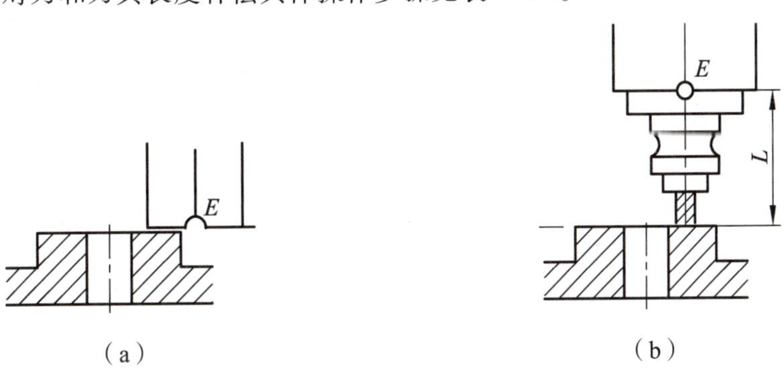

图 4-2-5

表 4-2-3　数控铣床“主轴端面对刀和刀具长度补偿”操作步骤

步骤	操作动作	机床动作或 CRT 显示画面
1	机床开机，执行手动回参考点	
2	手轮摇动主轴端面靠工件坐标系 Z=0 的平面	如图 4-2-5（a）所示
3	按 MDI 面板上“OFFSET SETTING”键、【工件系】软键、【（操作）】软键	如图 4-1-30 所示
4	选定工件坐标系零点存储区	
5	在图 4-1-30 缓存区中输入“Z0”	图 4-2-5（a）中 E 点 Z 向机床坐标值自动显示并存储
	按【测量】软键	
6	按 MDI 面板上“POS”键、【相对】软键	如图 4-1-26 所示
7	输入“Z”字符，按【归零】软键	Z 相对坐标清为 0
8	抬起主轴，装上新刀，手轮摇动让刀具 Z 向刀位点靠工件坐标系 Z=0 的平面	如图 4-2-5（b）所示
9	按 MDI 面板上“OFFSET SETTING”键、【（操作）】软键	如图 4-1-31 所示
10	在图 4-1-31 中“移动光标”或按【搜索】软键搜索刀具补偿号	让光标定位在该刀具的“外形（H）”处
11	在图 4-1-31 中，按【INP.C】软键	该刀具的“外形（H）”补偿值自动显示并存储（补偿值 L>0）
12	重复 8、9、10、11 步骤	完成所有刀具“外形（H）”值的设置
这种方法测量的外形（H）数据是刀具的实际长度 L，加工不同的零件时，通用刀具的刀补数据不需要改变，适用于多刀加工，刀具长度补偿。 刀具实际长度 L 也可从机外对刀仪测得，通过操作面板输入		

2. 标准刀具对刀和刀具长度补偿

标准刀具补刀和刀具长度补偿具体操作步骤见表 4-2-4。

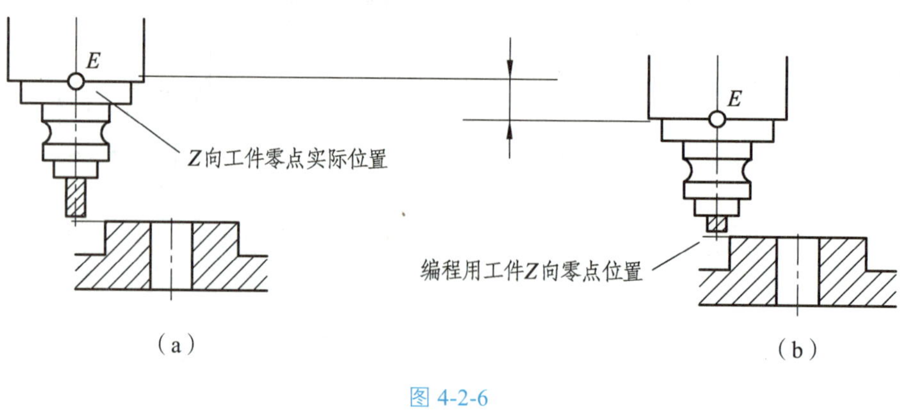

图 4-2-6

表 4-2-4 数控铣床“标准刀具对刀和刀具长度补偿”操作步骤

步骤	操作动作	机床动作或 CRT 显示画面
1	主轴安装标准刀具，手轮摇动标准刀具 Z 向刀位点靠工件坐标系 Z=0 的平面	如图 4-2-6（a）所示
2	将机床坐标 Z 值设定为工件 Z 向零点偏置值	操作过程见主轴端面对刀与刀具长度补偿
3	Z 轴相对坐标值清为 0	
4	更换新刀具，Z 向刀位点靠工件坐标系 Z=0 的平面	如图 4-2-6（b）所示
5	选定刀具补偿号	如图 4-1-31 所示
6	在图 4-1-31 中，按【INP.C】软键	完成所选刀具“外形（H）”值 L 的设置。补偿值 L 可正、可负，也可为 0
7	重复 4、5、6 步骤	完成所有刀具“外形（H）”值的设置
注意：这种方法设定的 Z 向零点偏置值是标准刀具的 Z 向刀位点靠工件坐标系 Z=0 平面时 E 点的机床坐标值，标准刀具长度补偿值是 0，其他刀具与标准刀具的长度差 L 作为该刀具的长度补偿值，可正可负，正负号由相对坐标值的正负号决定，L 不反映刀具的实际长度。加工不同工件时，需用标准刀具对刀重新设定 Z 轴零点偏置值，刀补长度 L 不变，适用于标准刀具单刀加工，刀具长度不补偿；也适合多刀加工，刀具长度补偿。 标准刀具实质上是其他刀具长度的比较基准，是对刀的第一把刀具，并没有真正的标准		

3. Z 轴回零和刀具长度补偿

Z 轴回零和刀具长度补偿具体操作步骤见表 4-2-5。

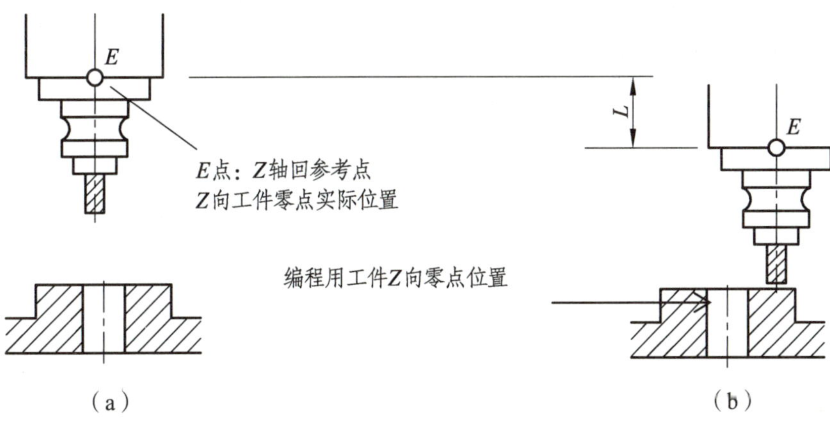

图 4-2-7

表 4-2-5 数控铣床“Z 轴回零”和刀具长度补偿操作步骤

步骤	操作动作	机床动作或 CRT 显示画面
1	开机，手动回参考点	如图 4-2-7（a）所示
2	按 MDI 面板上“OFFSET SETTING”键、【工件系】软键、【（操作）】软键	如图 4-1-30 所示

续表

步骤	操作动作	机床动作或 CRT 显示画面
3	选定工件坐标系零点存储区	
4	在图 4-1-30 输入行中输入“Z0”	该存储区 Z 轴零点偏置值显示并存储为“0”
	按【测量】软键	
5	按 MDI 面板上“POS”键、【相对】软键	如图 4-1-26 所示
	输入“Z”字符，按【归零】软键	Z 相对坐标清为 0
6	主轴上安装新刀，手轮摇动让刀具 Z 向刀位点靠近工件坐标系 Z=0 的平面	如图 4-2-7（b）所示
7	按 MDI 面板上“OFFSET SETTING”键、【(操作)】软键	如图 4-1-31 所示
	在图 4-1-31 中“移动光标”或按【搜索】软键搜索刀具补偿号	让光标定位在该刀具的“外形（H）”处
	在图 4-1-31 中，按【INP.C】软键	该刀具的“外形（H）”补偿值 L 自动显示并存储
8	重复 6、7 步骤	完成所有刀具“外形（H）”值的设置
注意：这种方法将 Z 轴零点偏置值设为参考点的机床坐标值（常为 0），将不同刀具的 L 值[如图 4-2-7（b）所示]设置为刀具长度补偿值，该值不反映刀具的实际长度。加工不同工件时，Z 轴零点偏置值保持为参考点的机床坐标值（常为 0），刀具长度补偿值 L 需重新设定，这种方法用得不多，适合于多刀加工，刀具长度补偿		

任务 3　数控铣床手动编程

知识目标

（1）掌握数控铣床工件坐标系的建立。
（2）熟悉数控铣床的手动编程指令格式。

能力目标

（1）能正确建立工件坐标系。
（2）能进行简单的数控铣床手动编程。

任务学习

3.1　数控铣床的准备功能（G 代码）

准备功能 G 代码用来规定刀具和工件的相对运动轨迹、机床坐标系、坐标平面、刀具补偿、坐标偏置等多种加工操作。数控加工常用的 G 功能代码见表 4-3-1。

表 4-3-1　数控铣削 G 功能代码

G 代码	组	功能	附注
G00	01	定位（快速移动）	模态
G01		直线插补	模态
G02		顺时针方向圆弧插补	模态
G03		逆时针方向圆弧插补	模态
G04	00	停刀，准确停止	非模态
G17	02	*XY* 平面选择	模态
G18		*XZ* 平面选择	模态
G19		*YZ* 平面选择	模态
G28	00	机床返回参考点	非模态
G40	07	取消刀具半径补偿	模态
G41		刀具半径左补偿	模态
G42		刀具半径右补偿	模态
G43	08	刀具长度正补偿	模态
G44		刀具长度负补偿	模态
G49		取消刀具长度补偿	模态

续表

G代码	组	功能	附注
G50	11	比例缩放取消	模态
G51		比例缩放有效	模态
G50.1	22	可编程镜像取消	模态
G51.1		可编程镜像有效	模态
G52	00	局部坐标系设定	非模态
G53	00	选择机床坐标系	非模态
G54	14	工件坐标系1选择	模态
G55		工件坐标系2选择	模态
G56		工件坐标系3选择	模态
G57		工件坐标系4选择	模态
G58		工件坐标系5选择	模态
G59		工件坐标系6选择	模态
G65	00	宏程序调用	非模态
G66	12	宏程序模态调用	模态
G67		宏程序模态调用取消	模态
G68	16	坐标旋转	模态
G69		坐标旋转取消	模态
G73	09	排削钻孔循环	模态
G74		左旋攻螺纹循环	模态
G76		精镗循环	模态
G80		取消固定循环	模态
G81		钻孔循环	模态
G82		反镗孔循环	模态
G83		深孔钻削循环	模态
G84		攻螺纹循环	模态
G85		镗孔循环	模态
G86		镗孔循环	模态
G87		背镗循环	模态
G88		镗孔循环	模态
G89		镗孔循环	模态
G90	03	绝对值编程	模态
G91		增量值编程	模态

续表

G代码	组	功能	附注
G92	00	设置工件坐标系	非模态
G94	05	每分钟进给	模态
G95		每转进给	模态
G98	10	固定循环返回初始点	模态
G99		固定循环返回 *R* 点	模态

3.2 数控铣床的辅助功能（M 代码）

辅助功能代码用于指令数控机床辅助装置的接同和关断，如主轴转/停、切削液开/关、卡盘夹紧/松开、刀具更换等动作。常用 M 代码见表 4-3-2。

表 4-3-2 数控铣削 M 功能代码

代码	功能	说明
M00	程序暂停	当执行有 M00 指令的程序段后，主轴旋转、进给切削液都将停止，重新按下（循环启动）键，继续执行后面程序段
M01	程序选择停止	功能与 M00 相同，但只有在机床操作面板上的（选择停止）键处于“ON”状态时，M01 才执行，否则跳过该代码
M02	程序结束	放在程序的最后一段，执行该指令后，主轴停、切削液关、自动运行停，机床处于复位状态
M30	程序结束	放在程序的最后一段，除了执行 M02 的内容外，还返回到程序的第一段，准备下一个工件的加工
M03	主轴正转	用于主轴顺时针方向转动
M04	主轴反转	用于主轴逆时针方向转动
M05	主轴停止	用于主轴停止转动
M06	换刀	用于加工中心的自动换刀
M08	切削液开	用于打开切削液
M09	切削液关	用于关闭切削液
M98	调用子程序	用于调用子程序
M99	子程序结束	用于子程序结束并返回主程序

3.3 常用的编程指令

3.3.1 工件坐标系设定指令：G92

G92 指令格式、参数含义及使用说明见表 4-3-3。

表 4-3-3　G92 指令格式、参数含义及使用说明

指令格式	G92 X__ Y__ Z__;
参数含义	X、Y、Z 为当前刀位点在工件坐标系中的坐标
作　用	通过设定刀具起点相对于要建立的工件坐标原点的位置建立坐标系
注意事项	此坐标系一旦建立起来，后续的绝对值指令坐标位置都是此工件坐标系中的坐标值

【实例 4-1】设置工件坐标系：G92 X20 Y10 Z10。

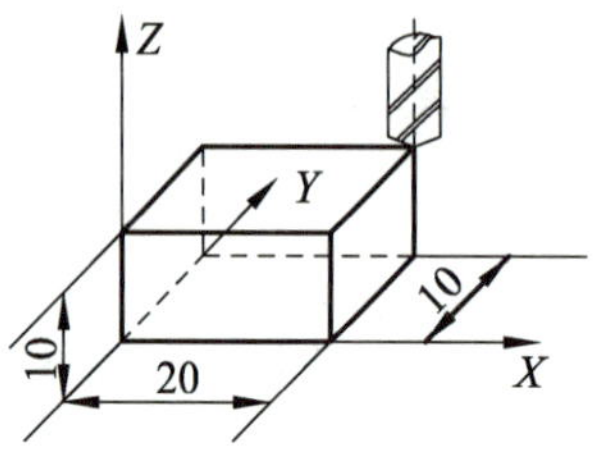

图 4-3-1　G92 指令编程实例

G92 X20 Y10 Z10;

其确立的加工原点在距离刀具起始点 X=−20，Y=−10，Z=−10 的位置上，如图 4-3-1 所示

3.3.2　绝对值/增量值编程指令：G90/G91

G90/G91 指令格式、参数含义及使用说明见表 4-3-4。

表 4-3-4　G90/G91 指令格式、参数含义及使用说明

指令格式	G90 G00/G01 X__ Y__ Z__; G91 G00/G01 X__ Y__ Z__;
参数含义	G90（绝对值编程指令）：G90 后面的 X、Y、Z：当前刀位点在工件坐标系中的坐标。 G91（增量值编程指令）：G91 后面的 X、Y、Z：当前刀位点相对于上一点的坐标增量
注意事项	铣床编程中增量编程不能用 U、W，如果用就表示为 U 轴、W 轴

【实例 4-2】如图 4-3-2 所示，刀具由原点按顺序向 1、2、3 点移动时用 G90/G91 指令编程。

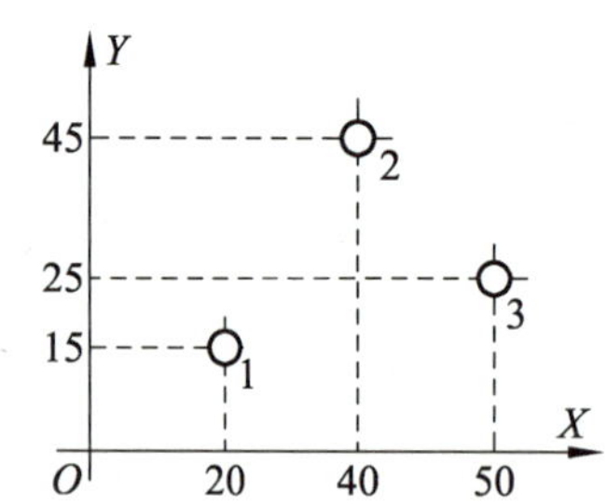

图 4-3-2　G90/G91 指令编程实例

注意：铣床中 X 轴不再是直径

G90 编程：

```
%0001;
N1 G92 X0 Y0;
N2 G90 G01 X20 Y15;
N3 X40 Y45;
N4 X60 Y25;
N5 X0 Y0;
N6 M30;
```

G91 编程：

```
%0002;
N1 G91 G01 X20 Y15;
N2 X20 Y30;
N3 X20 Y-20;
N4 X-60 Y-25;
N5 M30;
```

3.3.3 工件坐标系选择指令：G54 ~ G59

G54 ~ G59 指令格式、参数含义及使用说明见表 4-3-5。

表 4-3-5 G54 ~ G59 指令格式、参数含义及使用说明

<table>
<tr><td>指令格式</td><td>G54、G55、G56、G57、G58、G59</td></tr>
<tr><td>作　用</td><td>可用 G54 ~ G59 指令设定编程坐标系在机床中所处的位置</td></tr>
<tr><td>示意图</td><td>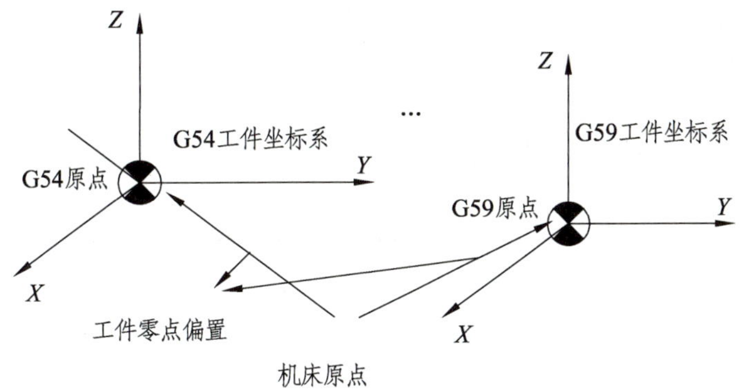
</td></tr>
<tr><td>注意事项</td><td>1. G54 ~ G59 是系统预置的 6 个坐标系，可根据需要选用；
2. 该指令执行后，所有坐标值指定的坐标尺寸都是选定的工件加工坐标系中的位置，1 ~ 6 号工件加工坐标系是通过 CRT/MDI 方式设置的；
3. G54 ~ G59 预置建立的工件坐标原点在机床坐标系中的坐标值可用 MDI 方式输入，系统自动记忆；
4. 使用该组指令前，必须先回参考点；
5. G54 ~ G59 为模态指令，可相互注销</td></tr>
</table>

3.3.4 机床坐标系选择

1. 选择机床坐标系指令：G53

G53 指令格式、参数含义及使用说明见表 4-3-6。

表 4-3-6 G53 指令格式、参数含义及使用说明

指令格式	G53 G90 X__ Y__ Z__ ；
作　用	1. 使刀具快速定位到机床坐标系中的指定位置上，式中 X、Y、Z 的值为机床坐标系中的坐标值； 2. G53 为非模态指令，只在当前程序段有效

2. 局部坐标系设定指令：G52

G52 指令格式、参数含义及使用说明见表 4-3-7。

表 4-3-7　G52 指令格式、参数含义及使用说明

指令格式	G52 X__ Y__ Z__ ；
参数含义	X、Y、Z 为局部原点相对工件原点的坐标值
注意事项	1. G52 指令能在所有的工件坐标系（G92、G54～G59）内形成子坐标系，即局部坐标系，如图 4-3-3 所示； 2. 在含有 G52 指令的程序段中，绝对值编程方式的指令值就是在该局部坐标系中的坐标值； 3. 设定局部坐标系后，工件坐标系和机床坐标系保持不变

【实例 4-3】如图 4-3-3 所示，刀具按照 *A*→*B*→*C* 路线进行，刀具起点在（20，20，0）处，可编程序如下：

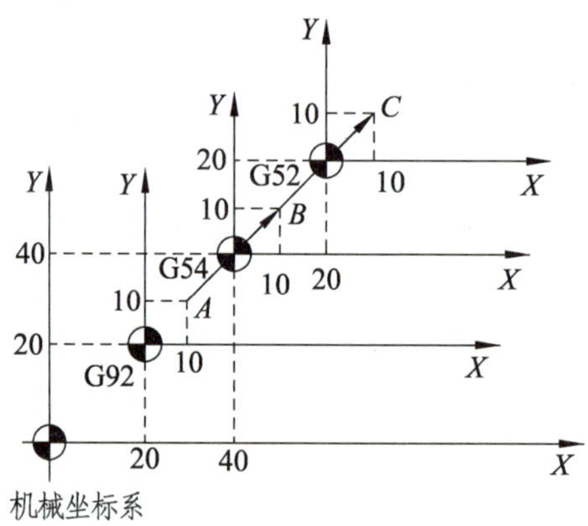

图 4-3-3　G52 指令编程实例

程序内容	简要说明
%0001；	程序名
N02 G92 X20 Y20 Z0；	设定 G92 为当前工作坐标系
N04 G90 G00 X10 Y10；	快速定位到 G92 工作坐标系中的 *A* 点
N06 G54；	将 G54 设置为当前坐标系
N08 G90 G00 X10 Y10；	快速定位到 G54 工作坐标系中的 *B* 点
N10 G52 X20 Y20；	在当前工作坐标系 G54 中建立局部坐标系 G52
N12 G90 G00 X10 Y10；	定位到 G52 中的 *C* 点

3.3.5　坐标平面选择指令：G17/G18/G19

G17/G18/G19 指令格式、参数含义及使用说明见表 4-3-8。

表 4-3-8 G17、G18、G19 指令格式、参数含义及使用说明

指令格式	G17：*XY* 平面刀具长度补偿值为 *Z* 平面 G18：*XZ* 平面刀具长度补偿值为 *Y* 平面 G19：*YZ* 平面刀具长度补偿值为 *X* 平面
作　用	加工平面的设定
示意图	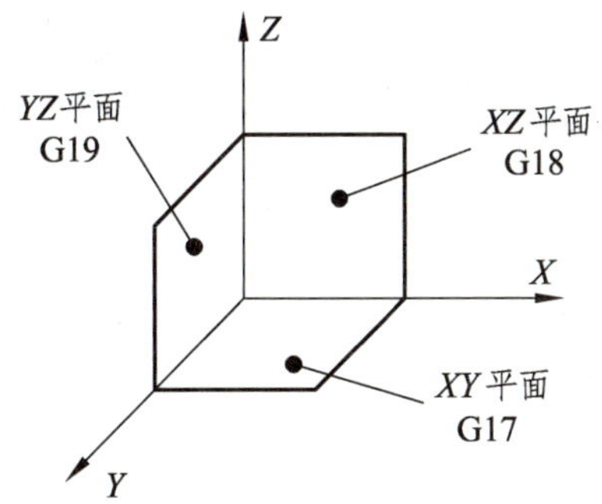
注意事项	1. 坐标平面选择指令是用来选择圆弧插补平面的和刀具补偿平面的； 2. G17、G18、G19 为模态功能，可相互注销，G17 为缺省值，故立式数控铣床（含数控加工中心）该组指令可隐含不写； 3. 此外，需要注意的是：直线移动指令与平面选择无关。例如，当执行指令：G17 G01 Z10 时，*Z* 轴移动不受影响

3.3.6 快速定位指令：G00

G00 指令格式、参数含义及使用说明见表 4-3-9。

表 4-3-9 G00 指令格式、参数含义及使用说明

指令格式	G00 X__ Y__ Z__；
参数含义	X、Y、Z 为快速定位终点，在 G90 时为终点在工件坐标系中的坐标，在 G91 时为终点相对于起点的位移量（空间折线移动）
注意事项	1. G00 一般用于加工前快速定位或加工后快速退刀； 2. 为避免干涉，通常的做法是：不轻易三轴联动。一般先移动一个轴，再在其他两轴构成的面内联动。如：进刀时，先在安全高度 *Z* 上，移动（联动）*X*、*Y* 轴，再下移 *Z* 轴到工件附近；退刀时，先抬 *Z* 轴，再移动 *X*、*Y* 轴

3.3.7 直线插补指令：G01

G01 指令格式、参数含义及使用说明见表 4-3-10。

表 4-3-10 G01 指令格式、参数含义及使用说明

指令格式	G01 X__ Y__ Z__ F__；
参数含义	X、Y、Z 为终点坐标，在 G90 时为终点在工件坐标系中的坐标，在 G91 时为终点相对于起点的位移量； F：进给速度

续表

注意事项	1. G01 指令刀具从当前位置以联动的方式，按程序段中 F 指令规定的合成进给速度以及合成的直线轨迹移动到程序段所指定的终点； 2. 实际进给速度等于指令速度 F 与进给速度修调倍率的乘积； 3. G01 和 F 都是模态代码，如果后续的程序段不改变加工的线型和进给速度，可以不再编写这些代码； 4. G01 可由 G00、G02、G03 或 G33 功能注销

【实例 4-4】如图 4-3-4 所示，按箭头方向编写加工程序。

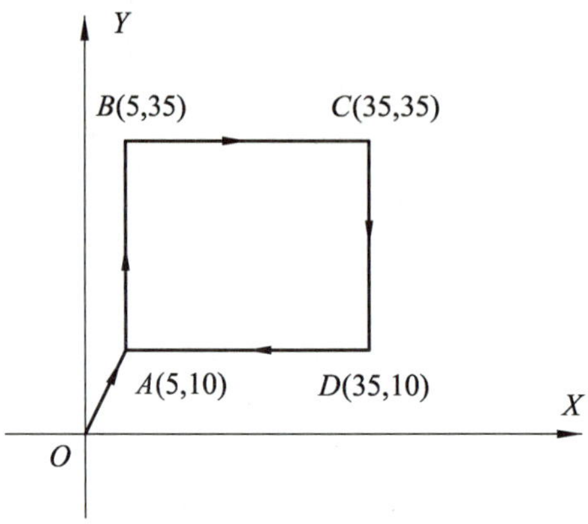

图 4-3-4　G01 指令编程实例

程序内容	简要说明
O1234;	程序名
G17 G90;	初始化
G54 G00 X0 Y0;	设定工件坐标系
M03 S1000;	主轴正转
G00 Z100;	刀具下刀
Z5;	下刀 *R* 点
G01 Z-5 F100;	下刀切削深度
G01 X5 Y10;	原点→*A* 点
G01 X5 Y35;	*A* 点→*B* 点
G01 X35 Y35;	*B* 点→*C* 点
G01 X35 Y10;	*C* 点→*D* 点
G01 X5 Y10;	*D* 点→*A* 点
G00 X0 Y0;	快速回到原点
G00 Z100;	快速抬刀
M05;	主轴停止
M30;	程序结束

3.3.8 圆弧插补指令：G02/G03

G02、G03 指令格式、参数含义及使用说明见表 4-3-11。

表 4-3-11 G02、G03 指令格式、参数含义及使用说明

指令格式	{G17 / G18 / G19} {G02 / G03} {X__Y__; / X__Z__R__F__; / Y__Z__;} 或 {G17 / G18 / G19} {G02 / G03} {X__Y__ / X__Z__ / Y__Z__} {I__J__; / I__K__F__; / J__K__;}
参数含义	G02：顺时针圆弧插补； G03：逆时针圆弧插补； X、Z：指定圆弧终点的坐标，在 G90 时为圆弧终点在工件坐标系中的坐标，在 G91 时为圆弧终点相对于圆弧起点的位移量； F：合成进给量； I、J、K：圆心相对于圆弧起点的偏移值（等于圆心的坐标减去圆弧起点的坐标），在 G90、G91 时都是以增量方式指定； R：圆弧半径。当圆弧圆心角小于 180°时，*R* 为正值，否则 *R* 为负值
圆弧判断及 I、J、K 的选择	G02/G03 判断：G02 为顺时针方向圆弧插补，G03 为逆时针方向圆弧插补。 判断方法：顺时针或逆时针是迎着垂直于圆弧加工平面的第三轴的正方向看到的回转方向 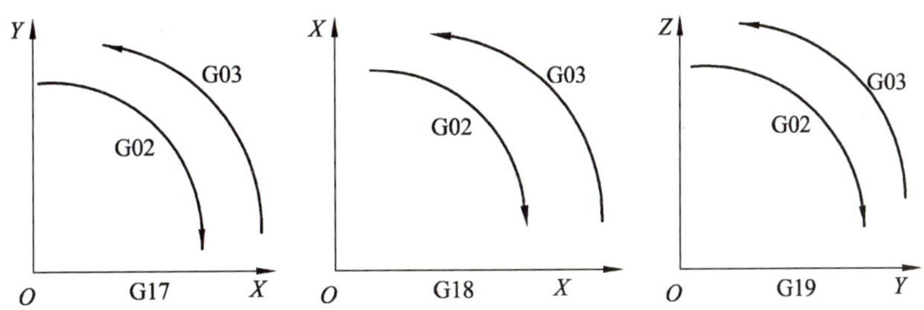 I、J、K 的选择： 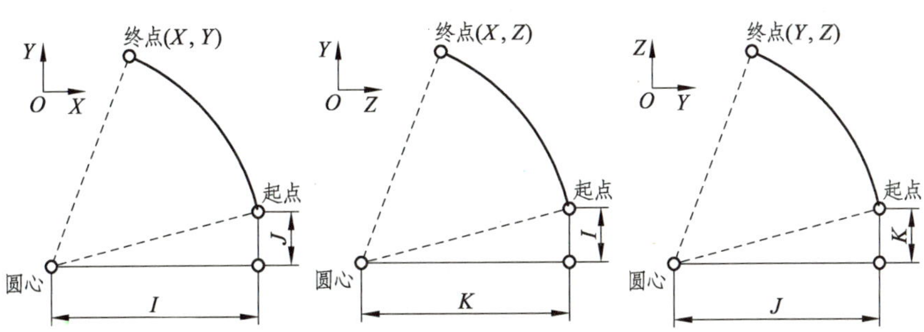
注意事项	1. I 指圆弧起点指向圆心的连线在 *X* 轴上的投影矢量与 *X* 轴方向一致为正，相反为负； 2. J 指圆弧起点指向圆心的连线在 *Y* 轴上的投影矢量与 *Y* 轴方向一致为正，相反为负； 3. K 指圆弧起点指向圆心的连线在 *Z* 轴上的投影矢量与 *Z* 轴方向一致为正，相反为负； 4. 整圆不能用 R 编程，只能用 I、J、K，圆心角≤180°，*R* 取正值；圆心角>180°，*R* 取负值； 5. 圆弧插补只能在某平面内进行； 6. G17 代码进行 *XY* 平面的指定，省略时就被默认为是 G17； 7. 当在 *ZX*（G18）和 *YZ*（G19）平面上编程时，平面指定代码不能省略

【实例 4-5】如图 4-3-5 所示，编写圆弧的加工程序段。

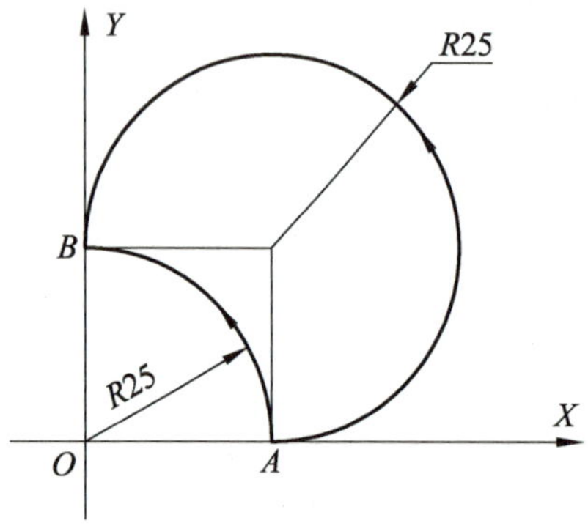

图 4-3-5　圆弧指令加工实例 1

每段圆弧可有四条程序段表示：

（1）大圆弧 *AB*：

G90 编程：

G17 G90 G03 X0 Y25 R−25 F80；

或 G17 G90 G03 X0 Y25 I0 J25 F80；

G91 编程：

G17 G91 G03 X−25 Y25 R−25 F80；

或 G17 G91 G03 X−25 Y25 I0 J25 F80；

（2）小圆弧 *AB*：

G90 编程：

G17 G90 G03 X0 Y25 R25 F80；

或 G17 G90 G03 X0 Y25 I−25 J0 F80；

G91 编程：

G17 G91 G03 X−25 Y25 R25 F80；

或 G17 G91 G03 X-25 Y25 I−25 J0 F80；

【实例 4-6】如图 4-3-6 所示，编写整圆加工程序段。

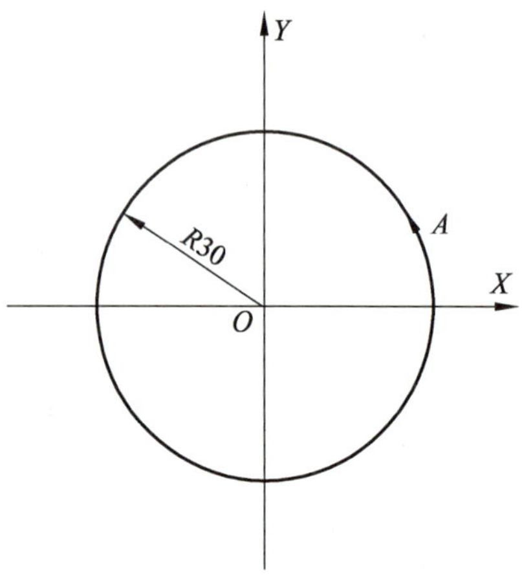

图 4-3-6　圆弧指令加工实例 2

要求由 *A* 点开始，实现逆时针圆弧插补并返回 *A* 点。

G90 G03 X30 Y0 I−40 J0 F80；

或 G91 G03 X0 Y0 I−40 J0 F80；

【实例 4-7】如图 4-3-7 所示，加工深度 5 mm，编写图形轮廓的加工程序。

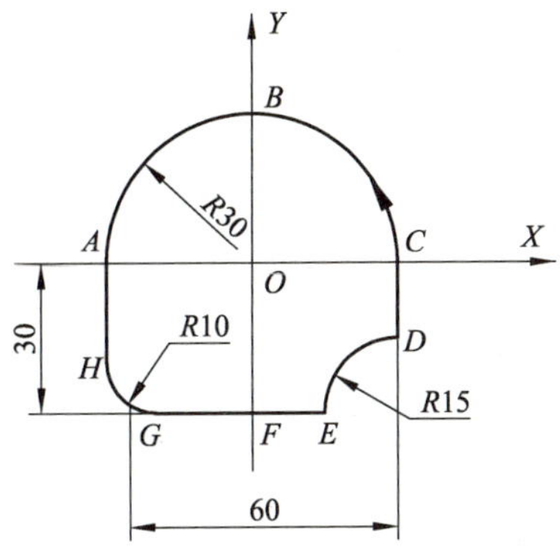

图 4-3-7　圆弧指令加工实例 3

程序内容	简要说明
O1234;	程序名
G17 G90;	初始化
G54 G00 X-30 Y-50;	设定工件坐标系
M03 S1000;	主轴正转
G00 Z100.;	刀具下刀
Z5;	下刀 *R* 点
G01 Z-5 F100;	下刀切削深度
G01 X-30 Y0;	下刀点→*A* 点
G02 X30 Y0 R30.;	*A* 点→*C* 点
G01 X30 Y-15;	*C* 点→*D* 点
G03 X15 Y-30 R15;	*D* 点→*E* 点
G01 X-20 Y-30;	*E* 点→*G* 点
G02 X-30 Y-20 R10;	*G* 点→*H* 点
G03 X-42 Y-20 R6;	圆弧切出
G01 X-45;	
G00 Z100;	快速抬刀
G00 X0 Y0;	快速回到原点
M05;	主轴停止
M30;	程序结束

3.3.9　刀具半径补偿指令：G41/G42/G40

G41、G42、G40 指令格式、参数含义及使用说明见表 4-3-12。

动画：刀具半径补偿指令（铣床）

表 4-3-12　G41、G42、G40 指令格式、参数含义及使用说明

指令格式	$\begin{cases} G17 \\ G18 \\ G19 \end{cases} \begin{cases} G41 \\ G42 \end{cases}$ G01/G00 X__ Y__ Z__D__； G40 G01/G00 X__Y__；
参数含义	G41：刀具半径补偿左偏置； G42：刀具半径补偿右偏置； G40：取消刀具半径补偿； X、Y、Z：G00/G01 的坐标参数，即刀具半径补偿建立或取消的终点坐标（注：投影到补偿平面上的刀具轨迹受到补偿）； D：G41、G42 的参数，即刀补号码，它代表了刀补表中对应的半径补偿值； F：合成进给量
方向判断	G41：左刀补（在刀具前进方向左侧补偿），如图 4-3-8（a）所示； G42：右刀补（在刀具前进方向右侧补偿），如图 4-3-8（b）所示。 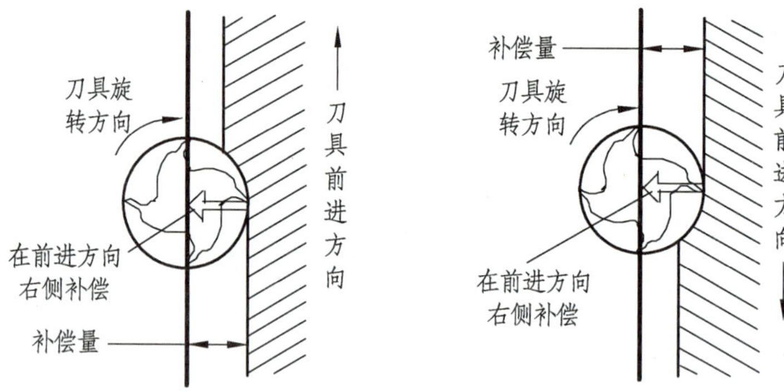 （a）G41：左刀补　　（b）G42：右刀补 图 4-3-8　刀具半径补偿方向判断
注意事项	1. 刀具半径补偿平面的切换必须在补偿取消方式下进行； 2. 刀具半径补偿值由操作者输入到刀具补偿寄存器中； 3. 刀具半径补偿的建立与取消只能用 G00 或 G01 指令，而不能是 G02 或 G03 指令；所谓刀具半径补偿建立，就是刀具从无半径补偿运动到所希望的刀具半径补偿起点的过程，而刀具半径补偿取消则恰好与此相反； 4. G40、G41、G42 都是模态代码，可相互注销

3.3.10　刀具长度补偿指令：G43/G44/G49

G43、G44、G49 指令格式、参数含义及使用说明见表 4-3-13。

动画：刀具长度补偿指令（铣床）

表 4-3-13　G43、G44、G49 指令格式、参数含义及使用说明

指令格式	$\left\{\begin{matrix}G17\\G18\\G19\end{matrix}\right.\left\{\begin{matrix}G43\\G44\end{matrix}\right.$ G01/G00 X__ Y__Z__F__H__; G49 G01/G00 X__Y__Z__;
参数含义	G43：刀长度正补偿； G44：刀长度负补偿； G49：取消长度补偿； X、Y、Z：G00、G01 的坐标参数，即刀具长度补偿建立或取消的终点坐标； H：控制系统存放刀具长度补偿量寄存器单元的代码； F：合成进给量
方向判断	G43：刀长正补，即 Z 坐标实际移动的坐标值，为将 Z 坐标尺寸字与刀具长度补偿值相加所得的值，如图 4-3-9（a）所示； G44：刀长负补，即 Z 坐标实际移动的坐标值，为将 Z 坐标尺寸字与刀具长度补偿值相减所得的值，如图 4-3-9（b）所示。 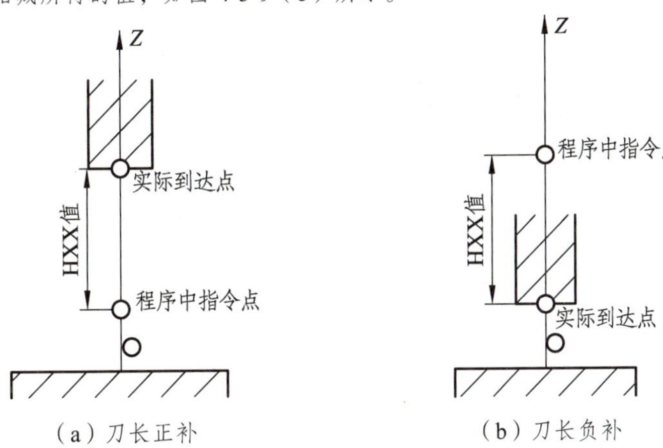 图 4-3-9　刀具长度补偿方向判定
注意事项	G43、G44、G49 都是模态代码，可相互注销，G49 为缺省值

【实例 4-8】如图 4-3-10 所示，编写零件的加工程序。

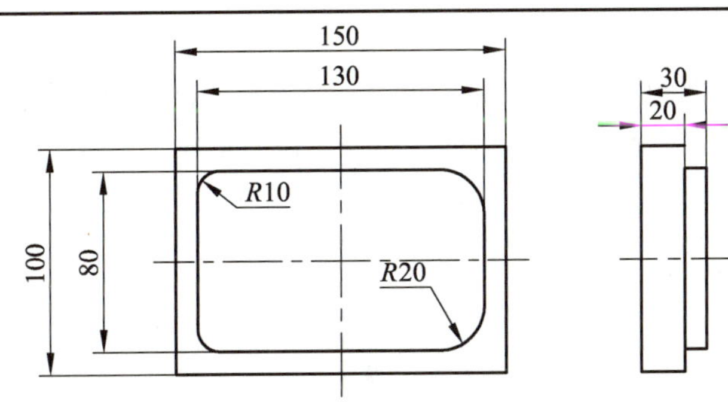

图 4-3-10　刀具长度补偿指令编程实例

程序内容	简要说明
O1234；	程序名
G17 G40 G49 G80 G90；	初始化
G54 G00 X0 Y0；	建立工件坐标系，确定程序起点
M03 S1000；	主轴正转
G00 X-65 Y-60；	
G43 G00 Z100 H01；	建立刀具长度补偿
Z5；	安全平面
G01 Z-10 F100；	轮廓铣削
G01 X-65 Y30；	
G02 X-55 Y40 R10；	
G01 X45 Y40；	
G02 X65 Y20 R20；	
G01 Y-20；	
G02 X45 Y-40 R20；	
G01 X-55 Y-40；	
G02 X-65 Y-30 R10；	
G03 X-77 Y-30 R6；	
G01 X-80；	
G00 X-85；	
G49 G00 Z100；	取消长度补偿
X0 Y0；	
M05；	主轴停止
M30；	程序结束，光标返回程序首位

3.3.11 子程序调用指令：M98/M99

编程时，为了简化程序的编制，当一个工件上有相同的加工内容时，常用调子程序的方法进行编程。指令格式、参数含义及使用说明见表 4-3-14。

表 4-3-14 M98、M99 指令格式、参数含义及使用说明

指令格式	M98 P__； M99；
参数含义	P 表示子程序调用情况。P 后共有 8 位数字，前 4 位为调用次数，省略时为调用一次；后 4 位为所调用的子程序号

续表

<table>
<tr><td>运行逻辑</td><td>调用子程序的程序叫作主程序。子程序的编号与一般程序基本相同，只是程序结束字为 M99 表示子程序结束，并返回到调用子程序的主程序中。
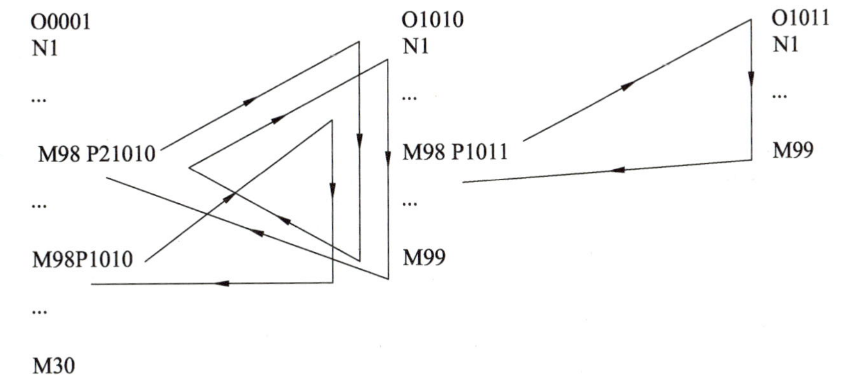
</td></tr>
<tr><td>注意事项</td><td>1. 当只调用子程序一次时，调用次数可省略；
2. 子程序需要另外重新建立一个程序，不能与主程序放在同一程序中</td></tr>
</table>

【实例 4-9】如图 4-3-11 所示，在一块平板上加工 6 个边长为 10 mm 的等边三角形，每边的槽深为-2 mm，工件上表面为 Z 向零点。其程序的编写就可以通过调用子程序的方式来实现（编程时不考虑刀具半径补偿）。

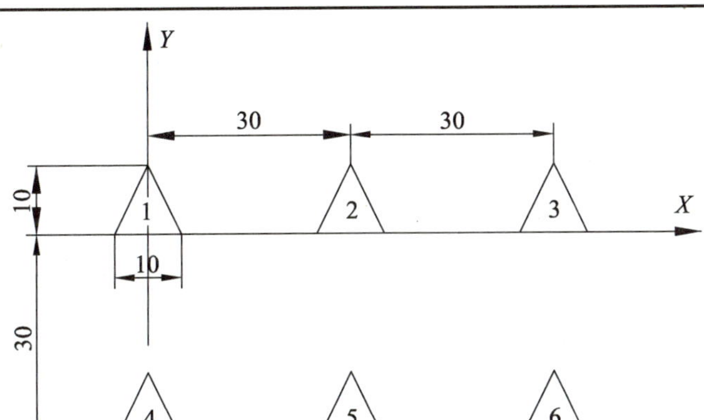

图 4-3-11　子程序指令实例

程序内容	简要说明
O0001;	主程序
G54 G90 G01 Z40 F200;	进入工件加工坐标系
M03 S1000;	主轴启动
G00 Z3;	快进到工件表面上方
G01 X0 Y8.66;	移动到 1 号三角形顶点
M98 P0002;	调用子程序切削三角形
G90 G01 X30 Y8.66;	移动到 2 号三角形顶点

程序内容	简要说明
M98 P0002;	调用子程序切削三角形
G90 G01 X60 Y8.66;	移动到 3 号三角形顶点
M98 P0002;	调用子程序切削三角形
G90 G01 X0 Y-21.34;	移动到 4 号三角形顶点
M98 P0002;	调用子程序切削三角形
G90 G01 X30 Y-21.34;	移动到 5 号三角形顶点
M98 P0002;	调用子程序切削三角形
G90 G01 X60 Y-21.34;	移动到 6 号三角形顶点
M98 P0002;	调用子程序切削三角形
G00 Z30;	抬刀
M05;	主轴停止
M30;	程序结束

程序内容	简要说明
O0002;	子程序名
G91 G01 Z-2 F100;	增量编程
G01 X-5 Y-8.66;	
G01 X10 Y0;	
G01 X5 Y8.66;	
G00 Z20;	
M99;	子程序结束，返回上一级程序

3.3.12 固定循环编程指令：G80～G89

1. 取消固定循环指令：G80

G80 指令格式、参数含义及使用说明见表 4-3-15。

表 4-3-15 G80 指令格式、参数含义及使用说明

指令格式	G80;
作　用	用 G80 取消固定循环方式，机床回到执行正常操作状态。孔的加工数据，包括 *R* 点、*Z* 点等都被取消，但是移动速度命令仍然有效

2. 返回点平面

当刀具到达孔底后，刀具可以返回到 *R* 点平面或初始位置平面，由 G98 和 G99 指定，一般情况下，G99 用于第一次钻孔面，G98 用于最后钻孔，即使在 G99 方式中执

行钻孔，初始位置平面也不变。

3. 定点钻孔循环指令：G81

G81 指令格式、参数含义及使用说明见表 4-3-16。

动画：定点钻孔循环指令 G81

表 4-3-16　G81 指令格式、参数含义及使用说明

指令格式	{G98 / G99} G81 X__ Y__ Z__ R__ F__ K__;
参数含义	X、Y：孔位数据； Z：孔底深度； R：加工初始位置； F：切削进给速度； K：重复次数
作　用	钻孔动作循环，可用于一般孔的加工
运动轨迹	加工过程： 1. *XY* 平面孔定位； 2. 快速下至 *R* 基准面（安全平面）； 3. *Z* 轴向下钻孔； 4. 快速返回起始点（G98 时）或 *R* 基准面（G99 时）； 5. 若有 *L* 字段，则循环 1～4 步做完 *L* 个孔 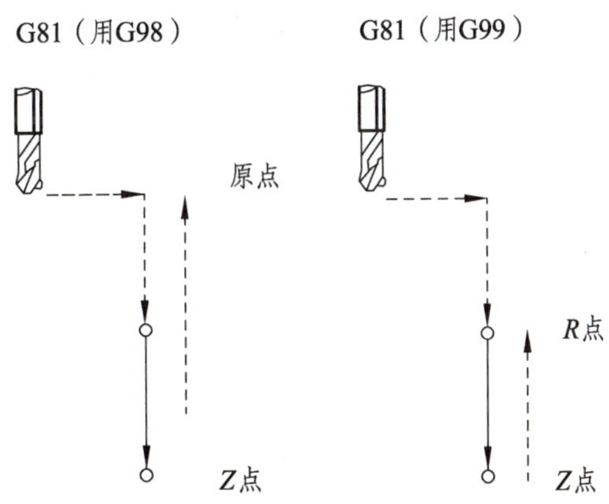
注意事项	如果 *Z* 轴的移动量为 0，该指令不执行

4. 钻孔循环指令：G82

G82 指令格式、参数含义及使用说明见表 4-3-17。

动画：钻孔循环指令 G82

表 4-3-17　G82 指令格式、参数含义及使用说明

指令格式	{G98 {G99　G82 X__ Y__ R__ Z__ P__ F__ K__;
参数含义	X、Y：孔位数据； Z：孔底深度； R：加工初始位置； P：在孔底的暂停时间（ms）； F：切削进给速度； K：重复次数
作　用	带停顿的钻孔动作循环
运动轨迹	加工过程： 1. *XY* 平面孔定位； 2. 快速下至 *R* 基准面（安全平面）； 3. *Z* 轴向下钻孔，在孔底暂停给定的时间； 4. 快速返回起始点（G98 时）或 *R* 基准面（G99 时）； 5. 若有 *L* 字段，则循环 1～4 步做完 *L* 个孔 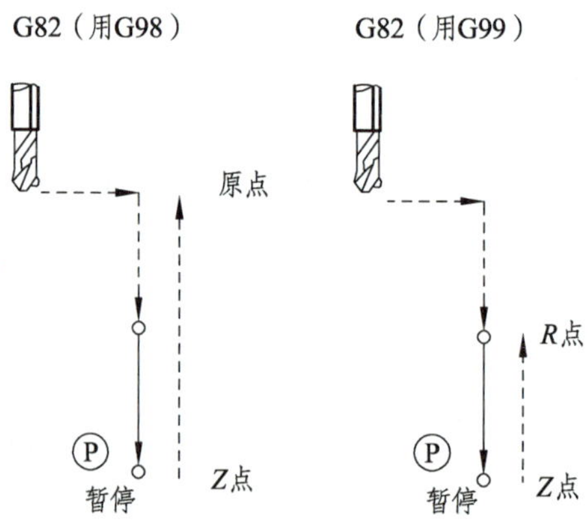
注意事项	如果 *Z* 轴的移动量为 0，该指令不执行

5. 排屑钻孔循环指令：G83

G83 指令格式、参数含义及使用说明见表 4-3-18。

动画：排屑钻孔循环指令 G83

表 4-3-18　G83 指令格式、参数含义及使用说明

指令格式	{G98 {G99　G83 X__ Y__ Z__ R__ P__ Q__ F__ K__;
参数含义	X、Y：孔位数据； Z：孔底深度； R：加工初始位置；

续表

参数含义	Q：每次切削进给的切削深度； P：在孔底的暂停时间（ms）； F：切削进给速度； K：重复次数
作　用	深孔钻（啄钻）循环
运动轨迹	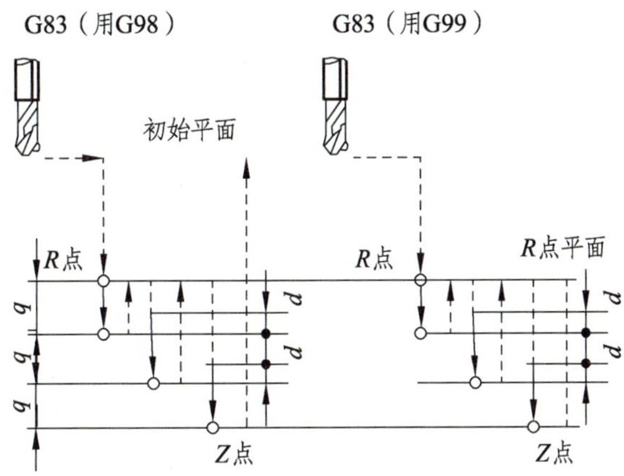
注意事项	1. G83 指令，每次抬刀至 *R* 平面； 2. 如果 *Z* 的移动量为 0，该指令不执行

6. 攻丝循环指令：G84

G84 指令格式、参数含义及使用说明见表 4-3-19。

动画：攻丝循环指令 G84

表 4-3-19　G84 指令格式、参数含义及使用说明

指令格式	{G98 / G99} G84 X__ Y__ Z__ R__ P__ F__ K__;
参数含义	X、Y：孔位数据； Z：孔底深度（绝对坐标）； R：每次下刀点或抬刀点（绝对坐标）； P：暂停时间（ms）； F：切削进给速度； K：重复次数
作　用	正攻丝（进给孔底，主轴反转，快速退刀）
运动轨迹	加工过程：主轴顺时针旋转执行攻丝，当到达孔底后，为了回退，主轴以相反方向旋转，这个过程生成螺纹

续表

	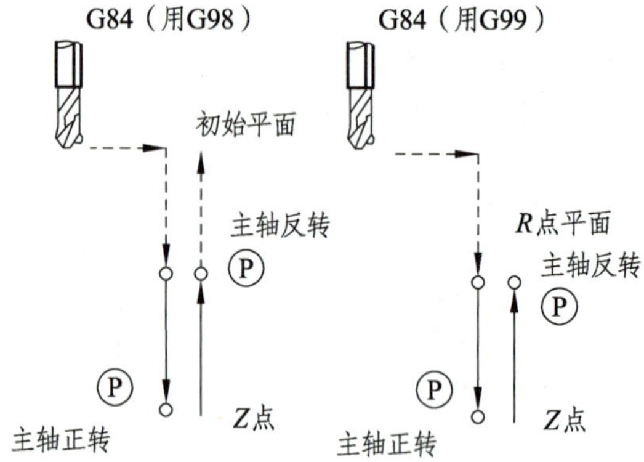
注意事项	1. 在攻丝期间进给倍率被忽略，进给暂停时不停止机床，直到返回动作完成； 2. 在指定 G84 之前，用辅助功能使主轴旋转； 3. 当 G84 指令和 M 代码在同一个程序段中指定时，在执行第一个定位动作的同时，执行到 *R* 点同时加偏置； 4. 如果 *Z* 轴的移动量为 0，该指令不执行； 5. 在指定指令之前，用辅助功能旋转主轴

7. 镗孔循环指令：G85

G85 指令格式、参数含义及使用说明见表 4-3-20。

表 4-3-20　G85 指令格式、参数含义及使用说明

指令格式	{G98 / G99} G85 X__ Y__ Z__ R__ F__ K__;
参数含义	X、Y：孔位数据； Z：孔底深度（绝对坐标）； R：每次下刀点或抬刀点（绝对坐标）； F：切削进给速度； K：重复次数
作　用	镗孔循环（进给孔底，快速退刀）
运动轨迹	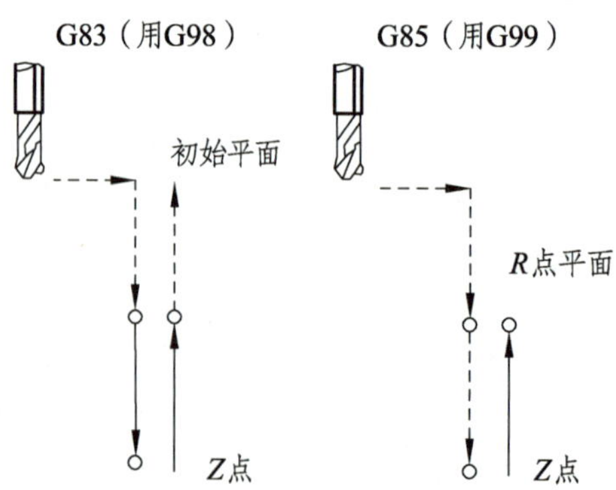

8. 镗孔循环指令：G86

G86 指令格式、参数含义及使用说明见表 4-3-21。

表 4-3-21　G86 指令格式、参数含义及使用说明

指令格式	{G98 / G99} G86 X__ Y__ Z__ R__ F__ K__;
参数含义	X、Y：孔位数据； Z：孔底深度（绝对坐标）； R：每次下刀点或抬刀点（绝对坐标）； F：切削进给速度； K：重复次数
作　用	镗孔循环（进给孔底，主轴停止，快速退刀）
运动轨迹	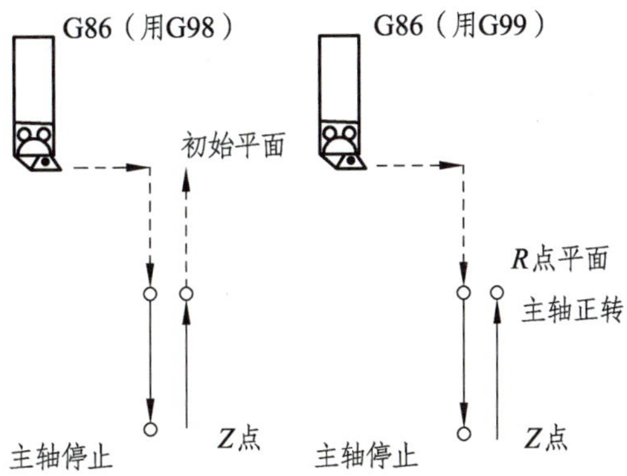

9. 反镗孔循环指令：G87

G87 指令格式、参数含义及使用说明见表 4-3-22。

表 4-3-22　G87 指令格式、参数含义及使用说明

指令格式	{G98 / G99} G87 X__ Y__ Z__ R__ Q__ P__ F__ K__;
参数含义	X、Y：孔位数据； Z：孔底深度（绝对坐标）； R：每次下刀点或抬刀点（绝对坐标）； Q：刀具偏移量； P：暂停时间（ms）； F：切削进给速度； K：重复次数
作　用	镗孔循环（进给孔底，主轴正转，快速退刀）

续表

运动轨迹	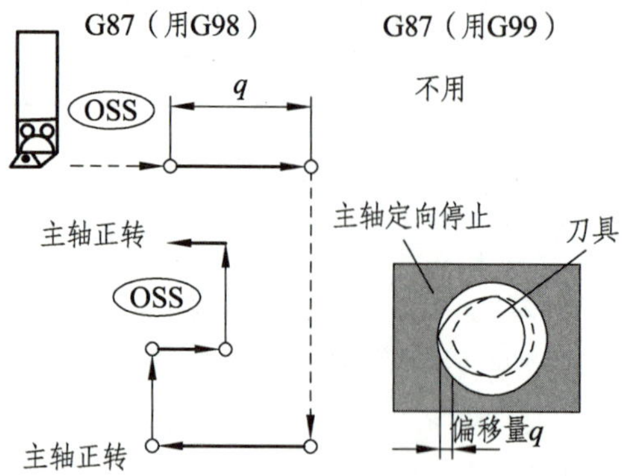
注意事项	在指定指令之前，用辅助功能旋转主轴

【实例 4-10】在坐标（X0，Y0）的位置镗孔，孔深 30 mm。

程序内容	简要说明
N005 G80 G90 G0 X0 Y0 M06 T1；	换 20 镗刀
N010 G55；	调用 G55 工件坐标系
N020 M03 S1000；	
N030 G43 H1 Z50；	调用长度补偿
N040 G87 Z-30 R1 Q2 P2000 F200；	反镗孔循环
N050 G80 G00 Z50；	取消固定循环
N060 M05；	
N070 M30；	

10. 镗孔循环指令：G88

G88 指令格式、参数含义及使用说明见表 4-3-23。

表 4-3-23　G88 指令格式、参数含义及使用说明

指令格式	{G98 / G99} G88 X__ Y__ Z__ R__ P__ F__ K__；
参数含义	X、Y：孔位数据； Z：孔底深度（绝对坐标）； R：每次下刀点或抬刀点（绝对坐标）； P：孔底的暂停时间（ms）； F：切削进给速度； K：重复次数
作　用	镗孔循环（进给孔底，主轴正转，快速退刀）

续表

运动轨迹	运动过程：沿着 *X* 和 *Y* 轴定位以后，快速移动到 *R* 点，然后从 *R* 点到 *Z* 点执行镗孔指令，当镗孔完成后，执行暂停指令，然后主轴停止。刀具从孔底手动返回到 *R* 点，在 *R* 点，主轴正转，并且执行快速移动到初始位置 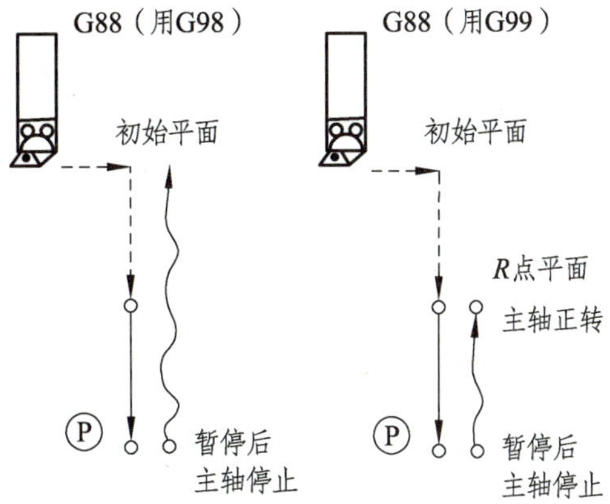
注意事项	1. 在指定 G88 之前，用辅助功能旋转主轴； 2. 当 G88 指令和 M 代码在同一程序段中指定时，在执行第一个定位动作的同时执行 M 代码，然后系统处理下一个镗孔动作； 3. 当指定重复次数 K 时，只对第一个孔执行 M 代码，对第二个或以后的孔，不执行 M 代码； 4. 当在固定循环中指定刀具长度偏置（G43/G44/G49）时，定位到 *R* 点同时加偏置； 5. 不能在包含 G88 的程序段中指定 01 组的 G 代码（G00~G03 等），否则 G88 将被取消

3.3.13　镜像功能编程指令：G51.1/G50.1

G51.1、G50.1 指令格式、参数含义及使用说明见表 4-3-24。

表 4-3-24　G51.1、G50.1 指令格式、参数含义及使用说明

指令格式	G51.1 X__ Y__ Z__； M98 P__； G50.1 X__Y__Z__；
参数含义	G51.1：激活镜像功能； G50.1：取消镜像功能； X、Y、Z：镜像轴
作　用	加工某些对称图形时，为避免反复编写类似程序，缩短加工程序，可采用镜像加工功能：只对工件的一部分进行编程，再通过镜像加工出其他对称部分
注意事项	1. 当某一轴的镜像有效时，该轴执行与编程方向相反的运动； 2. G24、G25 为模态指令，可相互注销，G25 为缺省值

【实例 4-11】如图 4-3-12 所示，用镜像功能编写加工程序。

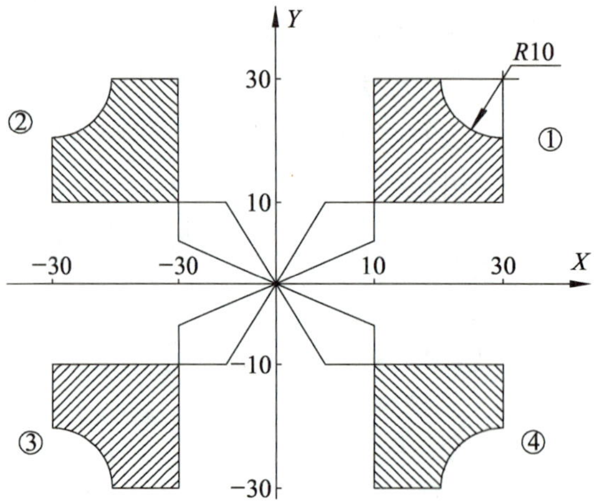

图 4-3-12　镜像功能编写实例

主程序		子程序
O0001;		O0002;（子程序，①的加工程序）
G91 G17 M03;		G41 G00 X10 Y4 D01;
M98 P0002 ;	加工①	Y5;
G51.1 X0;	*Y* 轴镜像，镜像位置为 X0	G01 Z-2 F100;
M98 P0002;	加工②	Y25;
G50 X0;	取消 *Y* 轴镜像	X10;
G51.1 X0 Y0;	原点镜像，镜像位置为（0，0）	G03 X10 Y-10 I10;
M98 P0002;	加工③	G01 Y-10;
G50.1 X0 Y0;	取消 *Y* 轴镜像	X-25;
G51.1 Y0;	*X* 轴镜像，镜像位置为 Y0	G00 Z100;
M98 P0002;	加工④	G40 X-5 Y-10;
G50.1 Y0;	取消 *X* 轴镜像	M99;
M30;		

3.3.14　旋转功能编程指令：G68/G69

G68、G69 指令格式、参数含义及使用说明见表 4-3-25。

表 4-3-25　G68、G69 指令格式、参数含义及使用说明

指令格式	G68 X__ Y__ R__; M98 P__; G69;

续表

参数含义	G68：激活旋转功能； G69：取消激活功能； X、Y：旋转中心； R：旋转角度
作　用	以给定点（X、Y）为旋转中心，将图形旋转 R 角度；如省略（X、Y）则以原点为旋转中心； 例如：G68 R60 表示以坐标原点为旋转中心，将图形旋转 60°；G68 X15 Y15 R60 表示以坐标（15，15）为旋转中心将图形旋转 60°
注意事项	1. 在有刀具补偿的情况下，先旋转后刀具半径补偿和长度补偿； 2. 在有缩放功能的情况下，先缩放后旋转； 3. G68、G69 为模态指令，可相互注销，G69 为缺省值

【实例 4-12】如图 4-3-13 所示，用旋转功能编写加工程序。

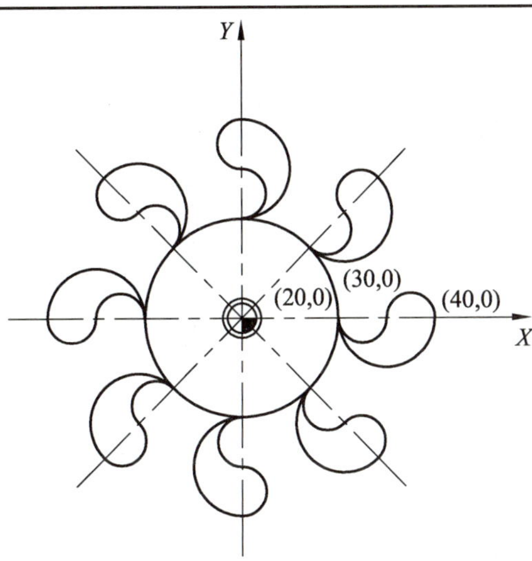

图 4-3-13　旋转功能编程实例

主程序	子程序
O0001；（主程序）	O0002；（子程序）
G90 G00 X0 Y0；	G91 G17；
M98 P0002；	G01 X20 Y0 F250；
G68 R45；	G03 X20 Y0 R5；
M98 P0002；	G02 X-10 Y0 R5；
……（旋转 8 次）	G02 X-10 Y0 R5；
G68 R315；	G00 X-20 Y0；
M98 P0002；	M99；
G69；	
M30；	

3.3.15 缩放功能编程指令：G51/G50

G51、G50 指令格式、参数含义及使用说明见表 4-3-26。

表 4-3-26 G51、G50 指令格式、参数含义及使用说明

指令格式	G51 X__Y__Z__P__; M98 P__; G50;
参数含义	G51：激活缩放功能； G50：取消缩放功能； X、Y、Z：缩放中心； P：缩放倍数
作　用	以给定点（X、Y、Z）为缩放中心，将图形放大到原始图形的 *P* 倍；如省略（X、Y、Z），则以程序原点为缩放中心； 例如：G51 P2 表示以程序原点为缩放中心，将图形放大一倍；G51 X15 Y15 P2 表示以给定点（15，15）为缩放中心，将图形放大一倍
注意事项	1. 在有刀具补偿的情况下，先进行缩放然后才进行刀具半径补偿和长度补偿； 2. G51、G50 为模态指令，可相互注销，G50 为缺省值

【实例 4-13】如图 4-3-14 所示，用缩放功能编写加工程序。

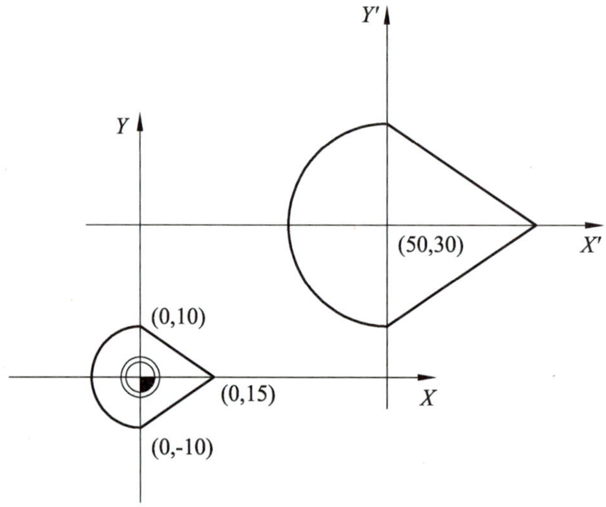

图 4-3-14 缩放功能编程实例

主程序	子程序
O2000;（主程序）	O1000;（子程序）
G92 X-50 Y-40;	G00 G90 X0 Y-10 F100;
G02 X0 Y10 I10 J10;	G02 X0 Y10 I10 J10;
G51 P2;	G01 X15 Y0;
M98 P1000;	G01 X0 Y-10;
G50;	M99;
M30;	

附　录

附录 A　数控车床理论试题

一、选择题

1. 辅助指令 M01 表示（　　）。

A. 选择停止　B. 程序暂停　C. 程序结束　D. 主程序结束

2. FANUC Oi 系统中的程序段 M98 P0260 表示（　　）。

A. 停止调用子程序　B. 调用 1 次子程序“O0260”

C. 调用 2 次子程序“O0260”　D. 返回主程序

3. 当车削细长轴类零件时，为减小切削抗力，主偏角 *Kr* 选用（　　）为宜。

A. 30°外圆车刀　B. 45°弯头刀　C. 75°外圆车刀　D. 90°外圆车刀

4. 扩孔精度一般可达（　　）。

A. IT5 ~ IT6　B. IT7 ~ IT8　C. IT8 ~ IT9　D. IT9 ~ IT10

5. AutoCAD 用 LINE 命令连续绘制封闭图形时，敲（　　）字母回车会自动封闭。

A. C　B. D　C. E　D. F

6. 用螺纹千分尺可以测量外螺纹的（　　）。

A. 大径　B. 小径　C. 中径　D. 螺距

7. FANUC 车床螺纹加工单一循环程序段 N0025 G92 X50 Z-35 R2.5 F2 表示圆锥螺纹加工循环，螺纹大小端半径差为（　　）mm。

A. 5　B. 1.25　C. 2.5　D. 2

8. 用圆弧规测量工件凸圆弧仅两端接触，是因为工件的圆弧半径（　　）。

A. 过大　B. 过小　C. 准确　D. 大、小均可

9. 确定尺寸精确程度的标准公差等级共有（　　）级。

A. 12　B. 16　C. 18　D. 20

10. 在 FANUC 系统中，M98 指令是（　　）。

A. 主轴低速范围　B. 调用子程序　C. 主轴高速范围　D. 子程序结束

11. 基准根据功能不同，可分为（　　）两大类。

A. 设计基准和工艺基准　B. 工序基准和定位基准

C. 测量基准和工序基准　D. 工序基准和装配基准

12. 职业道德主要通过（　　）的关系，增强企业的凝聚力。

A. 调整企业与市场　B. 调节市场之间

C. 调整职工和企业　D. 企业与消费者

13. 当螺纹加工时，主轴必须在（　　）指令设置下执行。

A. G96　B. G97　C. M05　D. M30

14. 过定位是指定位时工件的同一（　　）被两个定位元件重复限制的定位状态。

A. 平面　　B. 自由度　　C. 圆柱面　　D. 方向

15. 精车时为获得好的表面粗糙度，应首先选择较大的（　　）。

A. 背吃刀量　　B. 进给速度

C. 切削速度　　D. 以上均不对

16. 数控机床的精度中，影响数控加工批量零件合格率的主要原因是（　　）。

A. 定位精度　　B. 几何精度

C. 重复定位精度　　D 主轴精度

17. 刀具半径补偿存储器中需输入刀具（　　）值。

A. 刀尖的半径　　B. 刀尖的直径

C. 刀尖的半径和刀尖的位置　　D. 刀具的长度

18. 轴上的花键槽一般都放在外圆的半精车（　　）进行。

A. 以前　　B. 以后　　C. 同时　　D. 前或后

19. 当切削脆性金属材料时，（　　）容易产生在刀具前角较小、切削厚度较大的情况下。

A. 崩碎切屑　　B. 节状切屑　　C. 带状切屑　　D. 粒状切屑

20. FANUC 数控车床系统中 G92 X—Z—R—F—；是（　　）指令。

A. 圆柱车削循环　　B. 圆锥车削循环

C. 圆柱螺纹车削循环　　D. 圆锥螺纹车削循环

21. 对于“一般公差”、“线性尺寸的未注公差”，下列说法中错误的是（　　）。

A. 图样上未注公差尺寸，表示加工时没有公差要求及相关加工技术要求

B. 零件上的某些部位在使用功能上没有特殊要求时，可给出一般公差

C. 线性尺寸的一般公差是在车间普通工艺条件下，机床设备一般加工能力可以保证的公差

D. 一般公差主要用于较低精度的非配合尺寸

22. 辅助指令 M03 的功能是主轴（　　）指令。

A. 反转　　B. 启动　　C. 正转　　D. 停止

23. 液压传动是利用（　　）作为工作介质进行能量传送的一种工作方式。

A. 油类　　B. 水　　C. 液体　　D. 空气

24. 钨钴类硬质合金的刚性、可磨削性和导热性较好，一般用于切削（　　）和有色金属及其合金。

A. 碳钢　　B. 工具钢　　C. 合金钢　　D. 铸铁

25. G21 指令表示程序中尺寸字的单位为（　　）。

A. m　　B. in　　C. mm　　D. μm

26. 下列刀具材料中热硬性最好的是（　　）。

A. 碳素工具钢　　B. 普通高速钢　　C. 硬质合金　　D. 含钴高速钢

27. 润滑剂有润滑油、（　　）和固体润滑剂。

A. 液体润滑油　　B. 润滑脂　　C. 切削液　　D. 润滑液

28. 若未考虑车刀刀尖半径的补偿值，会影响车削工件的（　　）精度。

A. 外径　　B. 内径　　C. 长度　　D. 锥度及圆弧

29. 不符合着装整洁文明生产要求的是（　　）

A. 按规定穿戴好防护用品　　B. 遵守安全技术操作规程

C. 优化工作环境　　D. 在工作中吸烟

30. 在程序自动运行中，按下操作面板上的“(　　)”按钮，自动暂停运行。

A. 进给保持　　B. 电源　　C. 伺服　　D. 循环

31. 数控装置中电池的作用是（　　）。

A. 给系统的 CPU 运算提供能量

B. 在系统断电时，用它储存的能量来保持 RAM 中的数据

C. 为检测元件提供能量

D. 在突然断电时，为数控机床提供能量，使数控机床暂时运行几分钟，以便退出刀具

32. 加工软爪时，用于装夹工件处的直径需（　　）工件被夹部位尺寸。

A. 大于　　B. 等于　　C. 小于　　D. 以上均可

33. 图样上机械零件的真实大小以（　　）为依据。

A. 比例　　B. 公差范围　　C. 技术要求　　D. 尺寸数值

34. 普通的三角形螺纹的牙型角为（　　）。

A. 30°　　B. 40°　　C. 55°　　D. 60°

35. 碳素工具钢的牌号由“T+数字”组成，其中 T 表示（　　）。

A. 碳　　B. 钛　　C. 锰　　D. 硫

36. 金属在交变应力循环作用下抵抗断裂的能力是钢的（　　）。

A. 强度和塑性　　B. 韧性　　C. 硬度　　D. 疲劳强度

37. AutoCAD 在文字样式设置中不包括（　　）。

A. 颠倒　　B. 反向　　C. 垂直　　D. 向外

38. 数控系统中，（　　）指令在加工过程中是模态的。

A. G01、F　　B. C27、G28　　C. G04　　D. M02

39. 当数控机床的手动脉冲发生器的选择开关位置在 × 100 时，通常情况下手轮的单位是（　　）。

A. 0.1 mm/格　　B. 0.001 mm/格　　C. 0.01 mm/格　　D. 1 mm/格

40. 螺纹 M40 × 3 的中径尺寸是（　　）mm。

A. 40　　B. 36.75　　C. 38.5　　D. 38.05

41. 企业标准是由（　　）制定的标准。

A. 国家　　B. 企业　　C. 行业　　D. 地方

42. 职业道德的内容不包括（　　）。

A. 职业道德意识　　B. 职业道德行为规范

C. 从业者享有的权利　　D. 职业守则

43. 为防止换刀时刀具与工件发生干涉，换刀点的位置应设在（　　）。

A. 机床原点　　B. 工件外部　　C. 工件原点　　D. 对刀点

44. 当数控机床处于编辑状态时，模式选择开关应放在（　　）。

A. JOG FEED　　B. PRGRM　　C. ZERO RETURN　　D. EDIT

45. 铰削一般钢材时，切削液通常选用（　　）。

A. 水溶液　　B. 煤油　　C. 乳化液　　D. 极压乳化液

46. 数控车 FANUC 系统的 G74 Z-120 Q10 F0.3 程序段中，（　　）表示 Z 轴方向上的间断走刀长度。

A. 0.3　　B. 10　　C. -120　　D. 74

47. 在主轴加工中选用支承轴颈作为定位基准磨削锥孔，符合（　　）原则。

A. 基准统一　　B. 基准重合　　C. 自为基准　　D. 互为基准

48. 机械制造中优先选用的孔公差带为（　　）。

A. H7　　B. h7　　C. D2　　D. H2

49. 指定恒线速度切削的指令是（　　）。

A. G94　　B. G95　　C. G96　　D. G97

50. 可转位车刀刀片尺寸大小的选择取决于（　　）。

A. 背吃刀量和主偏角　　B. 进给量和前角

C. 切削速度和主偏角　　D. 背吃刀量和前角

51. 采用轮廓控制的数控机床是（　　）。

A. 数控钻床　　B. 数控铣床

C. 数控注塑机床　　D. 数控平面磨床

52. 当材料强度低、硬度低，用小直径钻头加工时宜选用（　　）转速。

A. 很高　　B. 较高　　C. 很低　　D. 较低

53. 框式水平仪的主水准泡上表面是（　　）的。

A. 水平　　B. 凹圆弧形　　C. 凸圆弧形　　D. 直线形

54. 工件坐标系的零点一般设在（　　）。

A. 机床零点　　B. 换刀点　　C. 工件的端面　　D. 卡盘根部

55. 切削的三要素是指进给量、背吃刀量和（　　）。

A. 切削厚度　　B. 切削速度　　C. 进给速度　　D. 主轴转速

56. 镗孔刀刀杆的伸出长度尽可能（　　）。

A. 短　　B. 长　　C. 不要求　　D. 均不对

57. 按 NC 控制机电源接通按钮 1 ~ 2 s 后，荧光屏显示出（　　）（准备好）字样，表示控制机进入正常工作状态。

A. ROAD　　B. LEADY　　C. READY　　D. MEADY

58. （　　）是一种以内孔为基准装夹达到相对位置精度的装夹方法。

A. 一夹一顶　　B. 两顶尖　　C. 平口钳　　D. 心轴

59. G70 P Q 指令格式中“P”的含义是（　　）。

A. 精加工路径的首段程序段号　　B. 精加工路径的末段程序段号

C. 进刀量　　D. 退刀量

60. 定位套用于外圆定位，其中长套限制（　　）个自由度。

A. 6　　B. 4　　C. 3　　D. 8

61. 当程序需暂停 5 s 时，下列正确的指令段是（　　）。

A. G04 P5000　　B. G04 P500　　C. G04 P50　　D. G04 P5

62. 下列因素中导致自激振动的是（　　）。

A. 转动着的工件失衡　　B. 机床转动机构存在问题

C. 切削层沿其厚度方向的硬化不均匀　　D. 加工方法引起的振动

63. 刀具磨损补偿应输入到系统（　　）中去。

A. 程序　　B. 刀具坐标　　C. 刀具参数　　D. 坐标系

64. G01 X50 Z-60 R-2 F0.1 完成的是（　　）加工。

A. 圆柱面　　B. 圆锥面　　C. 圆弧面　　D. 螺纹

65. 数控机床上有一个机械原点，该点到机床坐标零点在进给坐标轴方向上的距离可以在机床出厂时设定，该点称为（　　）。

A. 工件零点　　B. 机床零点　　C. 机床参考点　　D. 限位点

66. 基准孔的下极限偏差为（　　）。

A. 负值　　B. 正值　　C. 零　　D. 任意正值或负值

67. 几何公差的基准代号不管处于什么方向，方格内的字母应（　　）书写。

A. 水平　　B. 垂直　　C. 45°倾斜　　D. 任意

68. 普通车床光杠的旋转最终来源于（　　）。

A. 溜板箱　　B. 进给箱　　C. 主轴箱　　D. 交换齿轮箱

69. G75 指令结束后，切刀停在（　　）。

A. 终点　　B. 机床原点　　C. 工件原点　　D. 起点

70. G00 是指令刀具以（　　）的移动方式，从当前位置运动并定位于目标位置的指令。

A. 点动　　B. 走刀　　C. 快速　　D. 标准

71. 牌号以字母 T 开头的碳钢是（　　）。

A. 普通碳素结构钢　　B. 优质碳素结构钢

C. 碳素工具钢　　D. 铸造碳钢

72. 需加工第一象限的斜线（起始点在坐标原点），用逐点比较法直线插补，若偏差函数大于零，说明加工点在（　　）。

A. 坐标原点　　B. 斜线上方　　C. 斜线下方　　D. 斜线上

73. 下列普通卧式车床部件中，（　　）是数控卧式车床所没有的。

A. 主轴箱　　B. 进给箱　　C. 尾座　　D. 床身

74. 三个支承点对工件是平面定位，能限制（　　）个自由度。

A. 2　　B. 3　　C. 4　　D. 5

75. 细长轴零件上的（　　）在零件图中的画法是用移出剖视表示的。

A. 外圆　　B. 螺纹　　C. 锥度　　D. 键槽

76. 爱岗敬业的具体要求是（　　）。

A. 看效益决定是否爱岗　　B. 转变择业观念

C. 提高职业技能　　D. 增强把握择业的机遇意识

77. 螺纹加工时，主轴必须在（　　）指令设置下进行。

A. G96　　B. G97　　C. M05　　D. 30

78. 在 M20-6H/6g 中，6H 表示内螺纹公差代号，6g 表示（　　）公差带代号。

A. 大径　　B. 小径　　C. 中径　　D. 外螺纹

79. 车削塑性金属材料的 M40×3 内螺纹时，孔直径 D 约等于（　　）mm。

A. 40　　B. 38.5　　C. 38.05　　D. 37

80. 安装螺纹车刀时，刀尖应（　　）工件中心。

A. 低于　　B. 等于　　C. 高于　　D. 都可以

81. 三针测量法的量针最佳直径是使量针的（　　）与螺纹中径处牙侧面相切。

A. 直径　　B. 横截面　　C. 斜截面　　D. 四等分点

82. 螺纹联接时，用双螺母防松属于（　　）。

A. 增大摩擦力　　B. 使用机械结构　　C. 冲边　　D. 黏接

83. 数控车床能进行螺纹加工，其主轴上一定安装了（　　）。

A. 测速发电机　　B. 脉冲编码器　　C. 温度控制器　　D. 光电管

84. 利用螺钉攻制 M10×1.5 的螺纹时，宜选用底孔钻头直径为（　　）。

A. 9.5 mm　　B. 7 mm　　C. 8.5 mm　　D. 7.5 mm

85. 回零操作就是使运动部件回到（　　）。

A. 机床坐标系原点

B. 机床的机械零点

C. 工件坐标系原点

86. 调数控车床的进给速度直接影响到（　　）。

A. 加工零件的粗糙度和精度、刀具和车床的寿命、生产率

B. 加工零件的粗糙度和精度、刀具和车床的寿命

C. 刀具和车床的寿命、生产率

D. 生产率

87. 进给率即（　　）。

A. 每转进给量×每分钟转数　　B. 每转进给量/每分钟转数

C. 切深×每分钟转数　　D. 切深/每分钟转数

88. 车削运动分为（　　）、（　　）两种。工件的旋转运动是（　　）。

A. 切深运动　　B. 主运动　　C. 进给运动　　D. 旋转运动

89. 在刀具材料中，制造各种结构复杂的刀具应选用（　　）。

A. 碳素工具钢　　B. 合金工具钢　　C. 高速工具钢　　D. 硬质合金

90. 增大刀具前角，切屑（　　）

A. 变形大　　B. 变形小　　C. 很小

91. 冲击负荷较大的断续切削应取较大（　　）的刃倾角。加工高硬度材料时应取（　　）刃倾角。精加工时应取（　　）刃倾角。

A. 负值　　B. 正值　　C. 零值

92. 产生加工硬化的主要原因是（　　）。

A. 前角太大　　B. 刀尖圆弧半径大

C. 工件材料硬　　D. 切削刃不锋利

93. 2∶1 是（　　）的比例。

A. 放大　　B. 缩小　　C. 优先选用　　D. 尽量不用

94. 刀具中心轨迹和编程轨迹重合是（　　）指令。

A. G40　　B. G41　　C. G42

95. 切断时防止产生振动的措施是（　　）。

A. 适当增大前角　　B. 减小前角　　C. 增加刀头宽度　　D. 减小进给量

96. 精车时加工余量较小，为提高生产率，应选择（　　）大些。

A. 进给量　　B. 切削速度　　C. 切削深度　　D. 进给速度

97. 辅助功能中与主轴有关的 M 指令是（　　）。

A. M06　　B. M09　　C. M08　　D. M05

二、判断题

1. 用塞规可以直接测量出孔的实际尺寸。（　　）

2. 刀具补偿寄存器内只允许输入正值。（　　）

3. 车内圆锥时，刀尖高于工件轴线，车出的圆锥面用锥形塞规检验时，会出现两端显示剂被擦去的现象。（　　）

4. 省略一切标注的剖视图，说明它的剖切平面不通过机件的对称平面。（　　）

5. FANUC 系统 G74 断面槽加工指令可用于钻孔。（　　）

6. 故障的常规处理三个步骤是调查故障、分析故障和检测排除故障。（　　）

7. 手动脉冲发生器失灵肯定是机床处于锁定状态。（　　）

8. 几何精度是指机床在不运转时，部件间相互位置精度和主要零件的形状精度、位置精度。（　　）

9. 数控机床的日常维护记录档案应由操作人员负责填写。（　　）

10. 根据碳在铸铁中存在的形式不同，铸铁分为白口铸铁、灰铸铁、可锻铸铁、球墨铸铁、蠕墨铸铁和麻口铸铁。（　　）

11. 合理地划分加工阶段，有利于合理地利用设备并提高生产率。（　　）

12. 深度千分尺的测微螺杆的移动量是 0.75 mm。（　　）

13. 百分表和量块是检测一般精度轴向尺寸的主要量具。（　　）

14. CNC 系统一般可分为几种方式接收加工程序，其中 MDI 是指从通信接口接收程序。（　　）

15. 零件的极限偏差可以为正，也可以为负或为零。（　　）

16. 外径千分尺的测量精度可达到千分之一毫米。（　　）

17. 可转位数控螺纹车刀每种规格的刀片只能加工一个固定的螺距。（　　）

18. 车沟槽时进给速度要选择得小些，防止产生过大的切削抗力损坏刀具。(　　)

19. 欠定位不能保证加工质量，往往会产生废品，因此是绝对不允许的。(　　)

20. 钢铁工件淬火后一般都要经过回火。(　　)

21. 螺纹指令 G32 X41.0 W-43.0 F1.5 是以每分钟 1.5 mm 的速度加工螺纹。(　　)

22. 车床主轴编码器的作用是防止切削螺纹时乱扣。(　　)

23. 数控车床可以车削直线、斜线、圆弧、米制和寸制螺纹、圆柱管螺纹、圆锥螺纹，但是不能车削多线螺纹。(　　)

24. 数控车削车床配备的固定循环功能主要用于钻孔、镗孔和攻螺纹等。(　　)

25. 当车削螺纹时，车刀的工作前角和后角发生变化是由于螺纹升角使切削平面和基准位置发生了变化。(　　)

26. 刃磨车削右旋丝杠的螺纹车刀时，左侧工作后角应大于右侧工作后角。(　　)

27. 编程粗、精车螺纹时，主轴转速可以改变。(　　)

28. 用螺纹加工指令 G32 加工螺纹时，一般要在螺纹两端设置进刀距离与退刀距离。(　　)

29. 外螺纹的公称直径是指螺纹大径，内螺纹的公称直径是指螺纹小径。(　　)

30. 分多层切削加工螺纹时，应尽可能平均分配每层切削的背吃刀量。(　　)

三、简答题

1. 为什么要进行对刀操作？

2. 什么是机床坐标系和工件坐标系？其主要区别是什么？

3. 简述刀位点、换刀点的区别。

4. 简述数控车床代号 CK6140 的含义。

5. 按主轴位置、数控系统、数控系统功能、刀架数和控制方式分类，数控车床分别有哪几种？

6. 简述经济型数控车床的特点。

7. 简述全功能数控车床的特点。

8. 简述车削中心的特点。

9. 数控车床由哪几部分组成？

10. 简述数控车床主运动传动路线。

11. 数控车床加工特点有哪些？主要加工哪些表面和零件？

12. 简述数控车间实习安全文明生产要求。

13. 数控车床坐标系确定原则有哪些？

14. 卧式数控车床坐标轴有几个？分别位于什么位置？

15. 数控车床机床原点一般位于什么位置？

16. 数控机床开机后为什么要进行回机床参考点操作？

17. 简述数控机床的开机、关机动作次序。

18. 简述 FANUC 系统数控车床手动回机床参考点操作步骤。

19. FANUC 系统机床在什么情况下需重新回机床参考点？

20. 简述数控车床的安全操作规程。
21. 简述数控车床的日常维护保养内容。
22. FANUC Oi Mate-TD 系统程序名有何要求？主程序名与子程序名有何区别？
23. 数控程序由哪几部分组成？组成数控程序的最小功能单元是什么？
24. 常见程序功能字有哪几种？
25. 什么是辅助功能字？指出 M00、M02、M03、M04、M05、M08、M09、M30 的含义。
26. 数控车床工件坐标系建立原则有哪些？坐标原点设置在何处？
27. 数控车刀安装的一般要求有哪些？
28. T0202 含义是什么？
29. 如何设置数控车床的换刀点？
30. 数控仿真软件有何作用？
31. 按结构分类，外圆车刀有哪几种？数控车床上常用哪种数控车刀？为什么？
32. 切削用量包括哪些内容？粗、精车外圆时切削用量如何选择？
33. 简述粗车外圆的切削路径。
34. G00 指令和 G01 指令有何区别？各在什么场合使用？
35. 什么是锥度？锥度与圆锥角度有何关系？
36. 什么是绝对坐标编程？什么是增量坐标编程？
37. 数控车床上加工孔有哪些方法，各在什么场合使用？
38. 通孔车刀刀具角度有何要求？
39. 测量内孔直径的量具有哪些，各有何特点？
40. 简述内孔车刀对刀步骤。
41. 数控车削加工中如何控制内孔直径尺寸？
42. 阶梯孔车刀刀具角度和尺寸有何要求？为什么？
43. 套类零件装夹方法有哪些，各有何特点？
44. 内圆锥面锥角常用哪些量具测量？
45. 什么是刀尖圆弧半径补偿？在什么情况下要使用刀尖圆弧半径补偿指令？
46. 如何建立和取消刀尖圆弧半径补偿指令？
47. 什么情况下可以使用毛坯切削复合循环指令 G71 加工内轮廓表面？
48. 内直槽如何进刀？尺寸较大的内梯形槽如何进刀？
49. 简述内槽车刀的对刀步骤。
50. 数控车床上，粗车凹圆弧面的车削方法有哪些，各有何特点？
51. 卧式数控车床圆弧插补时平面选择指令是什么？
52. 如何判别圆弧插补方向？
53. 数控车床上，粗车凸圆弧面的车削方法有哪些，各有何特点？
54. G73 与 G71 指令有何区别？
55. 如何选择车外圆弧面的车刀？

56. 数控车床上，如何去除内圆弧面粗车余量？
57. G73 指令的注意事项有哪些？
58. 车削普通螺纹前，外螺纹底圆柱直径如何确定？为什么？
59. 车削普通螺纹有哪几种进刀方法，各有何特点？
60. 简述普通外螺纹车刀的对刀步骤。
61. 车削螺纹为何要设置空刀导入量和空刀退出量？其值如何确定？
62. 用 G32 指令加工圆柱螺纹与圆锥螺纹的格式有何不同？
63. 用 G92 指令加工圆柱螺纹与圆锥螺纹的格式有何不同？
64. 车普通内螺纹前，内螺纹底孔直径尺寸如何计算？为什么？

附录 B　数控车床仿真加工训练题

仿真加工训练题 1：

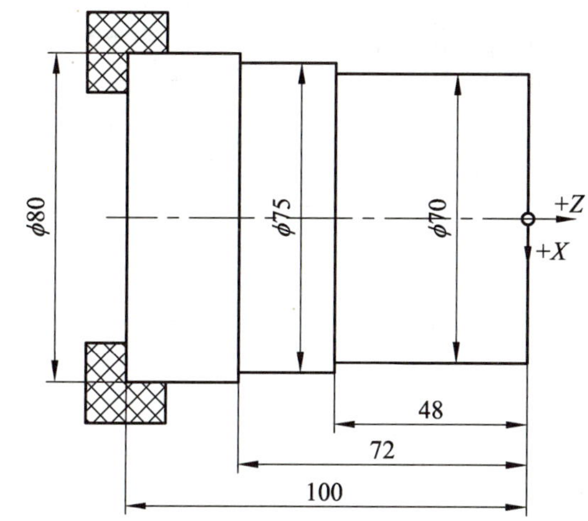

仿真加工训练题 2：

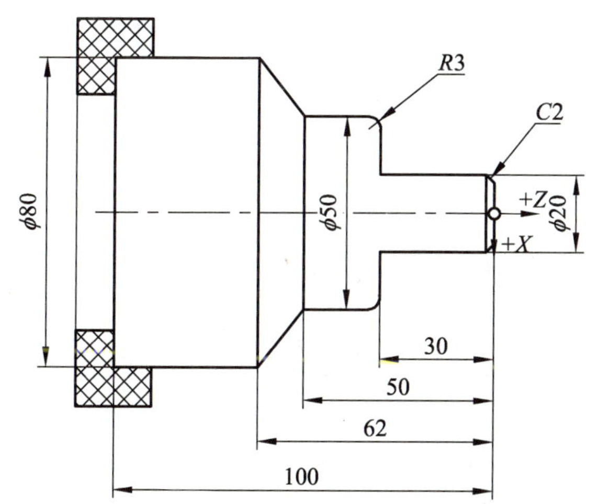

仿真加工训练题 3：

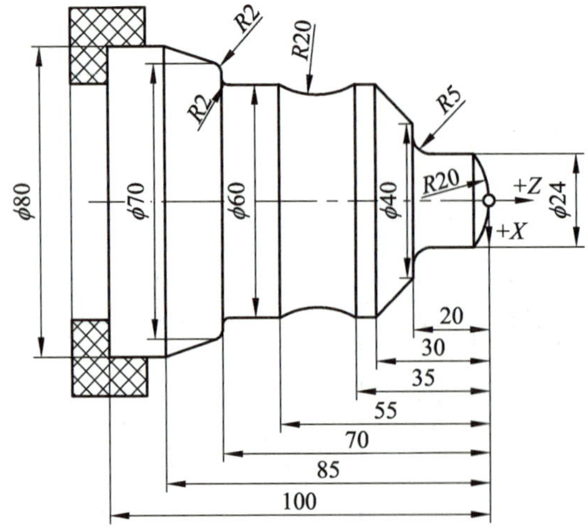

仿真加工训练题 4：

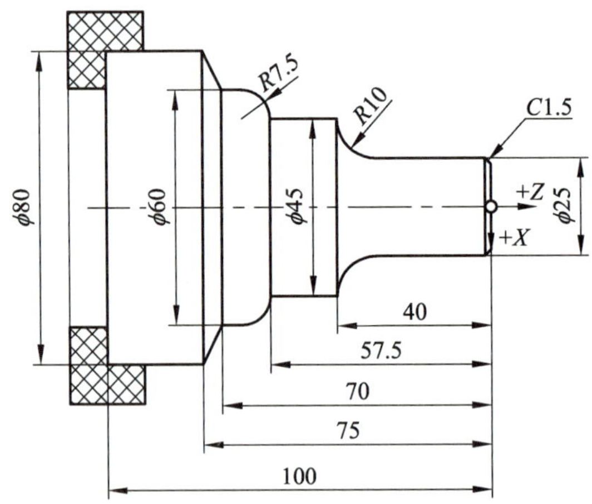

仿真加工训练题 5：

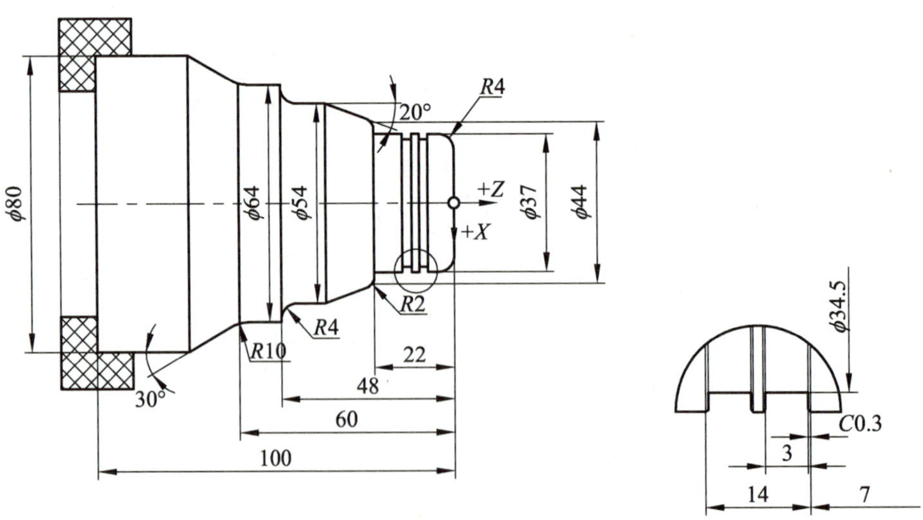

仿真加工训练题 6：

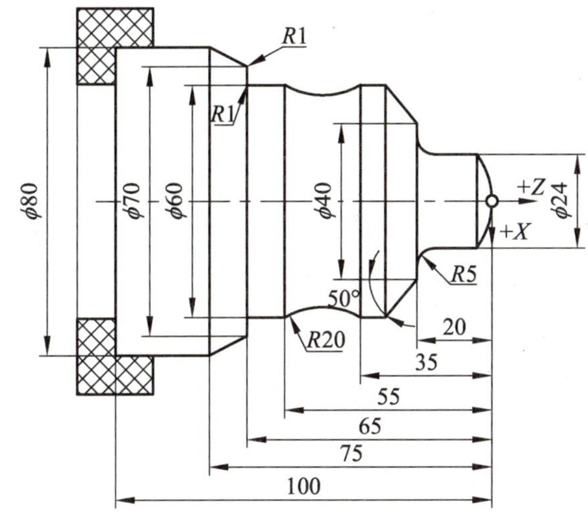

仿真加工训练题 7：

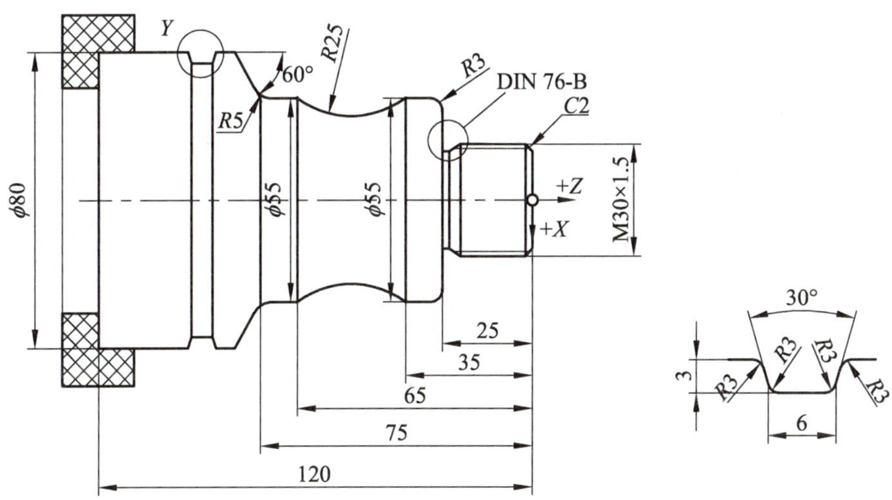

仿真加工训练题 8：

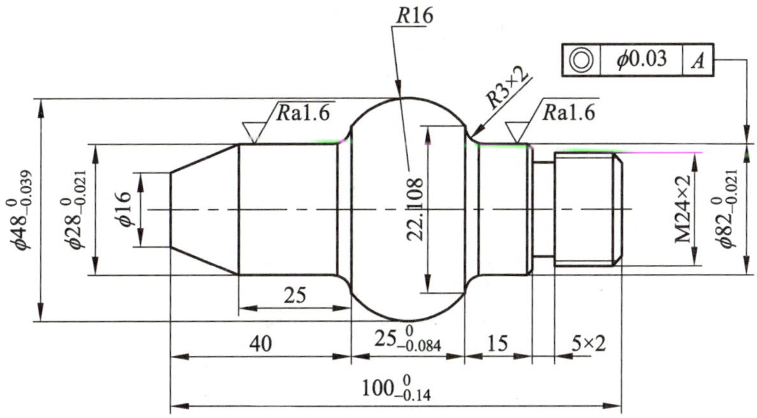

附录C　数控车床实操加工训练题

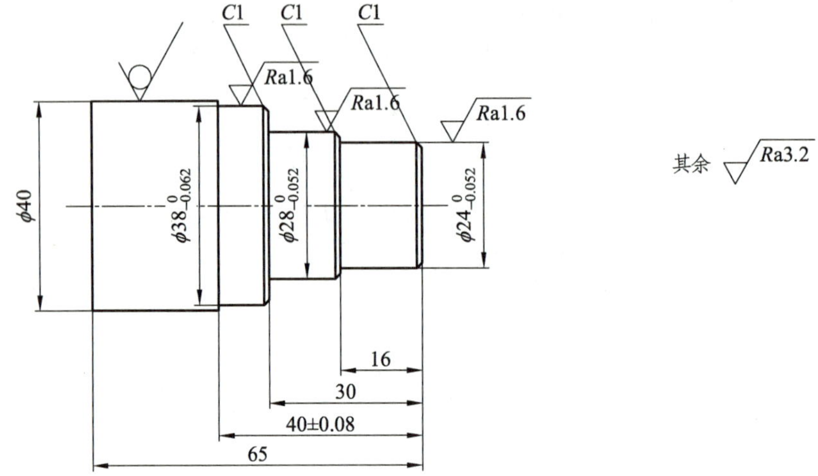

技术要求

1. 未注锐边倒角C0.5。
2. 未注公差IT12。
3. 零件加工表面上不应有划痕，擦伤等损伤零件表面的缺陷。

					训练题一			
标记	处数	更改文件号	签字	日期		图像标记	重量	比例
设　计								1∶1
校　对					铝	共1页		第1页
审　核						××××学院		
批　准								

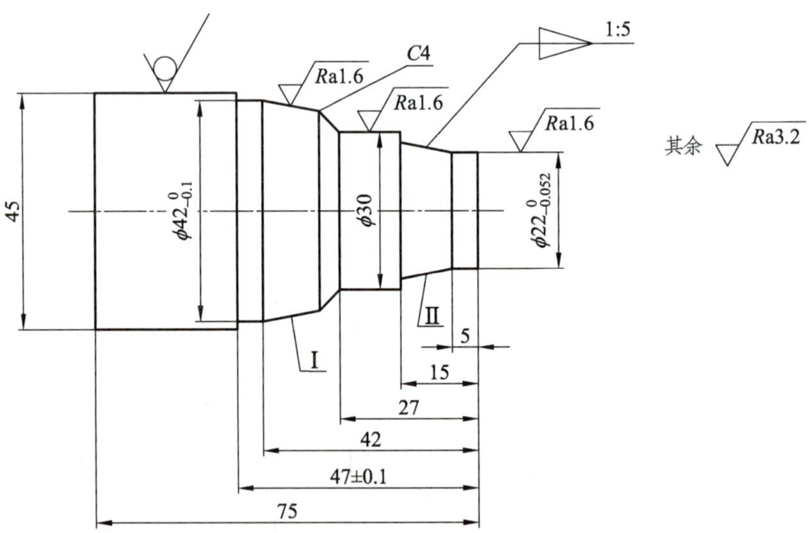

技术要求

1. 未注锐边倒角C0.5。
2. 未注公差IT12。
3. 零件加工表面上不应有划痕，擦伤等损伤零件表面的缺陷。

					训练题二			
标记	处数	更改文件号	签字	日期		图像标记	重量	比例
设　计								1∶1
校　对					铝	共1页		第1页
审　核						××××学院		
批　准								

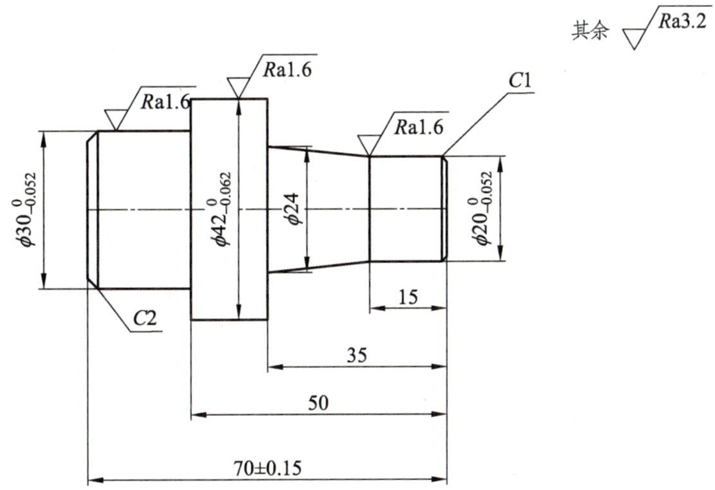

技术要求

1. 未注锐边倒角$C0.5$。
2. 未注公差IT12。
3. 零件加工表面上不应有划痕，擦伤等损伤零件表面的缺陷。

					训练题三			
标记	处数	更改文件号	签字	日期		图像标记	重量	比例
设　计								1 : 1
校　对					铝	共1页		第1页
审　核						××××学院		
批　准								

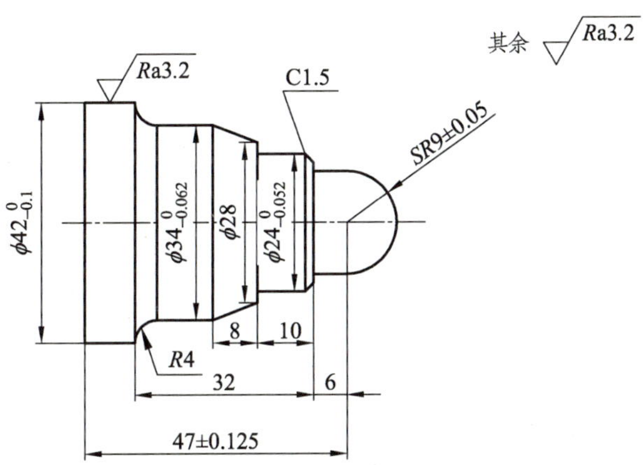

技术要求

1. 未注锐边倒角$C0.5$。
2. 未注公差IT12。
3. 零件加工表面上不应有划痕，擦伤等损伤零件表面的缺陷。

					训练题四			
标记	处数	更改文件号	签字	日期		图像标记	重量	比例
设　计								1 : 1
校　对					铝	共1页		第1页
审　核						××××学院		
批　准								

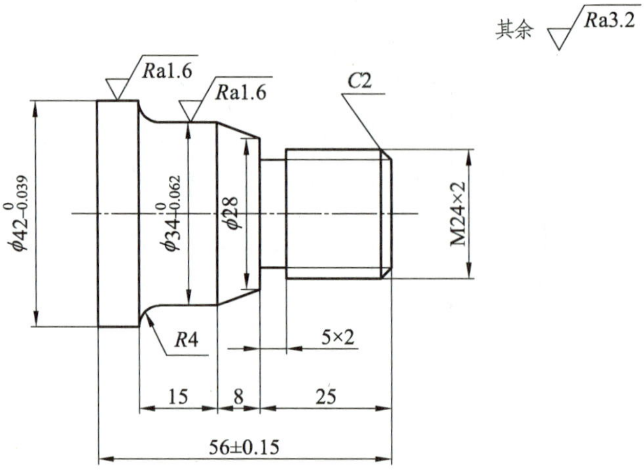

技术要求

1. 未注锐边倒角C0.5。
2. 未注公差IT12。
3. 零件加工表面上不应有划痕，擦伤等损伤零件表面的缺陷。

标记	处数	更改文件号	签字	日期	训练题五	图像标记 / 重量 / 比例 1:1
设计						共1页 / 第1页
校对					铝	××××学院
审核						
批准						

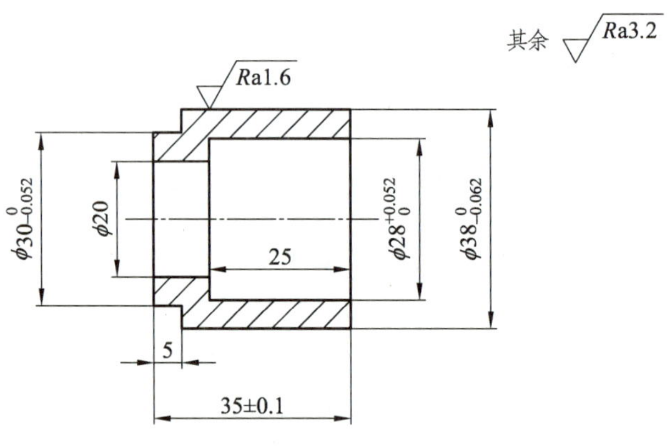

技术要求

1. 未注锐边倒角C0.5。
2. 未注公差IT12。
3. 零件加工表面上不应有划痕，擦伤等损伤零件表面的缺陷。

标记	处数	更改文件号	签字	日期	训练题六	图像标记 / 重量 / 比例 1:1
设计						共1页 / 第1页
校对					铝	××××学院
审核						
批准						

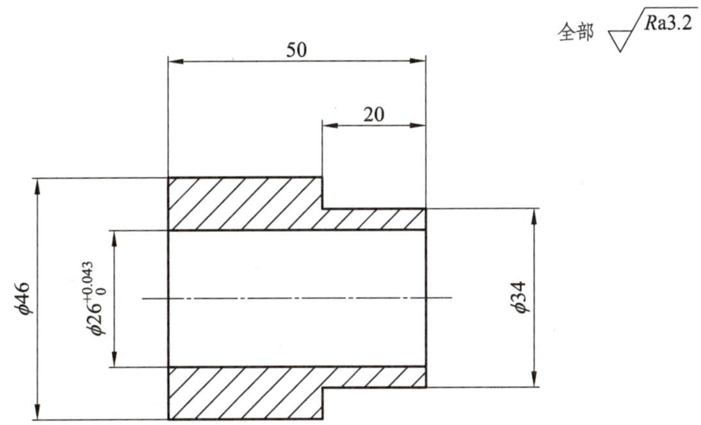

技术要求

1. 未注锐边倒角C0.5。
2. 未注公差IT12。
3. 零件加工表面上不应有划痕，擦伤等损伤零件表面的缺陷。

					训练题七			
标记	处数	更改文件号	签字	日期		图像标记	重量	比例
设计								1:1
校对					铝	共1页		第1页
审核						××××学院		
批准								

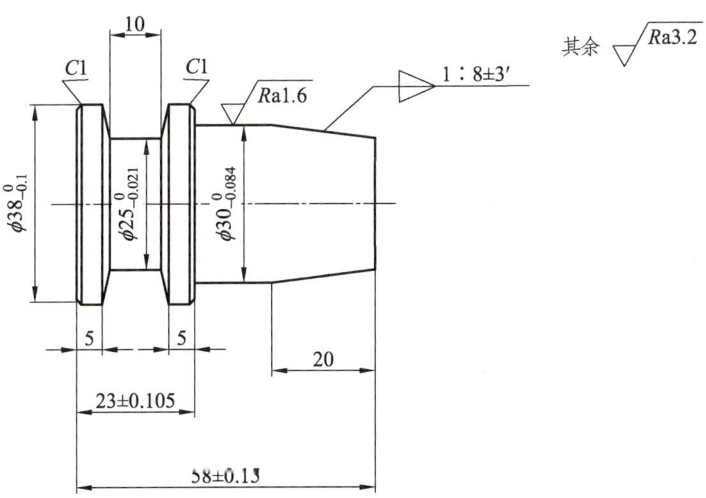

技术要求

1. 未注锐边倒角C0.5。
2. 未注公差IT12。
3. 零件加工表面上不应有划痕，擦伤等损伤零件表面的缺陷。

					训练题八			
标记	处数	更改文件号	签字	日期		图像标记	重量	比例
设计								1:1
校对					铝	共1页		第1页
审核						××××学院		
批准								

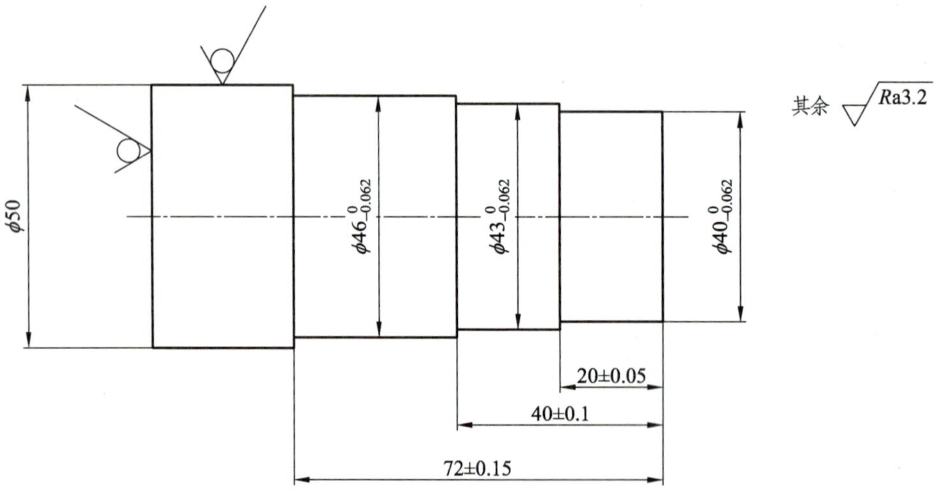

技术要求

1. 未注锐边倒角$C0.5$。
2. 未注公差IT12。
3. 零件加工表面上不应有划痕，擦伤等损伤零件表面的缺陷。

					训练题九			
标记	处数	更改文件号	签字	日期		图像标记	重量	比例
设 计								1∶1
校 对					铝	共1页		第1页
审 核						××××学院		
批 准								

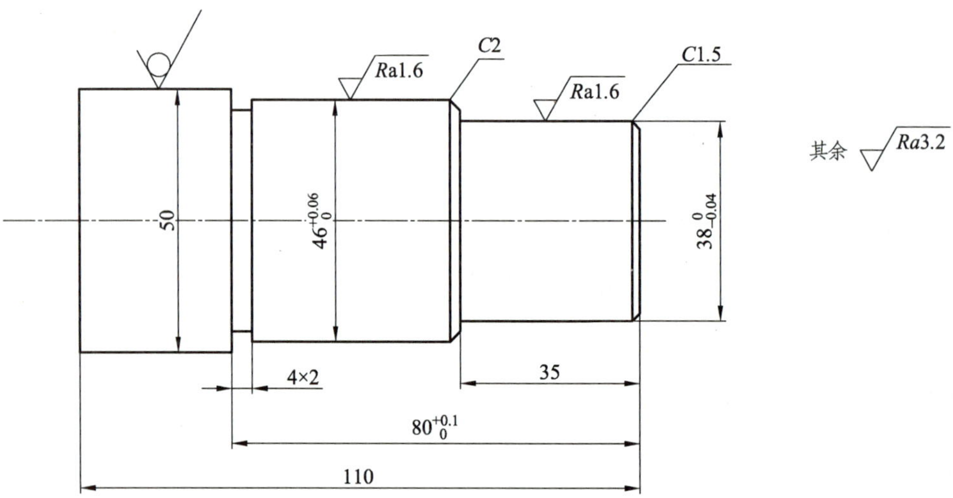

技术要求

1. 未注锐边倒角$C0.5$。
2. 未注公差IT12。
3. 零件加工表面上不应有划痕，擦伤等损伤零件表面的缺陷。

					训练题十			
标记	处数	更改文件号	签字	日期		图像标记	重量	比例
设 计								1∶1
校 对					铝	共1页		第1页
审 核						××××学院		
批 准								

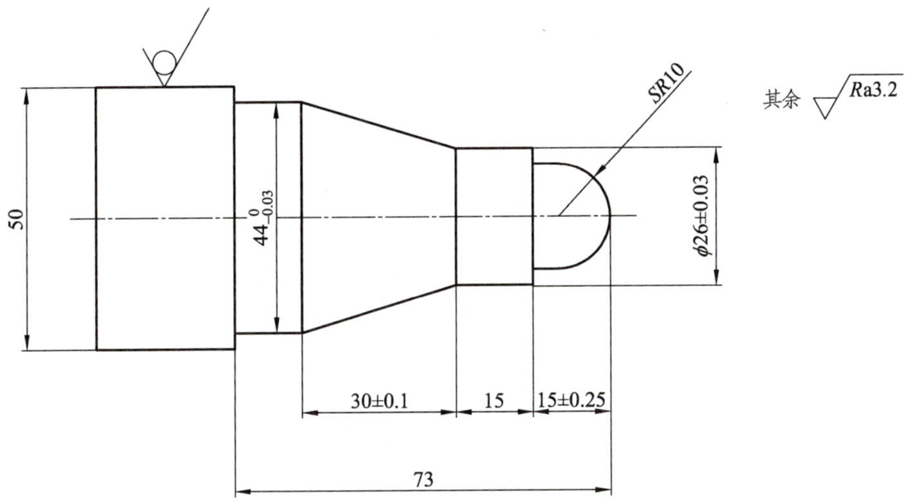

技术要求

1. 未注锐边倒角C0.5。
2. 未注公差IT12。
3. 零件加工表面上不应有划痕，擦伤等损伤零件表面的缺陷。

标记	处数	更改文件号	签字	日期	训练题十一	图像标记	重量	比例
设 计								1:1
校 对					铝	共1页		第1页
审 核						××××学院		
批 准								

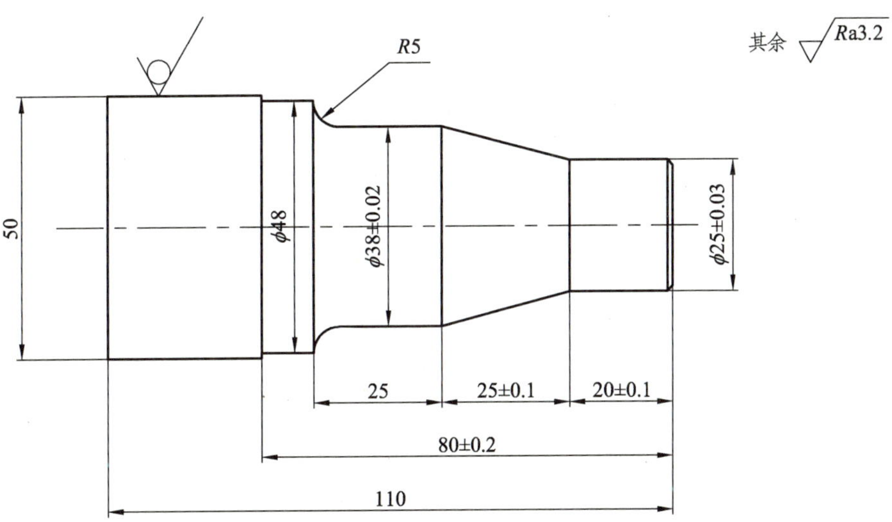

技术要求

1. 未注锐边倒角C0.5。
2. 未注公差IT12。
3. 零件加工表面上不应有划痕，擦伤等损伤零件表面的缺陷。

标记	处数	更改文件号	签字	日期	训练题十二	图像标记	重量	比例
设 计								1:1
校 对					铝	共1页		第1页
审 核						××××学院		
批 准								

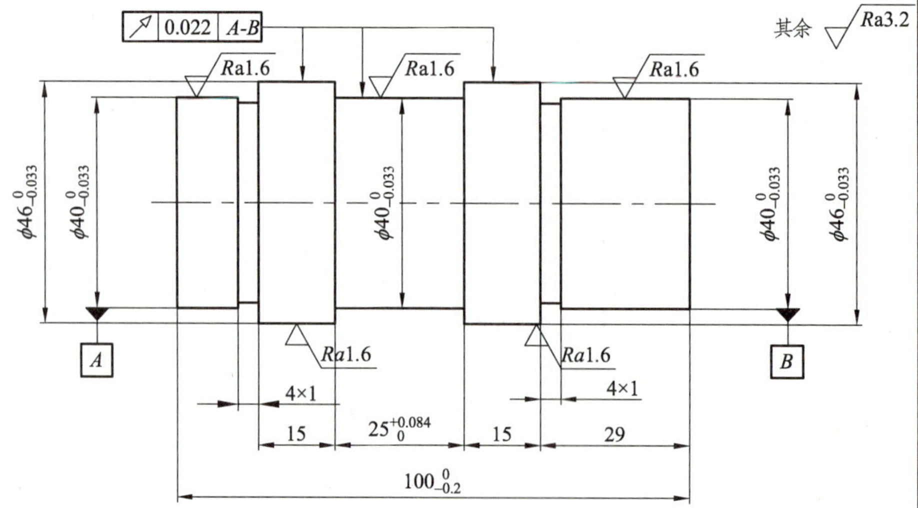

技术要求

1. 未注锐边倒角C0.5。
2. 未注公差IT12。
3. 零件加工表面上不应有划痕，擦伤等损伤零件表面的缺陷。

					训练题十三			
标记	处数	更改文件号	签字	日期		图像标记	重量	比例
设 计								1∶1
校 对					铝	共1页		第1页
审 核						××××学院		
批 准								

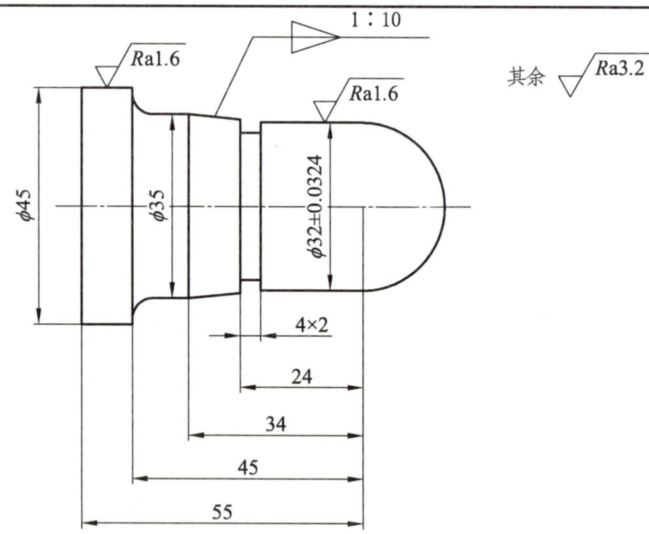

技术要求

1. 未注锐边倒角C0.5。
2. 未注公差IT12。
3. 零件加工表面上不应有划痕，擦伤等损伤零件表面的缺陷。

					训练题十四			
标记	处数	更改文件号	签字	日期		图像标记	重量	比例
设 计								1∶1
校 对					铝	共1页		第1页
审 核						××××学院		
批 准								

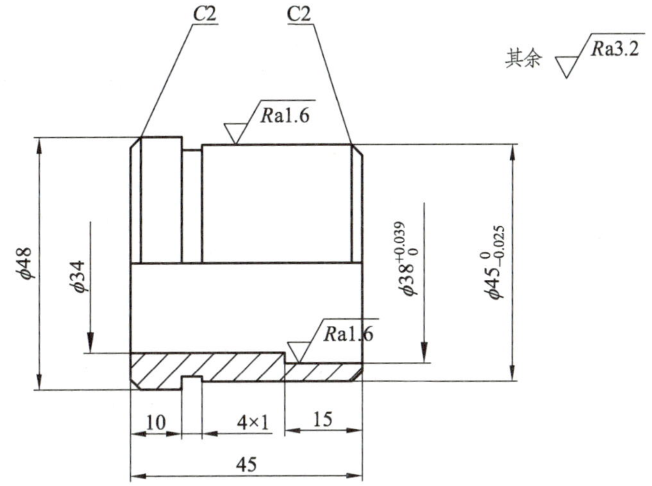

技术要求

1. 未注锐边倒角$C0.5$。
2. 未注公差IT12。
3. 零件加工表面上不应有划痕，擦伤等损伤零件表面的缺陷。

					训练题十五			
标记	处数	更改文件号	签字	日期		图像标记	重量	比例
设 计								1 : 1
校 对					铝	共1页		第1页
审 核						××××学院		
批 准								

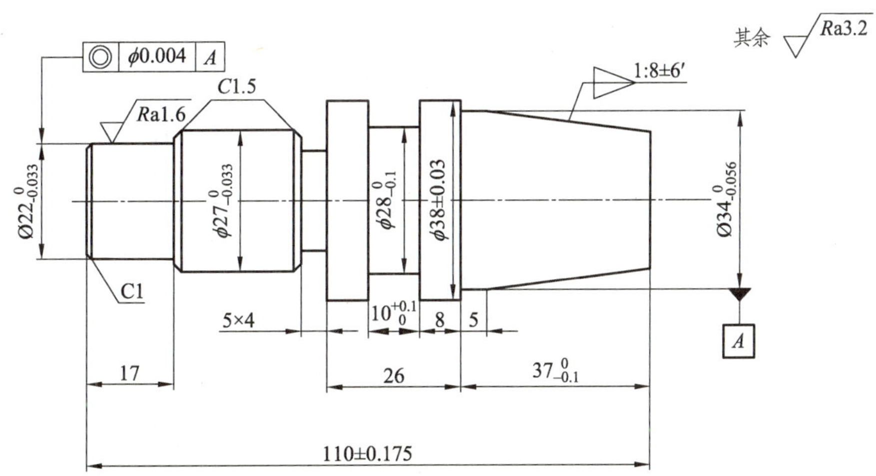

技术要求

1. 未注锐边倒角$C0.5$。
2. 未注公差IT12。
3. 零件加工表面上不应有划痕，擦伤等损伤零件表面的缺陷。

					训练题十六			
标记	处数	更改文件号	签字	日期		图像标记	重量	比例
设 计								1 : 1
校 对					铝	共1页		第1页
审 核						××××学院		
批 准								

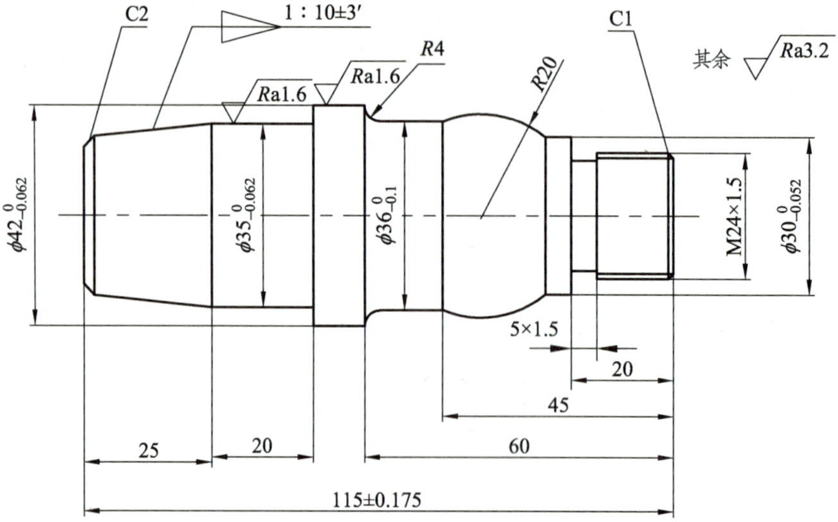

技术要求

1. 未注锐边倒角C0.5。
2. 未注公差IT12。
3. 零件加工表面上不应有划痕，擦伤等损伤零件表面的缺陷。

					训练题十七			
标记	处数	更改文件号	签字	日期		图像标记	重量	比例
设 计								1∶1
校 对					铝	共1页		第1页
审 核						××××学院		
批 准								

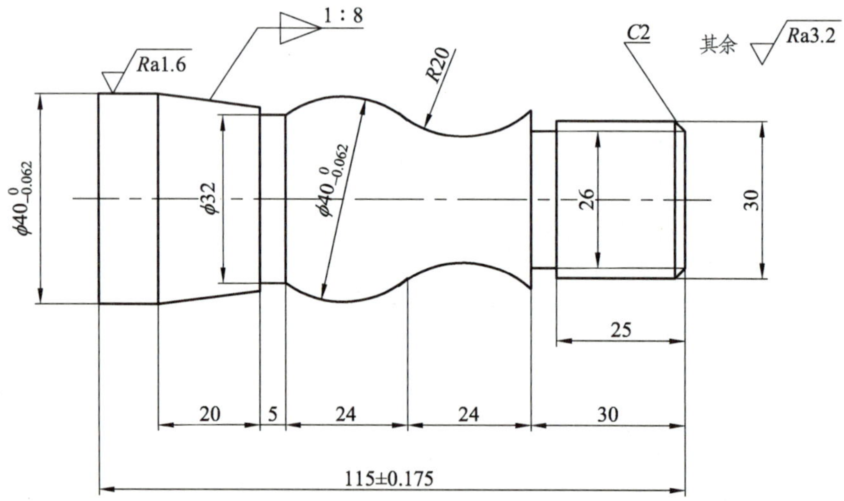

技术要求

1. 未注锐边倒角C0.5。
2. 未注公差IT12。
3. 零件加工表面上不应有划痕，擦伤等损伤零件表面的缺陷。

					训练题十八			
标记	处数	更改文件号	签字	日期		图像标记	重量	比例
设 计								1∶1
校 对					铝	共1页		第1页
审 核						××××学院		
批 准								

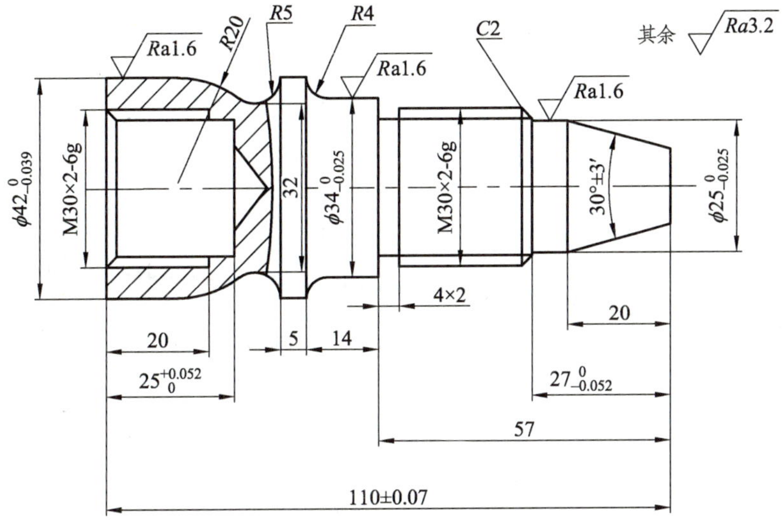

技术要求

1. 未注锐边倒角$C0.5$。
2. 未注公差IT12。
3. 零件加工表面上不应有划痕，擦伤等损伤零件表面的缺陷。

					训练题十九			
标记	处数	更改文件号	签字	日期		图像标记	重量	比例
设 计								1∶1
校 对					铝	共1页		第1页
审 核						××××学院		
批 准								

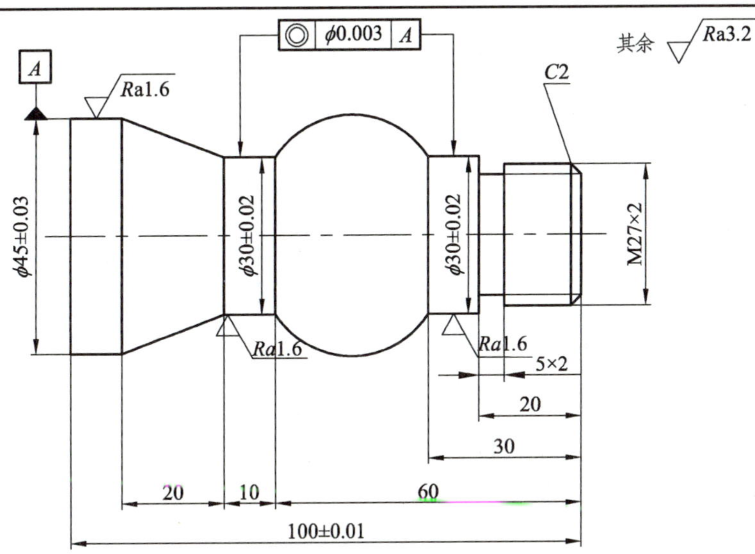

技术要求

1. 未注锐边倒角$C0.5$。
2. 未注公差IT12。
3. 零件加工表面上不应有划痕，擦伤等损伤零件表面的缺陷。

					训练题二十			
标记	处数	更改文件号	签字	日期		图像标记	重量	比例
设 计								1∶1
校 对					铝	共1页		第1页
审 核						××××学院		
批 准								

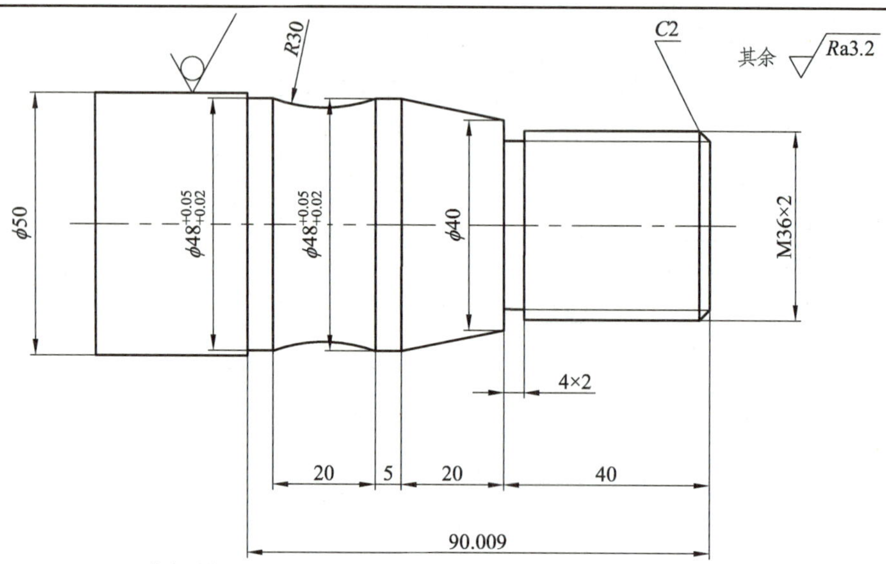

技术要求

1. 未注锐边倒角C0.5。
2. 未注公差IT12。
3. 零件加工表面上不应有划痕，擦伤等损伤零件表面的缺陷。

					训练题二十一			
标记	处数	更改文件号	签字	日期		图像标记	重量	比例
设 计								1∶1
校 对					铝	共1页		第1页
审 核						××××学院		
批 准								

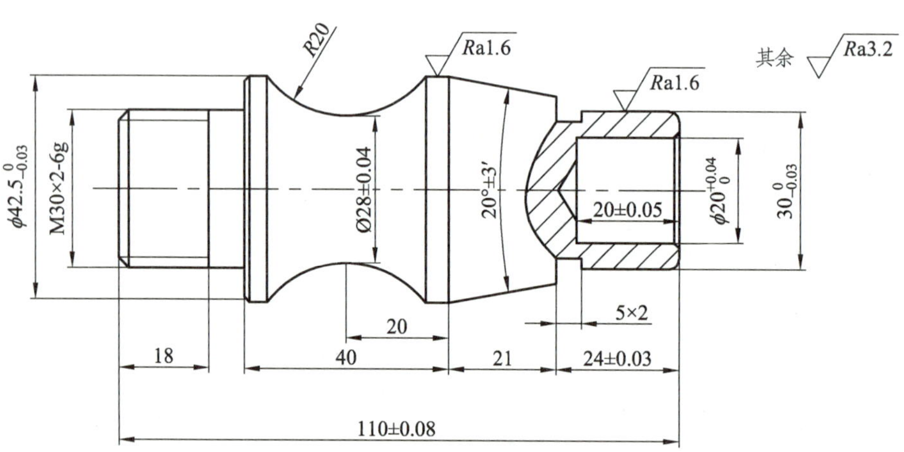

技术要求

1. 未注锐边倒角C0.5。
2. 未注公差IT12。
3. 零件加工表面上不应有划痕，擦伤等损伤零件表面的缺陷。

					训练题二十二			
标记	处数	更改文件号	签字	日期		图像标记	重量	比例
设 计								1∶1
校 对					铝	共1页		第1页
审 核						××××学院		
批 准								

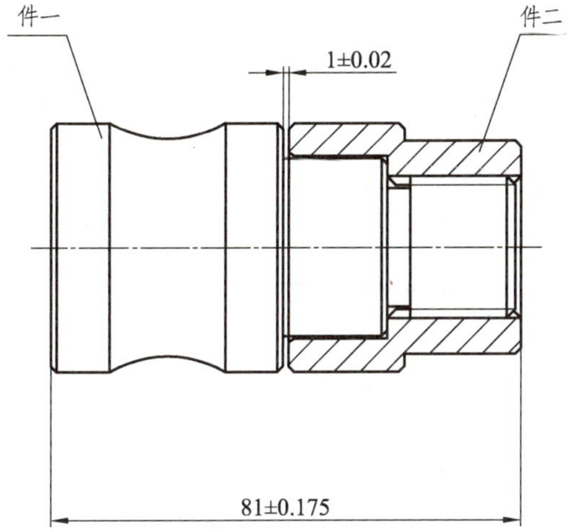

标记	处数	更改文件号	签字	日期	装配图一	图像标记	重量	比例
设计								1:1
校对					铝	共1页		第1页
审核						××××学院		
批准								

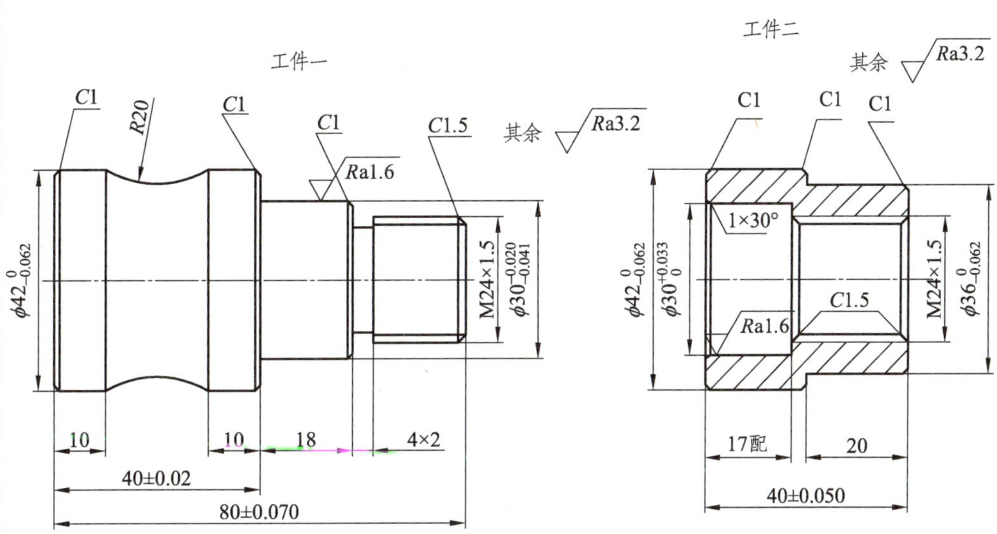

技术要求

1. 未注锐边倒角C0.5。
2. 未注公差IT12。
3. 零件加工表面上不应有划痕，擦伤等损伤零件表面的缺陷。

标记	处数	更改文件号	签字	日期	训练题二十三	图像标记	重量	比例
设计								1:1
校对					铝	共1页		第1页
审核						××××学院		
批准								

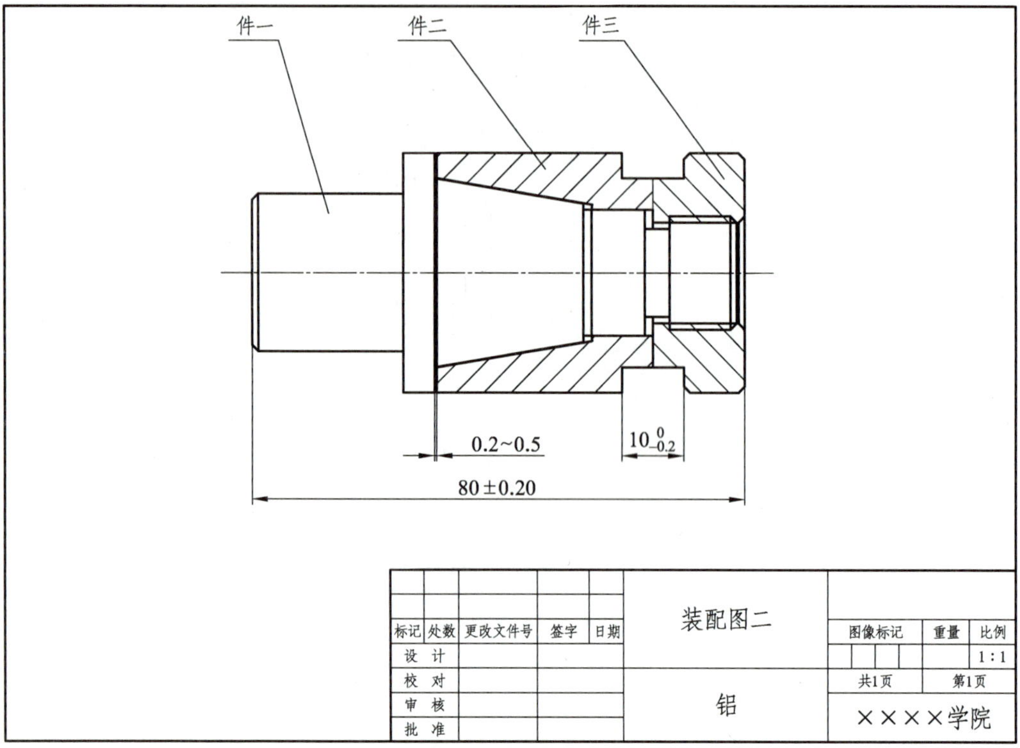
件一
件二
件三
0.2~0.5
$10^{\ 0}_{-0.2}$
80±0.20
装配图二
标记 处数 更改文件号 签字 日期
设计
校对
审核
批准
铝
图像标记 重量 比例
1:1
共1页 第1页
××××学院

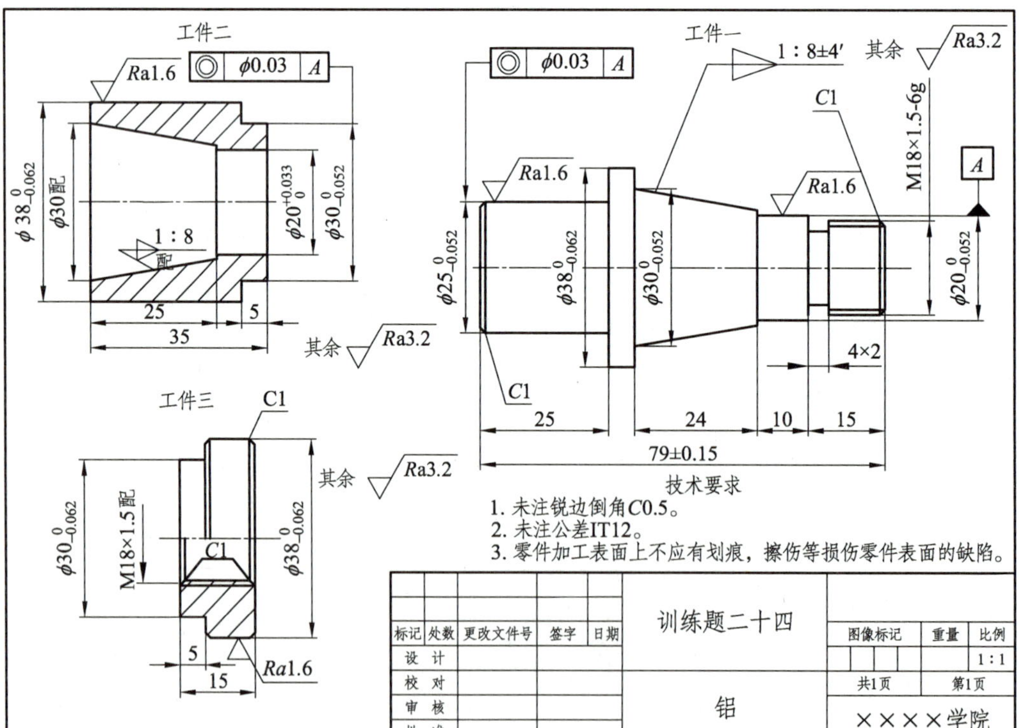
工件二
Ra1.6
◎ φ0.03 A
$\phi38^{\ 0}_{-0.062}$
φ30配
$\phi20^{+0.033}_{\ 0}$
$\phi30^{\ 0}_{-0.052}$
1:8
配
25
5
35
其余 Ra3.2
工件一
1:8±4′
其余 Ra3.2
◎ φ0.03 A
C1
M18×1.5-6g
A
Ra1.6
Ra1.6
$\phi25^{\ 0}_{-0.052}$
$\phi38^{\ 0}_{-0.062}$
$\phi30^{\ 0}_{-0.052}$
$\phi20^{\ 0}_{-0.052}$
4×2
C1
25
24
10
15
79±0.15
工件三
C1
其余 Ra3.2
$\phi30^{\ 0}_{-0.062}$
M18×1.5配
C1
$\phi38^{\ 0}_{-0.062}$
5
15
Ra1.6
技术要求
1. 未注锐边倒角C0.5。
2. 未注公差IT12。
3. 零件加工表面上不应有划痕，擦伤等损伤零件表面的缺陷。
训练题二十四
标记 处数 更改文件号 签字 日期
设计
校对
审核
批准
铝
图像标记 重量 比例
1:1
共1页 第1页
××××学院

参考文献

[1] 朱明松，朱德浩. 数控车削编程与加工（FANUC 系统）[M]. 北京：机械工业出版社，2021.

[2] 魏彦波，孟文. 数控车削编程与加工（FANUC 系统）[M]. 北京：机械工业出版社，2016.

[3] 王泉国，王小玲. 数控车床编程与加工（广数系统）[M]. 北京：机械工业出版社，2016.

[4] 许志才. 数控车床编程与操作 [M]. 武汉：华中科技大学出版社，2017.

[5] 机械工业职业技能鉴定考核试题库编委会. 车工技能鉴定考核试题库. 北京：机械工业出版社，2013.

[6] 周敏，陆奕锐，罗泉. 数控车床编程与操作[M]. 北京：机械工业出版社. 2022.

[7] 周全华. 数控车工（基础、中级、高级）. 北京：机械工业出版社. 2021.

[8] FANUC Serise Oi-MODEL F 车床系统/加工中心系统通用操作说明书（随设备自带）.